Kohlhammer
Urban
-Taschenbücher

Band 685

Grundriss der Pädagogik/ Erziehungswissenschaft

Band 25

Herausgegeben von
Werner Helsper, Jochen Kade,
Christian Lüders, Frank-Olaf Radtke
und Werner Thole

Bereits erschienen:

Band 2
J. Abel/R. Möller/K.P. Treumann
Einführung in die Empirische Pädagogik

Band 3
I. Diehm/F.-O. Radtke
Erziehung und Migration

Band 11
J. Kade/D. Nittel/W. Seitter
Einführung in die Erwachsenenbildung/ Weiterbildung

Band 13
Ulrich Heimlich
Integrative Pädagogik

Band 15
Sigrid Nolda
Pädagogik und Medien

Band 16
Georg Peez
Einführung in die Kunstpädagogik

Band 17
Franz Hamburger
Einführung in die Sozialpädagogik

Band 19
Friedrich Schweitzer
Pädagogik und Religion

Band 20
Walter Herzog
Pädagogik und Psychologie

Band 21
Jörg Zirfas
Pädagogik und Anthropologie

Band 23
Ingo Richter
Recht im Bildungssystem

Band 24
Andreas Wernet
Hermeneutik – Kasuistik – Fallverstehen

Band 28
Harm Kuper
Evaluation im Bildungssystem

Band 30
Barbara Rendtorff
Erziehung und Geschlecht

Band 32
K. Prange/G. Strobel-Eisele
Die Formen des pädagogischen Handelns

Klaus Prange

Schlüsselwerke der Pädagogik

Band 1: Von Plato bis Hegel

Verlag W. Kohlhammer

Umschlag: Data Images GmbH, Stuttgart
Gesamtherstellung:
W. Kohlhammer Druckerei GmbH + Co. KG, Stuttgart
Printed in Germany

ISBN 978-3-17-019605-6

Grundriss der Pädagogik/ Erziehungswissenschaft

Die einzelnen Bände der Reihe „Grundriss der Pädagogik/Erziehungswissenschaft" präsentieren jeweils grundlegende, wissenschafts- und berufsorientierte Einführungen in erziehungswissenschaftliche Teilgebiete und Themenfelder. Die Reihe wendet sich insbesondere an Studierende, aber auch an BerufspraktikerInnen in den verschiedenen pädagogischen Handlungsfeldern, an Lehrende in der akademischen Erstausbildung sowie in der Fort- und Weiterbildung. Die Systematik der Reihe ist orientiert an dem gewachsenen Ausdifferenzierungsprozess erziehungswissenschaftlicher Frage- und Problemstellungen. Sie greift die damit verknüpften Herausforderungen auch aus dem Umfeld der pädagogischen Arbeits- und Handlungsfelder systematisch auf und reflektiert die damit korrespondierenden Handlungsprobleme, neuen Unsicherheiten und sich wandelnden Aufgabenstellungen.

Mit den einzelnen Bänden der Reihe „Grundriss der Pädagogik/Erziehungswissenschaft" soll der Blick für neuere Entwicklungen in den pädagogischen Handlungsfeldern, der erziehungswissenschaftlichen Forschung und der Theoriebildung geöffnet werden. Im Mittelpunkt stehen die pädagogischen Handlungsformen und Methoden im Spannungsfeld von Profession und Disziplin sowie das Verhältnis von Erziehung und Bildung zu wissenschaftlichen Diskursen und gesellschaftlichen Entwicklungen.

Die Autorinnen und Autoren der Reihe sind Erziehungswissenschaftler, die die verschiedenen Fachrichtungen repräsentieren. Damit gewährleisten die einzelnen Bände der Reihe

„Grundriss der Pädagogik/Erziehungswissenschaft" einen theoretisch fundierten, berufsfeldorientierten und empirisch abgesicherten Einblick in aktuelle Fragestellungen und Entwicklungen der Erziehungswissenschaft.

Herausgeber
Prof. Dr. Werner Helsper (Universität Halle-Wittenberg)
Prof. Dr. Jochen Kade (Universität Frankfurt am Main)
Dr. Christian Lüders (Deutsches Jugendinstitut München)
Prof. Dr. Frank-Olaf Radtke (Universität Frankfurt am Main)
Professor Dr. Werner Thole (Universität Kassel)

Inhaltsverzeichnis

1. Einleitung

Es versteht sich, dass jeder Jurist das Bürgerliche Gesetzbuch kennt und die Geistlichen mit der Bibel vertraut sind; künftige Philosophen werden kaum an Platos Dialogen und der „Kritik der reinen Vernunft" vorbeikommen, auch wenn die weitere Lektüre dann recht verschieden ausfallen mag. Doch in der Pädagogik dürfte es schwer fallen, überhaupt einen Text anzugeben, der unbedingt von allen zu lesen wäre und gelesen wird, die sich als Experten dieses Faches ansehen. Hier verhält es sich eher so wie mit der so genannten schönen Literatur: der eine schätzt Dante und Goethe, die anderen halten sich an Thomas Mann und Samuel Beckett. Es mag örtliche Lektürevorschriften geben, aber einen Kanon als Pflichtprogramm für das Studium der Pädagogik gibt es nicht, und er scheint auch nicht erreichbar, vermutlich vielen nicht einmal erstrebenswert.

Wo Vorschriften fehlen, öffnet sich das weite Feld der Empfehlungen und der Beratung. In der Tat enthalten die gängigen Einführungen in die Pädagogik und ihre Gebiete zumeist auch Lektürevorschläge, gleichsam als Wegweiser im Labyrinth der Texte. So findet sich in dem überaus nützlichen „Wörterbuch der Pädagogik", das Winfried Böhm herausgegeben hat, eine Liste der „pädagogischen Hauptwerke". Sie umfasst nicht weniger als 99 Titel und Namen, angefangen mit Platos Dialog „Menon" und einigen wenigen Schriften aus Antike und Mittelalter, Renaissance und Barock, um dann mit Rousseau in den breiten Strom der modernen Literatur zu Fragen der Erziehung, der Bildung und des Lernens einzumünden. Wer all das gelesen hat, wird von sich sagen dürfen, ein Fachmann zumindest des europäischen Erziehungsdenkens zu sein, auch wenn man noch an andere Autoren denken mag, die in der hier vorgelegten Sammlung berücksichtigt sind. Zum Beispiel Quintilian mit seinem Meisterwerk zur rhetorischen Erziehung oder Benedikt, dessen Mönchsregel das Muster für alle anderen Regeln des monastischen Lebens geworden ist, die noch folgten, oder Roger

Ascham, dessen „Scholemaster" von 1570 ein gutes Beispiel für die Schul- und Unterrichtspädagogik der Renaissance ist.

Im Einzelnen ist es wenig ergiebig, über die jeweils getroffene Auswahl zu rechten. Es soll hier genügen, die Gesichtspunkte zu nennen, die diese Auswahl bestimmt haben. Der erste und wichtigste ist, dass das betreffende Werk überhaupt etwas Wesentliches über Erziehung und Lernen enthält; des Weiteren ergibt sich die Bedeutung eben daraus, dass es einen Schlüssel zum Verständnis einer bestimmten Form und Absicht des Erziehens bietet, und drittens ist es der Gesichtspunkt der geschichtlichen und traditionsbildenden Wirkung eines Werks, wie sie zum Beispiel mit Rousseaus „Emile" gegeben ist. Was jeweils allein oder in Kombination mehrerer Gesichtspunkte maßgebend für die Auswahl gewesen ist, wird sich im Durchgang zeigen und braucht nicht vorweg in allgemeiner Weise erörtert zu werden. Es sei aber nicht verschwiegen, dass gerade bei neueren Werke Präferenzen und Vorlieben des Verfassers sowie auch Wünsche des Auditoriums eine Rolle gespielt haben, dem die Nachlese oder wie man heute vornehm sagt: diese *rélecture* in einem mehrsemestrigen Zyklus von Vorlesungen angeboten worden ist. Daraus erklärt sich auch der Duktus des Folgenden, den ich im Wesentlichen nicht geändert, sondern nur hier und da etwas ermäßigt und von den schlimmsten Kathedermanieren befreit habe.

Wichtiger als die Begründung der Auslese ist es, vorweg die Form der Behandlung anzugeben und etwas dazu zu sagen, auf welche Weise und unter welchen Gesichtspunkten die Nachlese erfolgt. Wie liest man einen Text über Lernen und Erziehung aus dem Altertum oder aus dem 13. Jahrhundert, aus Amerika oder aus dem „Spiegel"? Es ist ein Irrtum anzunehmen, jeder könne alles lesen, nur weil man schon als Kind mit zehn Jahren in der Lage gewesen ist, Texte zu entziffern und zu „lesen". Auf diesen Standpunkt mag sich ein Psychologe stellen, der eben das Entziffern zu seinem Beobachtungsobjekt macht und feststellt, wann mit welcher Sicherheit a und b unterschieden und identifiziert werden. Damit ist das Lesen noch gar nicht erfasst. Wir sehen nicht Bögen und Striche, die wir dann zu einem Wort zusammenfügen; das kann im Normalfall jeder nach dem Ende der Grundschule. Das ist noch gar nicht „Lesen". Was aber dann? Wenn wir das Wort „Wald" entziffern und aussprechen, sehen wir nicht Buchstaben, sondern wir „sehen" den Wald, obwohl er gar nicht da ist. Der geneigte Leser möge sich eben jetzt prüfen, was er vor Augen oder im Ohr hat, wenn er den Satz liest und hört: „Es braust ein Ruf wie Donnerhall" oder Mörikes „Frühling lässt sein blaues Band …" oder den Artikel 1 des Grundgesetzes „Die Würde des Menschen ist unantastbar". Man versteht da nicht Licht- und Schallwellen, die sich auf wundersame Weise in Bedeutungen verwandeln, sondern man sieht und hört Sachverhalte, die sich zeigen, andeuten, aber auch verbergen oder gänzlich verschlossen bleiben.

So gesehen kann man sagen: Lesen heißt, das sehen und verstehen, was andere geschrieben oder sonst in Zeichen ausgedrückt haben. Lesenlernen ist genau dies: die Sprache erlernen, in der Sachverhalte präsentiert werden, erst die elementare Lautsprache, das geschieht in der Grundschule, dann aber auch die Sprachen der Musik, z.B. Partituren, der Logik und der Physik, und so durch alle Fächer.

Die Lehre vom richtigen Lesen ist allgemein unter dem Titel „Hermeneutik" bekannt. Sie braucht hier nicht eigens vorgestellt zu werden. Ich gehe gleich dazu über, was es heißt, einen Text zu lesen, der sich mit den Sachverhalten des Lernens und des Erziehens befasst. Es sind vier Gesichtspunkte, die dabei von Bedeutung sind und die ich einem Werk Carl v. Savignys entnehme. Er hat 1840 ein „System des heutigen Römischen Rechts" vorgelegt und da vier Gesichtspunkte der Betrachtung angegeben: den grammatischen und den logischen, den historischen und den systematischen. Das Römische Recht war für Savigny einerseits schon etwas Vergangenes, kodifiziert unter Justinian im 7. Jahrhundert, also „historisch", wie man so sagt, aber es sollte dennoch als Grundlage für Rechtsentscheidungen der Gegenwart dienen. Das Folgeproblem liegt auf der Hand: Wie liest man alte Texte, die in ganz anderen Lebensverhältnissen entstanden sind, und zwar so, dass sie für die gegenwärtige Lage wichtig und aktuell brauchbar werden können? Das ist auch unser Problem: Wie liest man den „Menon", der etwa 400 Jahre vor der Zeitrechnung entstanden ist? Nur so, dass er als Zeugnis einer vergangenen Zeit und als Produkt eines bestimmten Autors verstanden wird, oder zugleich so, dass man daraus auch Einsichten über ein Problem gewinnen kann, das unverändert für uns besteht? Auch Savigny will ja nicht nur klären, wie man vor Zeiten einmal Erbverhältnisse rechtlich behandelt hat, sondern wie jetzt Erbfälle zu entscheiden sind. Wir wollen nicht nur wissen, wie Plato oder Thomas v. Aquin oder Rousseau früher über Lehren und Lernen gedacht haben, wir wollen sie auch nicht als Person kennen lernen – das geht sowieso nicht mehr –, sondern wir wollen wissen, ob das, was sie sagen, vertretbar ist oder nicht, ob sie recht haben oder nicht. Das ist der Sinn einer zugleich historischen und systematischen Interpretation von Texten. Sie hat zwei Seiten, die beide zu ihrem Recht kommen sollten.

Entlang dieser Unterscheidung des Historischen und des Systematischen führt Savigny auf beiden Seiten eine weitere Unterscheidung ein und gelangt damit zu den vier Gesichtspunkten der juristischen Auslegung: auf der Seite des Historischen das grammatische und das zeitgeschichtliche Verstehen und auf der Seite des Systematischen das logische und schließlich das systematische Verständnis eines Werkes. Diese vier Gesichtspunkte lassen sich als die Aufgaben beschreiben, die sich uns bei der Lektüre stellen:

1. Es kommt darauf an, die Quelle zu sichern und genau hinzusehen, was dasteht. Das ist gewissermaßen die philologische Aufgabe, bei der wir deshalb in der Regel das Wissen der Philologen benutzen.
2. Der Text gehört in einen zeit- und lebensgeschichtlichen Kontext. Mit den Theologen können wir von dem „Sitz im Leben" sprechen, den eine Äußerung hat.
3. geht es darum, den „logischen" Zusammenhang zu rekonstruieren, in dem sich die Äußerungen bewegen; im Falle des „Menon" und des platonischen Höhlengleichnisses ist das die Lehre vom Begriff und von den Ideen.
4. schließlich geht es darum, das im „Höhlengleichnis" Gemeinte in seiner aktuellen Bedeutung zu erfassen, um das Moment der Wahrheit herauszustellen und ggfs. zu relativieren und zu berichtigen.

In der Durchführung lassen sich diese Gesichtspunkte allerdings nicht „rein" und schematisch anwenden. Das wäre nicht nur ermüdend, es würde auch kaum den Besonderheiten des jeweiligen Werks gerecht werden. So habe ich mich in einigen Fällen auf den Kern- und Hauptgedanken beschränkt, während ich bei anderen Werken versucht habe, einen Eindruck von allen ihren Teilen zu vermitteln. Auch fehlen gelegentlich die biographischen oder zeitgeschichtlichen Kenntnisse oder sie sind, gerade bei den großen Werken, ziemlich belanglos gegenüber dem, was gesagt wird. In der Tat steht das biographische oft genug dem systematischen Interesse im Wege. Doch darum geht es in der Hauptsache. Gerade deshalb scheint es mir geboten, auf die einzelnen Werke zurückzugehen und sie in den Mittelpunkt der pädagogischen Exegese zu rücken.

In seiner „kleinen Geschichte des Sprachdenkens" hat Jürgen Trabant angemerkt, den „Literaturwissenschaftlern (sind) gar nicht mehr Vergil, Horaz, Boccaccio, Petrarca e tutti quanti (wichtig), sondern solche aufregenden Sachen wie Dekonstruktion, Systemtheorie, New Historicism, Butlerism etc.", so dass vor lauter „Diskursen" die Werke nicht mehr gesehen werden und sie zu Versatzstücken für bloße Konstrukte der theoretischen Fantasie herabgesetzt werden. Sie bleiben als „Modernisierungsverlierer (...) auf der Strecke" (Trabant 2003, S. 292). Die folgenden Werkporträts haben ihren Zweck erfüllt, wenn sie als Hinführung und Einladung dazu beitragen, dass eine Reihe jener pädagogischen Reflexionen nicht auf der Strecke bleibt, die uns die Sprache der Erziehung gelehrt und einen Schlüssel zu ihrem besseren Verständnis gegeben haben.

Lit.: W. Böhm (Hg.): Wörterbuch der Pädagogik, Stuttgart 2005 (15. Aufl.); C. v. Savigny: System des heutigen Römischen Rechts, Bd. I, 1840; J. Trabant: Mithridates im Paradies. Kleine Geschichte des Sprachdenkens, München 2003

2. Plato: Menon

Wer anderen etwas beibringen, sie belehren oder moralisch aufbessern, kurz: sie erziehen will, hat sich auf deren Fassungskraft und Lernfähigkeit einzustellen, sonst gehen alle Bemühungen von vornherein in die Leere. Tatsächlich stellen wir immer schon eine bestimmte Art des Lernens in Rechnung, wenn wir es mit Kindern und Schülern, Hörern oder Kursteilnehmern zu tun haben. Auch ohne ausdrückliche Theorie und einen formulierten Begriff des Lernens. Meist kommen wir damit auch aus. Doch für ein klares Verständnis von Erziehung ist ein expliziter Lernbegriff nicht zu entbehren. Einer der ersten, wenn nicht überhaupt der erste, der dazu einen Vorschlag gemacht hat, ist Plato, und zwar in dem Dialog „Menon". Plato bestimmt Lernen und zwar das bewusste und aufgeklärte Lernen als Erinnerung (gr. *anamnesis*). Darum geht es im Folgenden.

Ich fange mit dem Historischen an, gehe dann zu den Werken und zur Werkgeschichte über – das alles nicht besonders ausführlich –, um dann direkt auf den „Menon" einzugehen, und zuletzt kommt die systematische Würdigung. Man könnte vielleicht sogar die Lebens- und Zeitgeschichte ganz weglassen, wenigstens bei den absoluten Schwergewichten der Theoriebildung. Recht bekannt ist die Eingangswendung von Martin Heidegger, mit der er eine Aristoteles-Vorlesung eingeleitet hat: Aristoteles wurde geboren, arbeitete und starb. Das ist das höchste Lob, das man einer theoretischen Existenz zollen kann, und ja auch so gemeint. Plato wurde 427 v.d.Z. geboren, legte ein bedeutendes Werk vor und ist 347 gestorben. Aber so ganz stimmt das eben doch nicht, weder hier noch bei Aristoteles. Platon hatte ein bewegtes Leben: Geboren in die Zeit der großen Auseinandersetzung seiner Vaterstadt Athen mit Sparta, ins perikleische Zeitalter, hochgeboren zudem als Solon-Nachkomme, erlebte er den Niedergang Athens, Anarchie, Diktatur und Rückgewinnung einer gemäßigten Demokratie, der 399 allerdings nichts Besseres einfiel, als Sokrates, dem gerechtesten der Athener, wie Plato ihn genannt hat, den Prozess zu machen und zum Tode zu verurteilen. Auch versuchte Plato sich als politischer Berater, wenn nicht Staatsmann in der *magna graeca*, in Sizilien und Unteritalien, scheiterte komplett, zog sich in die von ihm gegründete Akademie zurück und wurde so zum Lehrer dessen, was er nicht verwirklichen konnte. Sein größter Schüler war Aristoteles (384–322), der 20 Jahre bei ihm studiert hat, ein Langzeitstudent, wie nur je einer; aber eben auch ein ungetreuer Schüler, wie sich das gehört, Fortsetzer und Korrektor der platonischen Lehren. Beide zusammen sind die Väter der abendländischen Philosophie und Wissenschaft. Soviel zur Biographie. Sie ist gekennzeichnet von Ansprüchen, Einschnitten, Gefahren (einmal war Plato sogar in Gefangenschaft und musste sich freikaufen lassen, um nicht als Sklave zu enden), von Enttäuschungen und nachhaltigem Lehrerfolg. Wer hat schon Schüler vom Range eines Aristoteles, ganz zu schweigen von all denen, die man als Platoniker bezeichnet?

Jetzt zum Werk. Da finden wir den Plato, der uns etwas angeht. Es liegen vor ca. 25 Dialoge; das sind Gespräche, mit der Merkwürdigkeit, dass Plato in ihnen nicht als Teilnehmer auftritt. Er spricht durch Sokrates, seinen Lehrer. Dann gibt es noch „Briefe" von Plato, und eine Schrift, die ihm zugeschrieben wird, aber wahrscheinlich (vielleicht) aus seiner Schule stammt und nicht direkt von ihm ist: „*Nomoi*", die Gesetze. Dass die Gespräche, wie sie Plato – man muss schon sagen – erfunden und gestaltet hat, ungefähr zweieinhalb Jahrtausende überstanden haben, ist ein Hinweis auf die Wirkung. Was von Plato vorliegt, ist nach der Verurteilung des Sokrates anno 399 geschrieben. Es gibt keine erhaltenen Jugendwerke. Plato begegnet uns als fertiger Autor, erwachsen, formsicher, zielbewusst. Erst die Frühwerke, dann die mittleren Werke, zuletzt das Spätwerk: so wird unterschieden. Das sieht nicht sehr einfallsreich aus; nur ein Ordnungsschema, auf das jeder von allein kommt; aber man stelle sich vor: Da sind ca. zwei Dutzend Dokumente ohne Datumsangabe, nur in Abschriften, womöglich noch mit mancherlei Varianten, und die sollen jetzt für eine Edition in eine Reihenfolge nach ihrer Entstehungszeit oder in sonst eine Ordnung gebracht werden. Das gleiche Problem haben die Forscher in Hinblick auf das Neue Testament: was ist wann von wem mutmaßlich geschrieben? So wie wir das NT in Händen haben, erst Matthäus und Markus, dann Lukas und Johannes; darnach die Briefe Pauli usw., so ist es aber nicht entstanden.

Bei Plato hat man einen sicheren Anhaltspunkt; das ist die gedankliche Entwicklung. Als „früh“ gelten die Werke, in denen der wirkliche, historische Sokrates im Mittelpunkt steht; erst die „Apologie“, die Verteidigungsrede des Sokrates vor dem Staatsgerichtshof, dann Gespräche über Einzel- und Tugendprobleme. Sie sind durch die „Was ist“ – Frage gekennzeichnet. Was ist fromm, was ist tapfer, was gerecht usw.? Diese Frageform wird in den mittleren Dialogen verschärft, indem untersucht und diskutiert wird, wie man etwas Allgemeines überhaupt wissen kann. Zu dieser Gruppe gehört auch unser „Menon“, dann das „Symposion“ (Gastmahl) und der „Phaidon“. Am Übergang zum Spätwerk steht die „Politeia“ (Der Staat). Da wird die so genannte Lehre von den Ideen vorgetragen und begründet. Auch hier tritt Sokrates noch als Gesprächsführer auf, aber die Ideenlehre ist alles andere als sokratisch, und das Spätwerk schließlich behandelt die Probleme, die sich aus dem Konzept der „Ideen“ ergeben.

Zu verschiedenen Zeiten und von verschiedenen Positionen sind einige Dialoge besonders geschätzt worden. Die Christen und dann das Mittelalter lasen immer wieder den „Phaidon“; denn da geht es um den Beweis der Unsterblichkeit der Seele, und den „Timaios“, da geht es u.a. um eine Lehre von der Welterschaffung. Die pädagogisch interessierten Leser schätzen und lesen den „Menon“, bis heute. Da kann man vor allem die sokratische Methode kennen lernen, die vielberufene Maieutik und Hebammenkunst, und sie sich für die Unterrichtslehre zu eigen machen.

Das Gespräch wird eröffnet mit der Frage nach der Lehrbarkeit des rechten Verhaltens, der Tugend. Es ist die Jahrtausendfrage aller Erziehung. Doch wie sich zeigen wird, ist das zunächst nur die Ausgangsfrage, die zu anderen Fragen führt, die beantwortet sein müssten, um zu wissen, wie man das rechte Verhalten in anderen hervorbringt. Der Menon, nach dem das Gespräch benannt ist, stellt dem Sokrates diese Frage: „Kannst du mir sagen, ob Tugend lehrbar ist? Oder ist sie nicht lehrbar, sondern durch Übung zu erlangen? Oder wird sie den Menschen weder durch Übung noch durch Lehre, sondern von Natur oder sonst irgendwie zuteil?“ Eine klare Frage, wie es aussieht, gestellt nicht von einem Kind, auch nicht von einem ahnungslosen jungen Menschen, sondern dieser Menon, den es wirklich gegeben hat, ist ein reicher, einflussreicher Landjunker aus Thessalien, Nordgriechenland; und der hat von Sokrates gehört und befragt ihn. „Sagen Sie mal: wie ist das mit der Tugend, wie erwirbt man sie: durch Übung (*askesis*) oder durch Belehrung (*mathesis*), oder ist das eine Eigenschaft, die man eben von Natur (*physis*) hat oder nicht hat?". Er hat, wie man sieht, drei Varianten im Auge, und die hat er von den Sophisten, Wanderlehrern gelernt; Gorgias, der berühmteste und nebenbei auch reichste dieser Wanderlehrer, war in Thessalien gewesen, und bei dem hatte Menon gehört. Man nennt diese drei Varianten inzwischen den pädagogischen Ternar. Was wir können, können wir entweder durch natürliche Anlage – *physei* im Griechischen, die Lateiner sagten: *ingenium*, wir sprechen heute von Begabung; oder wir haben es uns durch Übung zu eigen gemacht, *askesis* im Griechischen („Askese" im heutigen Wortverständnis hat eine verengte Bedeutung: wenig essen, keine Sexgeschichten, Schlafeinschränkung, Reizdeprivation auf ganzer Linie; das ist ganz ungriechisch und erst durch die Christen zu Ehren gekommen); oder wir können etwas, weil ein anderer uns das beigebracht, uns belehrt hat. Zum Beispiel: das absolute Gehör ist eine Naturgabe, das kann man nicht lernen; was man kann, ist das Gehör schulen – das ist Sache der Musikübung –, und man kann lehren, wie man eine Partitur liest.

Wohlgemerkt: hier handelt es sich zunächst einmal um Unterscheidungen, die sich an der alltäglichen Erfahrung orientieren. Darnach gibt es eine Linie von den Anlagen über die Übung zur Belehrung und zum Belehrtwerden. Wenn man nicht hören kann, lässt sich das Gehör nicht schulen, und dann wird es auch schwer, den Übergang von einer Partitur zum Klavierspiel zu vollbringen. Das sind real anzutreffende Unterschiede, und darauf bezieht sich Menons Frage. Wie ist das mit der Tugend: hat man sie von Natur, so dass die einen anständig und redlich, womöglich reine Tugendbolde sind, andere müssen erst noch üben, und alle brauchen womöglich Belehrung. Eine klare Frage also, im Rahmen einer damals aktuellen Diskussion, und Menon wusste auch und die Leser wussten, dass dieser Sokrates, der „historische" Sokrates, darauf schon eine Antwort gegeben hatte, nämlich die, dass Tugend Wissen sei, also nicht allein auf Naturanlage beruht und auch nicht auf Einüben; vielmehr gilt: ohne Wissen keine Tugend. Das heißt: Menon fragt etwas, wovon er annimmt, dass Sokrates es weiß oder zu wissen meint. Er hätte auch so anfangen können: „Verehrter Sokrates, Sie sind doch ein Tugendexperte, sagen Sie mal, wie wird man tugendhaft?"

Wie reagiert Sokrates; was macht er? – Er macht nichts als Schwierigkeiten. Die erste ist: er erklärt, er wisse überhaupt nicht richtig, was „Tugend" sei, worin sie besteht, und folglich könne er auch nicht sagen, wie sie erworben werde. Das ist einigermaßen erstaunlich; man fragt sich, ob Sokrates sich nur unwissend gibt und dumm stellt, oder ob er es wirklich nicht weiß. Und erstaunlich ist auch, dass Menon nicht sagt: „Dann muss ich eben jemand anders fragen, der sich auskennt", sondern jetzt wird die Vorfrage behandelt: Was ist Tugend?

Der gute Menon lässt sich nun darauf ein, Vorschläge zur begrifflichen Fassung zu machen, also zu sagen, was nach seiner Meinung mit dem Wort „Tugend", im Griechischen *arete,* gemeint sei. Das wird in der Regel so aufgefasst: Sokrates lehrt nicht direkt, sondern er prüft bestehendes Wissen; er antwortet nicht auf Schülerfragen, sondern er tritt mit Fragen auf. Das ist dem Platoleser schon aus den frühen Dialogen bekannt; in dem Gespräch „Laches" z.B. geht es darum, die Tapferkeit zu erfassen, und da befragt Sokrates einen anerkannten Feldherrn und Soldaten, einen rechten Praxismann, der muss es schließlich wissen, und zeigt ihm dann, dass er es in Wahrheit nicht weiß. Es geht hier nicht um Kinderunterricht, und es geht auch nicht um die Antworten auf Kinderfragen, sondern Sokrates tritt als Prüfer üblicher, gewohnter Antworten ausgebildeter Personen auf. Er hat – Lob sei dem Sokrates – die Prüfungsfrage erfunden.

Menon macht nun drei Definitionsvorschläge, die Sokrates nacheinander zerfleddert. Das ist in Kürze das Fazit des ersten Teils des Dialogs. Der Trick besteht darin, dass Menon von Beispielen ausgeht. Er nennt erst die Tugend des Mannes und der Frau und sonstige Tugenden, und Sokrates sagt: „Da hab ich aber richtig Glück gehabt mit Ihnen; unwissend, wie ich bin – wirklich oder angeblich –, möchte ich nur erfahren, was die Tugend ist, und nun erhalte ich gleich einen ganzen Schwarm von Tugenden." Wie man sieht, operiert Sokrates mit der Unterscheidung zwischen dem direkten und indirekten Artikel: *eine* Tugend ist nicht *die* Tugend, wie *ein* Kreis noch nicht *der* Kreis schlechthin ist. Immer neue Beispiele führen zu immer neuen Begriffen, und das ergibt keine Antwort. Die Pointe liegt in der schon erwähnten „Was ist"-Frage. Da wird nach dem Was-Sein gefragt, dem Wesen, wie wir im Deutschen sagen, und Sokrates behauptet nun, dass es eine eindeutige Antwort geben müsse, *die* Tugend eben und nicht eine Tugend und noch eine und wieder eine andere. Eine Definition soll sagen, was eine Sache ist. Und ohne Definition, die das Was-Sein angibt, kein Wissen, sondern nur ein vages Bekanntsein mit etwas. Historisch gesehen kann man hier eine der Einsatzstellen für das ausmachen, was dann in der Tradition als metaphysisch angesehen wird. In der Was- und Wesensfrage ist die „Entdeckung des Allgemeinen" angelegt (Martin 1965, S. 8). Beispiele, wie viele man auch anführen mag, bleiben sozusagen im „Physischen"; erst der Begriff sagt, was sie gemeinsam haben, und eben darin geht er über das hinaus, was physisch vorliegt; griechisch: *meta ta physika*.

Ich gehe jetzt nicht die drei Definitionsvorschläge des Menon und ihre Zerschmetterung durch Sokrates durch, sondern halte als Ergebnis fest: Es stellt sich heraus, dass Menon jetzt auch nicht mehr weiß, was „Tugend" ist. Er ist nachgerade erschüttert, aber – so belehrt ihn nun Sokrates – das sei gar nicht übel; denn vorher meinte er etwas zu wissen, jetzt aber weiß er, dass er gar nicht weiß, was „Tugend" ist. Er ist am Nullpunkt. Das Scheinwissen ist abgeräumt, und nun könne man neu beginnen, doch statt der Eingangsfrage, ob und wie Tugend erworben wird, und statt der Vorfrage, was Tugend ist, soll nun die Vor-Vorfrage erörtert werden, wie man überhaupt etwas weiß. Da lässt Sokrates den Menon auch nicht lange herumsuchen, sondern sagt ihm als rechter Lehrer, wie man am besten vorgeht. Wir wollen die Tugend erforschen, das Forschen ist ein Suchen und Lernen. Pflichtschuldigst nickt Menon. Das sieht er ein. Nun kann man aber nur suchen, was man kennt; nicht, was man nicht kennt. Wieder eine Falle, schlimmer als alles zuvor. Lernen ist ein Suchen; und wenn man nur suchen kann, was man schon kennt und weiß, kann man nichts dazulernen. Man lernt nichts Neues, sondern findet nur wieder, was man etwa verloren, verlegt oder vergessen hat.

Dieses Paradox hat Sokrates von den Sophisten übernommen und benutzt es hier. Besonders stark und gut ist es nicht. Es beruht auf einer Übertreibung: Wenn wir etwas überhaupt nicht kennen, können wir es nicht suchen; und wenn wir es ganz und gar kennen, brauchen wir es nicht zu suchen. Doch das sind Extremfälle: in Wirklichkeit kennen wir etwas halb oder ansatzweise oder wir vermuten etwas und machen uns auf die Suche. Dabei finden dann mehr, als wir vorher wussten. So hat Aristoteles das Paradox aufgelöst. Aber darauf kommt Menon nicht, sondern ist noch verzweifelter als vorher, wenigstens tut er so. Wie nun weiter? Und wieder zeigt Sokrates einen Ausweg. Er habe gehört, dass andere sagen, wir hätten in einem früheren Leben schon Wissen erworben. Dieses Wissen können wir wieder aktualisieren, so dass wir lernen, indem wir uns erinnern. Lernen beruhe auf Erinnerung als Aktualisierung eines früheren, latenten Wissens. Das kann man beweisen, sagt Sokrates: Lassen wir mal einen völlig ungebildeten Probanden kommen, einen *doulos*, manche übersetzen mit „Schüler“, aber eigentlich ist das ein Sklave. Dem will Sokrates etwas beibringen, was er noch nicht weiß, aber nicht indem er ihm das fertige Ergebnis vorbetet, sondern indem er sein früheres Wissen wieder ans Licht zieht, damit er manifest weiß, was er latent schon hat, aber wovon er gar nicht weiß, dass er es weiß. Das wird also gemacht und ein Sklave herbeizitiert. An dem soll nun demonstriert werden, wie das wahre Lernen funktioniert. Das ist das berühmte Lehrbeispiel im „Menon“, ein Juwel der Lehrkunst, bis heute bewundert und als Muster der sokratischen Lehrart gepriesen. Das will ich jetzt – ganz unsokratisch – in direkter Lehre vorstellen und rekonstruieren.

Es beginnt damit, dass dem Schüler die Aufgabe gestellt wird, ein Quadrat zu verdoppeln.

Dazu wird zunächst ein Quadrat in den Sand gezeichnet und erläutert, dass es aus „lauter gleichen Seiten“ besteht. Auch wie der Inhalt zu ermitteln ist, lässt sich aus der Frage entnehmen, die Sokrates an den Schüler richtet: „Wenn die Strecke auf dieser Seite zwei Fuß betrüge, auf dieser aber nur einen Fuß, würde dann die Fläche einmal zwei Fuß enthalten?“ Die Antwort ist ja. Und entsprechend ergibt sich beim Quadrat aus zwei mal zwei als Ergebnis vier Quadrat-Fuß. In der Form der Frage liegt eigentlich schon die Antwort. Das Verständnis des Schülers liegt im Nach- und Mitvollzug einer anschaulich nachprüfbaren Operation. Dass dieser Nachvollzug noch keine Belehrung ist, lässt sich Sokrates von Menon bestätigen. „Du siehst doch, Menon dass ich ihn nichts lehre, sondern alles erfrage?" Doch diese Unterscheidung von Lehren und Erfragen ist nur relativ: was der Schüler zur Einsicht beisteuert, ist die analytische Klarheit *post festum*. Er wendet die Verfahrensweise des Lehrers an, die zum Ergebnis führt. Man kann aber nicht sagen, dass er allein aus sich diese Verfahrensweise findet. Sokrates tut so, als ob es dasselbe sei, einen Beweis zu finden und einen Beweis einzusehen. Das zeigt sich vollends an der Art und Weise, wie schließlich das richtige Endergebnis gewonnen wird. Erst wird das Quadrat nach einer Seite erweitert, dann gewinnt man zwar den doppelten Inhalt, aber hat kein Quadrat mehr; dann wird das Ausgangsquadrat auch nach oben erweitert, dadurch erhalten Sokrates und der Schüler zwar wieder ein Quadrat, aber es ist nicht doppelt, sondern viermal so groß wie das Ausgangsquadrat.

Das alles geschieht unter Anleitung des Sokrates. In gewisser Weise kann man sagen, dass er den Schüler an der Nase herumgeführt hat, so dass es dem nicht besser ergeht als vorher Menon hinsichtlich der Frage, was Tugend sei. Bei jeder Lösung, die ins Auge gefasst wird, lässt sich zeigen, dass sie dem geforderten Ergebnis nicht entspricht, so dass auch der Schüler schließlich sein Nicht-Wissen bekennen muss. Das ist aber nicht nichts, vielmehr ist damit der erste Schritt zur „Wiedererinnerung" gewonnen: das Bewusstsein der Aporie stachelt erst die „Sehnsucht nach dem Wissen" an. Ohne das „Gefühl des Nicht-Wissens" würde er gar nicht versuchen, „nach dem zu forschen und zu suchen, was er glaubte zu wissen, ohne es doch zu wissen", sagt Sokrates. So aber bereitet das Wissen des Nicht-Wissens dem Lernen den Boden, und zwar nach der Ansicht des Sokrates wiederum so, dass er den Schüler nichts lehre und keine „erläuternde Auskunft" erteile. Gegen diese Selbstinterpretation des Sokrates hat Menon wieder nichts einzuwenden.

Wie aber findet der Schüler denn nun die richtige Lösung? Wirklich so, dass Sokrates ihm nichts vorsagt? Um es kurz zu machen: Er findet sie keineswegs aus Erschütterung über sein Nicht-Wissen und auch nicht durch die Aktivierung irgendeines latenten Vorwissens. Es ist wieder der Lehrer Sokrates, der zeigt, wie man ein Quadrat verdoppeln kann. Er zeichnet nämlich erst in eines, dann in alle vier Quadrate die Diagonale ein, so dass sie halbiert sind. Dadurch ergibt sich das folgende Bild:

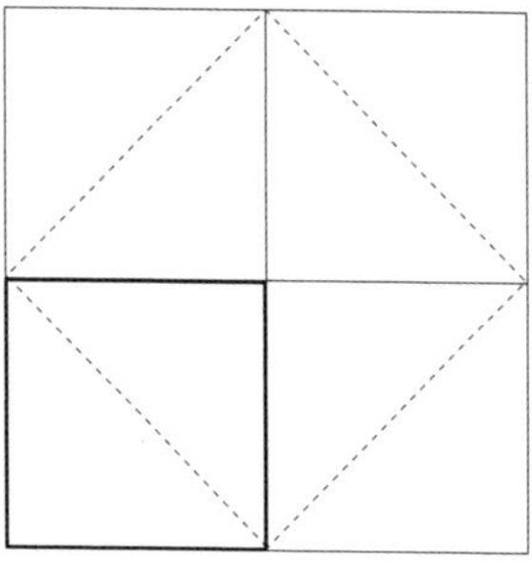

Und siehe da, jetzt ergeben die vier halben ein neues Quadrat, das ersichtlich halb so groß ist wie das Ausgangsquadrat. Das sieht auch der Schüler; wir können auch genauer sagen: das sieht er ein. Doch diese Einsicht ist nicht auf einen eigenen Einfall gegründet; sie verdankt sich der Vorzeichnung des Lehrers, die der Schüler Schritt für Schritt nachzeichnet. Das Lernen beruht auf dem Nachkonstruieren dessen, was Sokrates vormacht. Insofern kann keine Rede davon sein, dass Sokrates seine Behauptung wirklich bewiesen hat, er habe im Schüler nur wie eine Hebamme das Vorwissen heraufgeholt und manifest werden lassen, aber nichts gelehrt und gegeben, was dieser nicht schon von sich aus besitzt. Vielfach wird allerdings ohne nähere Prüfung die Selbstinterpretation des Sokrates übernommen und als bewiesen angesehen, dass das Lernen sich, wie heute vorzugsweise gesagt wird, selbst organisiert und Lehrer nur die Aufgabe haben, das Lernen zu begleiten, anzuregen und fürsorglich zu betreuen. Die Sachfrage ist: Kann sich das Lernen des Neuen aus sich allein organisieren und braucht es wirklich nur angeregt zu werden, oder müssen wir als Lehrende auch inhaltliches Wissen aus unserer Kenntnis der richtigen Lösung investieren? Müssen wir also etwas zeigen, was der Lernende noch nicht gesehen hat oder – etwas schwächer: bisher nicht richtig bemerkt hat? Übersetzt in die Sprache des Dialogs heißt das: Lernen ist Suchen, Lehren ist ein Zeigen. Sokrates behauptet, dass er dem Sklaven nichts zeigt, sondern dass der alles aus sich findet. Das ist bestenfalls nur zum Teil richtig. Das sieht man, wenn man sich die einzelnen Zeigeakte vor Augen führt:

1. Er zeigt ihm erstens das Viereck.
2. Er zeigt ihm, wie man ein Viereck vergrößern kann.

3. Er lässt ihn ein Viereck suchen, das doppelt so groß ist.
4. Er zeigt ihm den Dreh mit der Diagonale.

Ohne dass ihm etwas gezeigt wird, würde der Schüler/Sklave bei aller Einsicht in sein Nicht-Wissen nie und nimmer darauf kommen, wie man ein Quadrat verdoppelt. Das Bewusstsein des Nicht-Wissens macht ihn zwar empfänglich für die richtige Lösung, führt sie aber nicht herbei. Das heißt aber nicht, dass er überhaupt keine Leistung erbringt und von sich aus gar nichts mitbringt. Was das ist, kann man das „Logische" nennen, nämlich dasjenige, was wir als Form gleichsam in uns tragen und auf das Dargebotene anwenden, indem wir es zergliedern, auf die Konsistenz oder Widersprüchlichkeit seiner Elemente achten und sie neu zusammenfügen. So gesehen ist das „Lehren auch kein Eintrichtern, sondern Begründen, und das bedeutet, dem anderen die Möglichkeit zu geben, es selbst einzusehen, d.h. es jederzeit selbst wiederfinden zu können" (Bröcker 1967, S. 119). Doch das Material des Lernens können wir nicht in gleicher Weise aus uns schöpfen, sondern das muss uns gezeigt werden.

Aber was heißt „zeigen"? Und wie kann es erfolgreich sein? Antwort: Dazu muss man die Bedeutungen klären, mit denen man es zu tun hat. Das Elementarste am Zeigen ist: Festlegen der Bedeutung dessen, worüber man redet. Genau das geschieht am Eingang des Dialogs. Das kann man nun wirklich von Plato-Sokrates lernen: es ist ziemlich sinnlos, einfach über Tugend loszuschwatzen und Meinungen zu äußern, sondern für ein vernünftiges Gespräch braucht man Definitionen. Ob Tugend lehrbar ist oder nicht, kann man erst vernünftig besprechen, wenn man Einverständnis darüber herstellt, was mit dem Wort „Tugend" oder „*arete*" oder „*virtus*" oder „*virtue*" oder sonst einem Wort gemeint ist. Sokrates führt eine Unterscheidung ein, die das Meinen vom Wissen abhebt: die Unterscheidung zwischen Ausdruck und Begriff. Es ist griechisch die Unterscheidung zwischen „*doxa*" und „*episteme*". Über Begriffsklärungen stellen wir sicher, dass wir dasselbe meinen. In vielen Diskussionen, selbst in pädagogischen, wenn z.B. von „Schule" oder „Bildung" oder „Erziehung" die Rede ist, bleibt ungesagt und unbestimmt, wie diese Ausdrücke jeweils verstanden werden. Das führt zu unnötigen Konfusionen und gelegentlich auch zu falschen Frontstellungen. Deshalb ist das Definieren ein sozialer Akt, um dem Gespräch eine gemeinsame Grundlage zu geben.

Und dazu ist es nötig, mit den geheimen und verdeckten Vor-Urteilen aufzuräumen und sich aus der sog. Lebenswelt zu lösen. Daraus ergibt sich für jedes Gespräch ein Anspruch auf Begriffsklärung.

Auf der Grundlage des Einverständnisses kann man dann Neues einführen. Zum Beispiel in der Weise eines Vorschlags oder einer Vorgabe. Im „Menon“ wird das von Plato „*hypothesis*“ genannt. Nehmen wir einmal an, dass alles Suchen auf Erinnerung beruht. Diese Annahme kann dann durchgeführt und angenommen oder verworfen werden. Es ist aber nicht so, dass sich jemand an die Stirn fasst und ihm wieder einfällt, was er einmal gewusst hat, und das nennt man dann „lernen“. Vielmehr verhält es sich so: Wir schließen an etwas an, was wir schon wissen oder können, gehen einen Schritt vor und arbeiten dann rückwärts durch, was wir uns vorgeben lassen. Die Vorgabe macht der Lehrer oder ein Buch oder sonst ein Zeichengefüge. Die Aufnahmebereitschaft wird vielfach gesteigert, wenn wir unsicher geworden sind; aber der Hauptpunkt für den Lehrenden, der etwas für den Schüler Neues einführt, besteht darin, dessen Standort zu ermitteln und daran anzuschließen. Das, woran man immer anschließen kann, auch bei denen, die ungeschult wie ein Sklave ohne Schulbildung sind, ist ein Minimum an Logik. Für Sokrates dagegen ist die Lösung schon die ganze Zeit bekannt; er tut bloß so, als ob er sie nicht hat. Ich nenne das didaktische Ironie. Man stellt sich dumm, damit der Schüler auf das hinblickt, was er bisher noch nicht weiß. Doch dass Sokrates den Lösungsweg in seinen Fragen versteckt, beweist nicht, dass der unwissende Schüler-Sklave die Lösung selber gefunden hat. Er sieht sie ein, weil er genug Logik hat.

Etwas allgemeiner gefasst: der Lehrende führt den Lernenden zuerst auf das zurück, was er schon kann und weiß, um ihn dann durch einen Vorgriff einen Schritt weiterzuführen. Lernen ist erstens Rückgang und dann Voranschreiten; ein rückgreifender Vorgriff. Lehren ist genau das Umgekehrte: vorgreifender Rückgriff. Und diese beiden Bewegungen müssen zusammengespannt werden. Rückgriff wird hier von Plato-Sokrates „*anamnesis*“ genannt; Vorgriff „*hypothesis*“ und in den späteren Dialogen schließlich „Idee“. Ohne den Vorgriff hätte der Schüler nichts, was er einsehen könnte; ohne Rückgriff der Lehrer nichts, woran er anschließen könnte. Mit anderen Worten: es geht nicht ohne Zeigen, aber es geht auch nicht ohne Einsicht, noch ohne verständiges Mitmachen und die entsprechende Mitbewegung, damit das Lernen erfolgreich ist. Das scheint mir die wahre Lehre des Dialogs zu sein, nicht aber, dass Lernen, Dazulernen und Neulernen darin besteht, sich bloß auf sich zu besinnen und in der Tiefe des Gemüts ein Vorwissen freizulegen, das schon da ist und sich kreativ im Leiden an der eigenen Unwissenheit entfaltet.

Und was ist bei alledem aus der Ausgangsfrage nach der Lehrbarkeit der Tugend geworden? Im „Menon" gibt es keine bündige Antwort. Sie bleibt unentschieden. Zwar gehört Wissen zum rechten Verhalten, aber Wissen allein ist offenkundig nicht ausreichend, um uns zur Tugend zu motivieren. Daraus lässt sich wiederum zweierlei lernen und feststellen; nämlich erstens, dass die gründliche Behandlung einer wichtigen Frage zu weiteren Fragen nötigt, die vorher befriedigend beantwortet sein müssten, so dass die erwünschte Antwort sich nicht schlank und ohne weitere Umstände geben lässt, und zweitens, dass die Jahrtausendfrage nach der Lehrbarkeit der Tugend nicht nur hier bei Plato offen bleibt, sondern als Problemerbe weitergereicht und zur wiederkehrenden Dauerfrage für das pädagogische Denken geworden ist.

Lit.: Platos „Menon" ist in der Übersetzung Schleiermachers zugänglich in der griechisch-deutschen Werkausgabe von G. Eigler, Bd. 2, Darmstadt 1990, und in der Übersetzung von O. Apelt, Bd. 2, Hamburg 1988. – W. Bröcker: Platos Gespräche, Frankfurt 1967 (2.Aufl.); G. Martin: Einleitung in die Allgemeine Metaphysik, Stuttgart 1965

Wie ist Tugend lehrbar?

3. Plato: Das Höhlengleichnis

Das so genannte Höhlengleichnis findet sich im siebten der auf zehn Bücher angelegten Schrift über den Staat. Das macht uns darauf aufmerksam, dass Platos Erziehungs- und Bildungslehre in den Zusammenhang seiner Überlegungen zur Politik und da wieder zu deren zentralem Thema: der Gerechtigkeit gehören. Was ist gerecht und was gut? Das ist die eine Frage, die andere: was macht eine gerechte und gute Ordnung aus? In den Zusammenhang dieser beiden Fragen, die bei Plato praktisch nicht getrennt werden, gehört die Frage jeder politischen Theorie: wer darf und wer soll regieren? Um es gleich zu sagen: ein Demokrat war Plato ganz und gar nicht; wer war das auch schon von den so genannten „Klassikern" des alteuropäischen Denkens? Die Vorstellung, dass jeder, egal ob informiert und hinreichend geschult oder eben nicht, sozusagen ungeprüft am politischen Prozess teilnehmen, mitreden und mitentscheiden darf, ist ja auch nicht unmittelbar einleuchtend. Um zum Regieren geeignet zu sein, bedarf es charakterlicher und intellektueller Fähigkeiten höchsten Ranges. Mit denen, so nun Plato, wird man nicht geboren, sondern dazu muss man erzogen werden.

So gesehen geht es in der Erziehungslehre, wie sie sich im Höhlengleichnis findet, gar nicht um die gewöhnliche Erziehung, wie sie allen zuteil werden kann, sondern um Regentenerziehung, das heißt um die Ausbildung einer geistig-moralischen Elite und Aristokratie des Geistes, und zwar so, dass sie in der Lage ist, gemäß der Idee der Gerechtigkeit den Staat zu regieren.

Um zu vernünftigen Verhältnissen zu kommen, braucht man Leute, die vernünftig geworden sind. Das sind die Philosophen. Sie sollen eben nicht nur reflektieren und in Distanz zum Staat bleiben, sondern das Regiment übernehmen. Das ist die Lehre Platos von den Philosophenkönigen.

Die naheliegende Anschlussfrage ist: wie werden Philosophen gebildet und erzogen? Und das heißt: wie lässt sich die wahre Erziehung (*paideia*) von der Unwissenheit und Unbildung (*apei-*

deusia) unterscheiden? Damit setzt das 7.Buch ein und dazu wird zuerst das Gleichnis von der Höhle und dem Aufstieg aus der Höhle vorgetragen. Das Höhlengleichnis gehört zweifellos zu den bleibenden, großen Denkbildern des europäischen Denkens. Uns interessiert natürlich vor allem seine pädagogische Bedeutung, aber darin erschöpft sie sich nicht, auch wenn es ausdrücklich zu dem Zweck vorgetragen wird, die Eigenart der „*paideia*" zu erklären. Wir übersetzen das in der Regel mit „Bildung" und/oder „Erziehung". Dabei zeigt sich, dass Bildung und Erziehung gar nicht aus sich allein zu verstehen sind. Sie sind eingebettet in das allgemeine Lebens- und Weltverständnis. Für Plato ist das die Lehre von den Ideen. Sie ist zugleich der Schlüssel dafür, wie wir lernen und wie wir zu erziehen sind.

Im Folgenden soll so verfahren werden: Zunächst soll das Problem formuliert werden, um das es geht. Ich gehe also zuerst systematisch vor, um dann das Höhlengleichnis vorzustellen und zu erläutern, was mit dem Gleichnis gemeint ist und gemeint sein kann, und um schließlich die Pädagogik zu kennzeichnen, die sich aus dem Ideenkonzept ergibt. Auch das ist dann wieder systematisch und nicht bloß historisch.

Um das pädagogische Problem zu kennzeichnen, auf das das Höhlengleichnis reagiert, erinnere ich an das, was wir aus dem „Menon" gelernt haben. Gefragt wurde da eingangs nach der Lehrbarkeit der Tugend. Um das beantworten zu können, muss man wissen, was mit „Tugend" oder „Tüchtigkeit" oder dem rechten Verhalten gemeint ist. Ohne klare Begriffe kann man nicht vernünftig miteinander reden. Man braucht nicht nur Wörter und Ausdrücke, unter denen sich dieser dieses und jener was anderes vorstellt, sondern das Einverständnis darüber, was jeweils mit einem Wort, einem Ausdruck oder sonst einem Zeichen gemeint ist. Das, was mit einem Wort gemeint ist, ist der Begriff. Begriffe sind ein soziales Erfordernis der vernünftigen Rede.

Die Einzelheiten brauchen nicht noch einmal dargestellt zu werden, nur das bisherige Ergebnis. Wir können jemanden belehren, indem wir uns auf etwas Gemeinsames beziehen, das schon da ist; als Minimum das logische Denken, und wir können neue Gemeinsamkeiten stiften, indem wir eine Antwort verständlich machen. Das Gemeinsame ist etwas Allgemeines, die jeweilige Antwort zunächst etwas, das nur der Wissende hat und das im Lehrgespräch Gemeingut wird. Offen bleibt dann in dem

Dialog die Frage, ob das gemeinsame Wissen und die Einsicht auch dazu führt, sich auch an das Erkannte zu halten, das heißt, ob Einsicht die Sittlichkeit fördert oder nicht. Wie entstehen aus Einsichten Werke? Wie wird die Vernunft praktisch?

Wie man vermuten kann, ist Einsicht zwar keine zureichende, wohl aber eine notwendige Bedingung für das richtige Verhalten, die *arete*. Es gibt eine sozial-kognitive, logische Wurzel für die Klärung von Begriffen; und es gibt eine lerntheoretische Wurzel. Das ist der Stand nach dem „Menon". Offen bleibt, wie der Gesamtübergang vom alltäglichen Fürwahrhalten zur Vernunft, die auch wirklich praktisch wird, vorzustellen und herbeizuführen ist. Das ist das eigentlich „pädagogische" Thema. Das will Plato mit seiner Lehre von den Ideen klarmachen. Bevor gleich das Bild der Höhle und das in dem Bild Gedachte vorgeführt wird, möchte ich eine Bemerkung zu dem Wort *idea* oder *eidos* voranstellen. Es heißt zunächst im Griechischen nichts anderes als „Bild". Erst Plato hat, wie das oft in der Theoriesprache geschieht, das Wort mit der Bedeutung aufgeladen, die wir heute kennen und die uns den „Idealismus" beschert hat.

Deshalb jetzt die einfache Frage: Was ist eigentlich ein Bild? – Man kann vielleicht sagen: das weiß man doch. Ein Bild ist auch ein Sachverhalt, so wie andere Sachverhalte. Nun ja, ganz so ist es nicht. Ein Bild ist Bild von Sachverhalten. Wir machen uns z.B. ein Bild von einer Stadt, wenn wir uns einleben, oder wir sind nicht im Bilde, wenn wir einen Sachverhalt nicht überschauen. Lernen ist u.a. eben dies: sich ein Bild von Sachverhalten machen, wie etwas ist, wie verschiedene Faktoren zusammenhängen, usw. Dabei wissen wir, dass das Bild nicht der Sachverhalt ist; es bildet ab, ist aber nicht dasselbe. Es ist unterschieden und irgendwie nicht unterschieden; zugleich Differenz und Einheit (nämlich Übereinstimmung mit dem Sachverhalt). Nehmen wir einen ganz banalen, alltäglichen Fall: In geselligen Zusammenkünften werden ja oft Bilder, sagen wir Fotografien, hervorgekramt; auch in Fernzügen zur Anknüpfung der Kommunikation; das kennt man. Da werden die eigenen Kinder, Freunde, Freundinnen, Eltern und Tanten und andere Sippengenossen gezeigt. Angenommen, man kennt sich schon, wie in der Familie, und jetzt wird ein Familienfoto – Hochzeiten, Taufen, Geburtstage sind ja beliebte Gelegenheiten für Bildattacken – gezeigt: die Größeren und Erwachsenen sagen dann vielleicht:

„Sieh mal Onkel Franz, ja so sieht er wirklich aus; gut getroffen." Onkel Franz selber findet sich gar nicht gut getroffen: „So dick bin ich nicht". Manche wünschen dann ja auch die Vernichtung solcher Zeugnisse der Verkennung. Was sagen aber Kinder bei solchen Bildern? „Das ist Opa", „Das ist Tante Erna" usw. Und das sagen sie auch sonst bei Bildern: „Das ist ein Elefant, das der König, das bin ich." Es ist, als werde zwischen Bild und Abgebildetem nicht unterschieden, während wir Älteren die Differenz betonen. Darin steckt: Kinder nehmen zunächst identifizierend wahr; sie lernen erst Zug um Zug, die Komposition, die Machart des Bildes und damit die Eigenschaften der Darstellung von dem Dargestellten deutlich zu unterscheiden. Das ist der Unterschied zwischen: „Das ist Opa" und: „Das ist ein Bild von Opa". Es ist der Unterschied zwischen kindlichem Realismus und erwachsenem Idealismus, nämlich das Bewusstsein davon, dass die Wirklichkeit in einer bestimmten Form erscheint, gut oder schlecht getroffen, retuschiert, verfälscht oder eben naturgetreu. Das Mitdenken der Beziehung auf einen Sachverhalt: das ist zweifelsfrei das höhere Bewusstsein. Um dieses Verhältnis von Sachverhalt und Bild, Wirklichkeit und Sprache, oder auch: Wirklichkeit und Idee, darum geht es. Zur Verdeutlichung und zur Vereinfachung will ich drei Fälle unterscheiden:

1. Es gibt Sachverhalte, die so sind, wie sie sind. Sachverhalt soll dabei alles genannt werden, was sich zeigt und worüber man Aussagen machen kann; nicht nur Dinge, sondern auch Gefühle, Zustände, Prozesse, Lagen, Situationen. Es gibt Zahnschmerzen, Regentage, Angst und Vorträge.
2. Es gibt zu Sachverhalten Bilder dieser Sachverhalte. Opa in Natur – und Opa in der Fotografie; einerseits der Opa zum Ansehen und Anfassen, und andererseits Opa im Bild. Das ist die erste Funktion eines Bildes: es bildet nach oder ab.
3. Es gibt aber auch Bilder, die einen Sachverhalt vorbilden, und zwar immer dann, wenn wir etwas hervorbringen wollen, was noch nicht da ist, z.B. das Modell eines Hauses, nach dem wir dann wirklich ein Haus bauen. Das meinen wir ja auch, wenn wir sagen: „Ich habe eine Idee." Dann haben wir eine Vorstellung von etwas, das noch nicht da ist. Da bilden wir nicht etwas ab, sondern wir entwerfen etwas, was bisher nicht wirklich ist und wirklich werden soll. Das Bild ist hier die Norm für unser Verhalten. In dieser Hinsicht sind wir alle Idealisten,

auch wenn wir noch so sehr darauf pochen, als Realisten zu gelten. Man kann zwar gegen Entwürfe vorbringen, dass sie nicht realisierbar sind, aber man kann nicht vorbringen, dass wir keine Idee, keine Gedankenentwürfe haben können. Kant sagt in seiner Pädagogik-Vorlesung sogar, wir können den Begriff von einer Sache haben, auch wenn sie nie ganz erreichbar ist, z.B. von der Freundschaft. Es kann sein, dass niemand ganz die Idee der Freundschaft erfüllt, dennoch können wir sie denken und uns bemühen, ihr nahe zu kommen. Gelegentlich sagen wir dann ja auch: „Karl ist ein idealer Freund" oder ein „wahrer" Freund; das heißt: er entspricht einem Ideal ganz oder fast ganz. Das ist blanker Idealismus; gewissermaßen der Platonismus des Alltags.

Ein „idealer Freund" oder der „ideale Gatte", das sind diejenigen, die dem Zielbild der Freundschaft oder des Ehegatten entsprechen. Ideal ist das, was einer vorgestellten Norm entspricht: der ideale Pass im Fußball aus der Tiefe des Raums; die ideale Kleidung bei sommerlicher Schwüle. Die Unterscheidung, die hier benutzt wird, ist die zwischen Sollwert und Istwert. Verhältnisse sind ideal, wenn der Istwert dem Sollwert entspricht. Das ist nicht dieselbe Unterscheidung wie die zwischen real und abgebildet. Wer hat schon einen idealen Gatten oder Mustergatten, und wo finden sich schon im wirklichen Leben die idealen Maße verwirklicht, das ideale Gewicht, meinetwegen auch: das ideale Übergewicht, das ideale Urlaubsziel usw. ? Ein Idealist ist so gesehen derjenige, der die Verwirklichung solcher Sollnormen entweder für erreicht oder für erreichbar hält und sich dafür einsetzt, wenn sie noch nicht erreicht sind.

Ein solches Modell oder Idealbild des Lebens liefert Plato mit dem Höhlengleichnis. Um einen Eindruck von dem Höhlen-Modell und der Ausgangslage der Menschen in dieser zu geben, benutze ich jetzt eine schematisierte Darstellung des Inneren der Höhle, die Karl Vretska in seiner Ausgabe des „Staates" gegeben hat:

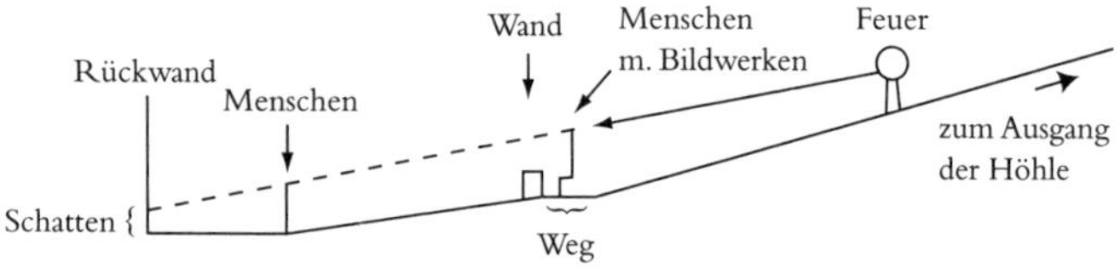

Die Skizze wird wie folgt erläutert: „Die Gefangenen sehen nur auf die Wand vor sich; dorthin fallen die Schatten der von den hinter der Wand vorübergehenden Menschen getragenen Gegenstände, nicht aber die Schatten der Menschen. Ursache der Schatten ist das Feuer in der Höhle selbst. Erst außerhalb der Höhle, zu deren Eingang ein steiler Weg führt, ist die ‚wirkliche' Erde und die wirkliche Sonne" (ebd., S. 538f.)

Soweit erst mal in einer orientierenden Darstellung das Grundbild. Jetzt zur Auslegung. Was ist dabei zu beachten? In der Regel verfährt man da so, dass man eine Reihe von Gleichungen aufstellt: auf der einen Seite das Bild mit seinen Elementen, auf der anderen dann das, was man für das Gemeinte im Gesagten ansieht. Das ist durchaus richtig, und Plato gibt auch im Anschluss an das Höhlenbild selbst eine Auflösung, wie in einem Rätsel. Aber das Bild spricht auch für sich. Es lässt mehr zu als eine einfache Abbildung auf Lebenssachverhalte. Denn enthielte es nicht mehr, könnte man sich auch das Bild schenken. Insofern hat eine Auslegung mehrere Ebenen oder Stufen; das Bild ist reicher, wenn es wie hier ein großes Bild ist. Es ist mehr als eine simple Gleichung mit nur einer Lösung. Es enthält gleichsam Überschuss und erlaubt noch andere Anschlüsse.

Zunächst das Naheliegende. Es gibt drei Zustände des Menschen: erst hockt er gefesselt in der Höhle mit dem Blick auf die Wand, an der sich das zeigt, was er für das wirkliche Leben hält. Das ist der Zustand der Naivität; man bewegt sich in der Welt des Scheins, der bloßen Vorstellungen, die Schatten von wirklichen Dingen sind, aber das weiß man nicht. Dieser Zustand ist den meisten gar nicht so unangenehm; trotz der Fesseln erscheint er als der natürliche, angeborene und allen Menschen eigentümliche Zustand. Man kennt eben nichts anderes.

Der zweite Zustand, oder jetzt besser: die zweite Phase oder Epoche ist die des Aufstiegs. Wir werden von den Fesseln gelöst. Wir befreien uns nicht selbst, wir werden befreit. Aber was jetzt? Wir wissen nicht weiter. Es müssen Anführer kommen, die uns sagen, wo es nun lang geht. Wer diese Anführer sind, wird von Plato im Bild nicht gesagt. Aber es gibt sie, und sie drehen jetzt den Menschen um. Es ist die erste Umdrehung, erste Umkehr, griechisch *periagoge.* Was tut man, wenn man in die Lichtquelle sieht, also nicht mit dem Licht sieht, sondern das Licht selber ansieht? Man reibt sich die Augen, man blinzelt, man sieht eigentlich zunächst mal gar nichts oder weniger als vorher. Der natürliche Impuls ist: wieder wegzusehen. Das ist ein ganz wichtiger Punkt. Denn der Aufstieg aus der Höhle, oder genauer: erst in der Höhle zur Mauer und an dieser vorbei und dann noch am Feuer vorbei, geschieht nicht eigentätig. Er wird erzwungen, mit Gewalt und unter Schlägen gar. Das Bild sagt: Der Weg ins Licht ist beschwerlich; er führt dem eigenen Empfinden nach in die Fremde, aus dem heimatlichen, bekannten, gewohnten Höhlenplatz ins Unbekannte, Beschwerliche, Ungewohnte. Allgemeiner: Der Bildungsgang verlangt Entsagung, Ertragen von Schmerzen, Verlust langer und vertrauter Ansichten, Konventionen und Bräuche. Diese Entsagung ist der Preis für Aufklärung; es wird zwar immer heller und wir erkennen immer mehr, aber das Erkennen ist mit Mühsal und dem Schmerz des Abschieds belastet. Deshalb die Anführer oder besser noch: die Antreiber.

Zuletzt kommen wir aus der Höhle heraus; das ist hier in der Skizze nicht mehr dargestellt. Das Höhlenfeuer war schon fast zu stark für die dunkelgewöhnten Augen, das Sonnenlicht vollends blendet. Wir finden uns zuerst gar nicht zurecht, bis wir den Blick in die Sonne drehen können und die Idee des Guten schauen. Dafür steht die Sonne. Sie ist gewissermaßen das Sinnbild für das vollendete Sehen, darüber hinaus gibt es nichts. Auf längere Sicht ertragen wir das reine Sehen nur dadurch, dass wir auf Spiegelungen blicken, so wie das Höhlengleichnis selber einen Gedanken in ein Bild bringt und nicht den Gedanken selbst darstellt. Das Bild vermittelt den Gedanken. Unvermittelt ist das Erkennen nur momentweise möglich, nicht auf Dauer. Die zweite Umdrehung und eigentlich die, die den Menschen wissend macht, weil er nun das Gute sieht, ist die entscheidende *periagoge*. Die Freiheit ist vollendet. Die Antreiber werden überflüssig; denn diese Umkehr muss jeder selbst vollziehen. Ist das geschehen, beginnt der Rückstieg in die Höhle, um das Geschaute denen mitzuteilen, die noch an ihrem Platz hocken. Aber die verstehen nicht, was das Gute, das Gute an sich, das freie Denken ist. Es ist ihnen unbekannt, und sie lachen über den, der sich im Licht bewegt hat und es weitertragen will, so wie die Athener in ihrer Unwissenheit den gerechtesten der Athener, nämlich Sokrates, umgebracht haben.

Drei Stadien also: 1. in der Höhle, 2. Aufstieg unter Anleitung, 3. Rückweg. Erst sinnlicher Schein, dann schrittweise Erkenntnis und Einsicht, zuletzt Verwirklichung der Einsicht unter den Bedingungen des sinnlichen Scheins. Erst Sicherheit, dann Bruch mit der Herkunft, Aufbruch und Exodus, zuletzt Rückkehr und Verwandlung der ersten Sicherheit. Das ist das Schema dieses Denkbildes. Es ist das Schema des Bildungsgangs. Bildung ist Fremdwerden; man könnte mit Brecht sagen: Lernen des fremden Blicks, Verfremdung und Entfremdung, Verlust der alten Welt. Es ist nicht fröhlicher Aufbruch und gutgelauntes, spielerisches Lernen, womöglich als Freiarbeit, sondern Bildung und Lernen tut weh. Bildung ist, um es in der Version Hegels zu sagen: Bildung ist Negation der anfänglichen Position. Aber es bleibt nicht bei der Negation, sie ist noch zu überbieten im Rückstieg als Negation der Negation oder wie Hegel sagt: Heimkehr des Geistes. Die Botschaft Platos ist insofern nicht frohgemuter Idealismus, sondern schwermütige Einsicht: man muss durchhalten, sich entäußern, sich auf das Fremde einlassen, man darf nicht bei sich bleiben, sondern hat sich zu verlassen, den gewohnten Umkreis, die erste Heimat, anders ist die zweite und wahre Heimat im Reich der Ideen nicht zu gewinnen. Bei G.B. Shaw wird in dem Stück „Major Barbara" einmal gesagt: „Ich habe etwas gelernt, das ist wie: ich habe etwas verloren."

Das alles ist nun nicht mehr Sokrates, sondern etwas anderes: Das Lernen geht nicht nur aus dem Fragen und der bloßen Neugier hervor, sondern aus dem Leid und aus dem Schmerz der Negation. In der Erziehung wird dieser Schmerz erst zugefügt, man sucht ihn nicht von selber, erst beim letzten Schritt ist man wieder allein und geht den Weg zu Ende. Der Weg zur wirklichen Freiheit von den Fesseln in der Höhle ist ein Weg durch die Entfremdung, Entäußerung, das Anderswerden, die Umwandlung und „Umlenkung", so übersetzt Schleiermacher das griechische Worte *periagoge*. Sie wird durch Wissen gewirkt, nicht durch Offenbarung, nicht durch plötzliches Aufscheinen und Illumination, nicht durch frohe Botschaft, sondern durch das Disangelium der Bildung. Denn „darum geht nun die Erziehungskunst, um diese Umwendung, und zwar um die leichteste und erfolgreichste Art, nicht um die Kunst, ihm (dem Lernenden K. P.) das Sehen einzupflanzen, sondern da er ja die Kraft besitzt, nur sie nicht richtig gewendet hat und nicht dorthin blickt, wohin er soll, eben dies (die Umwendung) zu bewirken". Das Lernen muss beim Erziehen als Umlenken immer schon vorausgesetzt werden, so wie im „Menon“ die „*anamnesis*“ als Prämisse für die Belehrung aufgedeckt worden ist; aber es genügt nicht, dieses Lernen bloß anzuregen, zu begleiten oder es womöglich sich selbst zu überlassen, sondern es bedarf entschieden der Anleitung und Führung, damit das Richtige und nicht bloß gefälliges Allotria gelernt wird. Was das Richtige ist, wissen die Erzieher; im „Menon“ allerdings noch nicht so ganz, deshalb geht es da und vor allem auch in den Frühwerken auch lebhafter und gewissermaßen demokratischer zu. Doch im „Staat“ ist die Höhe des absoluten Wissens erreicht und Plato (nicht der historische Sokrates) zum unbestrittenen Meisterlehrer geworden, auch wenn er seine Gedanken samt und sonders dem Sokrates in den Mund legt.

Was alles zum Lehrplan der Regentenschulung gehört, will ich jetzt im Einzelnen nicht referieren, sondern nur im Überblick angeben. Am Anfang steht die körperliche Übung, die Gymnastik, und die Musik. Das gehört in den Bereich der *askesis*. Dazu werden die Knaben – nur von ihnen ist die Rede – zum Pädotriben geschickt, der besorgt die Elementarausbildung. Aber die richtige Bildung, die beginnt erst mit der Schulung des Denkens, und das geschieht, in heutiger Sprache ausgedrückt, durch die Wissenschaften und die Wissensgebiete. Dieser Bereich gehört zu den *mathemata*: das durch Lehre Lernbare. Besonders wichtig sind da die Geometrie und die Arithmetik. Ein geometrisches Lern- und Lehrbeispiel haben wir ja im „Menon“ kennen gelernt; an der Geometrie wird Ordnung erfahren und erfasst. Man lernt beweisen und nicht bloß nachreden. Es wird berichtet – ganz gesichert ist das nicht – über dem Eingang zur platonischen Akademie habe der Satz gestanden: keiner darf eintreten, der nicht Geometrie studiert hat. Denn Geometrie und Arithmetik, die Lehre von den räumlichen und von den Zahlbeziehungen, sind auch nur eine Vorschule zur Dialektik, dem Denken des Denkens. Da ist erst ist die Höhe des wahren Lernens erreicht. Das ist nicht mehr Einzelwissen, sondern Wissen des Wahren und Guten schlechthin.

Auch hier hat Plato ein Wort der gehobenen Umgangssprache mit einer gesteigerten Bedeutung aufgeladen. *Dialegesthai* heißt im Griechischen zunächst nur: sich unterhalten und miteinander reden. Jetzt und in der Folge ist Dialektik das Wissen der Denkformen, das reine Wissen. Es ist hingeordnet auf das Gute und die Idee des Guten, sozusagen die Idee der Ideen. Das ist der letzte Schritt: Wer wissend geworden ist, wird des Vollendeten ansichtig, und das Vollkommene im menschlichen Leben und Zusammenleben ist die Idee des Guten und Gerechten. Der höchste Punkt der Theorie ist auf Sittlichkeit gerichtet; es gibt, so könnte man modernisierend sagen, eine Praxistendenz des Denkens, politische Praxis wohlgemerkt, nicht technische Praxis. Wer diesen Punkt erreicht hat, der darf herrschen; ja er ist verpflichtet, sein Wissen anderen zugute kommen zu lassen, und zwar nicht bloß als Rat, sondern durchaus königlich-herrscherlich. Die Denkenden sollen herrschen, so wie für jeden von uns gilt, dass das Denken die Affekte und das Handeln bestimmen soll.

Die Anschlussfrage ist: Wie lange dauert es, bis der höchste Punkt erreicht ist und die Rückwendung fällig wird? Wie alt wird man? Plato rechnet mit geradezu atemberaubenden Fristen; Abitur, Bachelor, Master, Doktor gar: das reicht bei weitem nicht. Die Schulung des Körpers dauert bis ins Jugendalter, dem Jugend- und frühen Mannesalter gelten die geometrischen, arithmetischen und dialektischen Studien, dem reifen Mannesalter die Erkenntnis des Gerechten und Guten. Erst dann, wenn man gut 50 Jahre alt ist, darf und soll man politisch handeln. Mit diesem Mammutprogramm soll über Erziehung der ideale Staat ermöglicht werden. Mit wem lässt sich das machen? Mit den Alten natürlich nicht mehr, aber auch nicht mit den jüngeren Erwachsenen. Wer über 10 Jahre ist, kommt für den idealen Bildungsgang nicht mehr in Frage. Es ist schon zuviel versäumt. Überhaupt sind die natürlichen Eltern wenig geeignet, den Bildungsprozess zu inszenieren; es bedarf königlicher Erzieher, und deshalb empfiehlt Plato Trennung von den Eltern und von der Familie. Das ist einer der Gründe, weshalb Karl Popper im ersten Band seines bedeutenden Buchs über die „offene Gesellschaft und ihre Feinde" eine scharfe Plato-Kritik vorgetragen hat. Plato will die geschlossene Gesellschaft, gestützt auf die Idee des Gerechten, und weil es die von Natur nicht gibt, bedarf es eines die Heranwachsenden und überhaupt alle Mitglieder scharf überwachenden und regulierenden Sozialsystems, einer Bildungsdiktatur.

Was Plato entwirft, ist ein Sparta des Geistes. Dass es sich so verhält, lässt sich daran ablesen, was Plato aus seinem Bildungsprogramm ausschließt: da es mathematisch orientiert ist, kognitivistisch, haben die Künste in diesem Programm keinen Platz. Vor allem Homer wird die rote Karte gezeigt. Warum? Die Göttergeschichten und Legenden haben nichts in der streng wissensorientierten Bildung zu suchen. Der Raum der Bildung wird abgeschirmt gegen Ablenkung, gegen ästhetisch-kulinarische Trödelei und bloßen Spaß. Das war in seiner Zeit und überhaupt angesichts der überwältigenden Autorität Homers eine Kühnheit und Radikalität sondergleichen. Strukturell ist das nur konsequent, und man sieht es in der Geschichte der Erziehungs- und Staatsutopien immer wieder: das Lernen wird aus dem üblichen Leben herausgenommen, gewissermaßen kaserniert und eine pädagogische Provinz geschaffen, die sich selbst reguliert. Wir werden einen solchen Fall in der Pädagogik des Benedikt wiederfinden: es ist das Modell der Konvikts- und Heimerziehung. Ein Staat im Kleinen wird gebildet und das Lernen in Quarantäne genommen, damit es frei bleibt von den Versuchungen, Verwirrungen, Ablenkungen und Unvorhersehbarkeiten des zufälligen Umgangs. Es ist ein wiederkehrendes Modell und vielfach erprobtes Verfahren, in der Isolation gegen die schlechte Umwelt eine bessere und ideale Welt vorzubereiten. So verbannt Rousseau seinen Zögling mit seinem Erzieher in die Waldeinsamkeit, deshalb denkt Fichte an spezielle Erziehungskolonien, geht Hermann Lietz aufs Land und Martin Luserke ans Meer, fern der wüsten und bildungsresistenten Städte. In der Distanz zum alltäglichen, ungeordneten Lotterlernen sollen stattdessen die Heranwachsenden auf einer Insel wahrer Menschlichkeit auf das Leben draußen vorbereitet werden. Von der Seite des Lernens ist dabei ein gehöriges Maß an Entäußerung verlangt, von den Erziehern die Bereitschaft, ihnen auch das Schwere und die Anstrengung des Begriffs, wie es gelegentlich bei Hegel heißt, zuzumuten. Liberal im modernen Sinne ist eine solche Erziehung nun wirklich nicht; doch Platos Insistenz auf der Dignität des wahren Wissens gegenüber dem subjektiven Meinen erinnert uns daran, dass eine inhaltlich anspruchsvolle Erziehung nicht daran vorbeikommt, den Lernenden Aufgaben zu stellen und sie zu Fragen zu führen, auf die sie selber nicht kommen, wenn anders sie nicht in der Höhlentiefe naiven Stumpfsinns verharren sollen.

Doch das Anstößige und Radikale bei Plato bleibt dies: die Welt, wie sie uns erscheint, wie wir sie erleben und wahrnehmen, wird entwertet; die wahre Welt ist jenseits der Sinnenwelt, eigentlich eine ganz ungriechische Lebensauffassung und erst durch das Christentum recht populär geworden. Walter Bröcker hat deshalb Plato auch einen Querkopf genannt, dessen Übertreibungen und Einseitigkeiten durch seinen Schüler Aristoteles wieder zurechtgerückt worden seien. Diese Einseitigkeit zeigt sich pädagogisch darin, dass die wahre Welt nicht etwas ist, was wir von Natur und wie selbstverständlich anstreben, sondern etwas, was uns aufgedrungen wird. Die Entäußerung im Lernprozess wird von den Erziehenden herbeigeführt, geradezu erzwungen; nach dem Wort des Dichters Pindar: „Wer nicht geschunden wird, wird nicht erzogen." Ebenso ist die Regierung der Wissenden eine Diktatur der intellektuellen Aristokratie, der Avantgarde der reinen Vernunft. Sie bestimmen sogar, wer wen heiraten soll. Plato misstraut den *polloi*, den Vielen, Allzuvielen. Platos Erziehungsstaat, dies die letzte Bemerkung, ist hierarchisch und absolut. So erscheint es nicht abwegig, sich auf die Seite der Kritiker des absoluten Wissens zu schlagen und der Protagonisten skeptisch-relativistischer Einschätzungen unserer Möglichkeit, zu letzten Einsichten zu gelangen: Sie sind in der Regel „demokratischer" und toleranter und geben dem Lernen mehr Raum als die Prätentionen absoluten Wissens, denen sich der Einzelne nur noch anzumessen hat.

Lit.: In den schon angegebenen Werkausgaben findet sich der „Staat" in Bd. V (Übersetzung von Apelt) und in Bd. 4 (Übersetzung von Schleiermacher). Ferner: Platon: Der Staat, hrsg. v. K. Vretska, Stuttgart 1958; K. Popper: Die offene Gesellschaft und ihre Feinde, Bd. 1: Der Zauber Platons, Bern 1957

4. Quintilian: Institutio oratoria – Die Erziehung zum Redner

Dem platonischen Dualismus von Höhle hier und Sonne dort, erst Schein und dann Wissen, sind – neben Aristoteles – vor allem die so genannten Sophisten und Lehrer der Redekunst entgegengetreten. Man kann durchaus an die natürlichen Anlagen anschließen und sie kultivieren, sozusagen im Vertrauen auf die gute Natur, die – wie Aristoteles im ersten Satz der „Metaphysik" sagt – von sich aus nach Wissen strebt und der man die Vernunft nicht erst aufnötigen muss. Deshalb hat Aristoteles auch eine Rhetorik geschrieben und den Grundstein zu dem gelegt, was dann abschließend und traditionsbildend der Römer Marcus Fabius Quintilian ausgesprochen und kodifiziert hat. Er wird in den gängigen Darstellungen der historischen Pädagogik zumeist wenig beachtet, vielleicht weil er nicht „originell" genug war und allzu lehrhaft. Es ist seltsam, dass die Pädagogik ihre eigenen Meister nicht recht zu würdigen weiß und sich lieber an die großen Namen und deren Nebenbemerkungen zur Erziehung hält. Quintilian trifft dieses Schicksal völlig zu Unrecht; er hat ein bedeutendes Muster für ein Lehrbuch der Erziehung gegeben, das nach wie vor unser Interesse verdient.

Diesmal werde ich, anders als bei Plato, von den lebens- und vor allem von den epochalgeschichtlichen Umständen ausgehen, dann das Werk behandeln und dann noch etwas zur Wirkung Quintilians sagen. In Abwandlung des Aperçus Heideggers über Aristoteles: „Er wurde geboren, arbeitete und starb", kann man von Quintilian sagen: „Er wurde geboren, lehrte und starb." In der Tat gilt er als der erste beamtete Lehrer; unter seinen Schülern waren Mitglieder der kaiserlichen Familie und des römischen Patriziats; im Alter hat der dann seine Berufserfahrung aufgeschrieben. Das ist die „*institutio oratoria*". Geboren ist er ca. 35 (man weiß es nicht genau), gestorben um 100. Man nimmt an, dass die *institutio oratoria* um 90 entstanden ist. Damit ist schon fast alles gesagt, was über das Leben des Mannes bekannt ist. Ein gutdotierter Lehrer und Schulhaupt mit Eliteschülern, der nach vollbrachter Dienstzeit die Summe seiner pädagogischen Erfahrungen zieht. Das sind dürftige Auskünfte; doch das hat auch einen Vorteil: man kann das Biographisch-Persönliche auf sich beruhen lassen und den Blick auf die Zeitlage richten, mit der Quintilian es zu tun hatte.

Sie ist in der Tat wichtiger als seine Lebensgeschichte. Die Zeitlage betrifft das, was Max Weber einmal das objektiv Mögliche einer Zeit und Situation genannt hat. Dabei geht es um die Stellung des Werks in der Epoche, und zwar nach dem Ende der Republik und unter den Bedingungen des Prinzipats. Das zu wissen, ist deshalb von Bedeutung, weil die Redekunst im Kern und der Herkunft nach eine politische Technologie ist. Man braucht sie bei politischen Entscheidungen, auf der griechischen *agora* und dem römischen *forum*. Man braucht des Weiteren die Rede noch vor Gericht, vor allem die jungen ehrgeizigen Politiker, die sich auf diese Weise der Öffentlichkeit bekannt machen; und man braucht sie bei feierlichen Anlässen, vorzugsweise bei Beerdigungen und dann, wenn es um Lobeshymmnen auf die Regenten geht. Die Rede dient – das ist eine alte Einteilung – (1) der Vorbereitung von Entscheidungen als beratende Rede (*genus deliberativum*), (2) als Plädoyer vor Gericht (*genus iudiciale*), (3) als Festrede, um den Moment feierlich zu erhellen (*genus demonstrativum*). Die Unterredung und der Vortrag der Philosophen nach dem sokratischem Muster gehören nicht hierher. Römisch fällt das auch nicht unter die Gattung der *oratio*, sondern des *sermo*.

Der Meister und das bleibende Vorbild der Redekunst in politischer Funktion war und ist Cicero. Er hat diese Kunst nicht nur vollendet beherrscht, sondern deren Kunstregeln in seiner Schrift über den Redner (*de oratore*) formuliert. Von Cicero wissen wir viel mehr als von Quintilian. Einmal, weil er in die große Politik verstrickt war; dann durch seine philosophischen Schriften, seine Briefe und sein unermüdliches Eigenlob. Tatsächlich ist der bekannteste aller antiken Autoren; wir kennen seinen Ausbildungsgang, seine griechischen Lehrer und die Schulen, die er besucht hat, seine Prozessreden und wie gesagt seine politische Tätigkeit.

Aber all das Philosophieren und – sagen wir es ungeschminkt – das biographisierende Lamentieren des Cicero deuten schon auf eine grundlegende Veränderung der römischen Verhältnisse.

Mit der freien, öffentlich wirksamen politischen Rede ging es zu Ende, weil es mit der Republik zu Ende ging. Spätestens unter Augustus war die zentrale Funktion der Redekunst hinfällig geworden. Die Anschlussfrage ist: Was geschieht mit einer Kunst, die direkt nicht mehr gebraucht wird? Was macht man, wenn man etwas kann, wofür es keine Abnehmer und keine Gelegenheit mehr gibt?

1. Man gibt es auf und wendet sich anderen Künsten und Sozialtechniken zu.
2. Die Technik wird ästhetisiert.
3. Die Technik wird außerdem noch oder alternativ pädagogisiert.

Dieser Vorgang lässt sich auch sonst beobachten; er ist nicht historisch einzigartig. Man denke an die Madonnenbilder des Mittelalters. Sie sind nicht gemalt für Museen und Kunstliebhaber, sondern sie dienen der Andacht. Sie brauchen da auch nicht vollkommen zu sein; hinsichtlich ihrer Funktion für den Glauben ist das belanglos. Ihre ästhetische Qualität tritt erst in dem Augenblick hervor und bleibt schließlich als Hauptzweck übrig, nachdem der Glaubenszweck aufgelöst, erschüttert und für die meisten hinfällig geworden ist. Eine gemalte Madonna wird von dem ursprünglich lebenspraktischen zu einem ästhetisch-kulinarischen Zweck umgewidmet. Oder aber zu einem pädagogischen Zweck, wie die *lingua doctorum*, das Latein, im 18. Jahrhundert. Da hört Latein auf, als Sprache der Gelehrten zu dienen. Die Wissenschaft wird nationalsprachlich, die europäische Spracheinheit der Doktoren löst sich auf. Wozu dann aber noch Latein? Antwort: Es wird zum Medium der höheren Bildung und erhält eine pädagogische Funktion: Latein soll jetzt gelernt werden, um klug, scharfsinnig und überhaupt ein richtiger Mensch zu werden.

Eben dieser Vorgang lässt sich auch beim Übergang von der Republik zum Prinzipat beobachten. Die politische Rede verliert ihren Stellenwert, und damit stellte sich die Frage: Was wird aus der Redekunst? Tatsächlich liegt eine ganze Reihe von Zeugnissen vor, die den Verfall der Redekunst beklagen, der richtigen Rede; denn die Rede verschwindet nicht einfach; sie verliert nur ihren Ernstcharakter, wird spielerisch und zu einer bloß ästhetischen Veranstaltung. Das kann man bei Tacitus lesen und bei dem älteren Seneca. Das Stichwort dazu war: *corruptio*.

Redeverderbnis als Teil der auch sonst beklagten Sittenverderbnis. Es gibt einen anonymen Text, in dem gesagt wird: „Unter der Despotie wird die Rede zu Heuchelei, Lüge, Schmeichelei." Was bleibt, ist die Schmuckrede. Auch von Quintilian hat es eine verlorengegangene Schrift über den Verfall der Redekunst und ihre Entartung zur bloßen Wortemacherei gegeben. Fazit: die Rede hat ihren Sitz im öffentlich-politischen Leben verloren; aber Quintilian verschafft ihr einen Sitz in der Schule und in der Erziehung und macht sie zum Medium der Bildung. „Als nach schwerer Krise mit Caesar und Augustus ein monarchisches Regime die Republik ablöste, da verwandelte sich die Theorie der Beredsamkeit (...) in die übliche Form der Jugendbildung" (Fuhrmann 1983, S. 13). Für diese Aufgabe war die „*institutio oratoria*" gedacht. Das war Quintilians Leistung in seiner Zeit, und sie war derart, dass daraus dann etwas weit über die Epoche Hinausgehendes wurde.

Doch so ganz nutzlos und bloß schön war das Redenkönnen nicht; es eröffnete die Beamtenlaufbahn. In seiner Studie über die „antike Rhetorik" sagt Manfred Fuhrmann: „Man brauchte (in der Kaiserzeit. K. P.) keine Politiker mehr, die imstande waren, sich in öffentlicher Rede miteinander zu messen; man brauchte jedoch Verwaltungsbeamte für das vom kaiserlichen Willen gelenkte Riesenreich, und die höheren und höchsten Verwaltungsposten standen nicht nur dem Absolventen eines juristischen Studiums offen, sondern auch dem, der eine gründliche rhetorische Ausbildung genossen hatte. In der Praxis der weit häufigere Fall." (Fuhrmann 1990, S. 65f.). Da musste man vor allem formgerecht schreiben können, sozusagen Quasi-Reden. Fuhrmann drückt darüber seine Verwunderung aus. Das ist aber eine sehr deutsche Sicht, da wir in der höheren Verwaltung ein Juristenmonopol kennen; aber England und Frankreich, die Länder mit einer ungebrochenen Rhetorik-Tradition, haben in den Verwaltungsdienst und in den diplomatischen Dienst immer auch Absolventen der Philologie gestellt. Das ist römischer Herkunft. Das Inhaltliche kann man immer noch dazu lernen, doch die Schlüsselqualifikation ist das Redenkönnen, und das bringt einem der Redelehrer bei.

Nun gab es für viele Gebiete schon Lehrbücher. Die Römer waren praktische Leute, und so gab es Lehrbücher für den Landbau, für den Brückenbau usw. Und Quintilian legte jetzt ein

Lehrbuch für die rednerische Erziehung und die Erziehung zum Redner vor, aber nicht nur als Anleitung zur Kommunikationstechnik, sondern er gibt dem Ganzen noch eine pädagogisch allgemeine Wendung. Damit sind wir bei dem Werk, wie es vorliegt. Zuerst zum Titel: „*Institutio oratoria*". Man kann das in zwei Varianten übersetzen. Erstens als Ausbildung zum Redner, so auch Rahn in seiner deutschen Ausgabe, und zweitens als „rednerische Ausbildung". Das ist nicht genau dasselbe, es scheint nur so bei flüchtigem Hinsehen. Im ersten Falle ist der Akzent auf das Erziehungsziel gesetzt: die Schüler sollen Redner werden; im zweiten Fall ist der Akzent auf die Form der Erziehung gesetzt: sie hat rednerisch-sprachlich zu erfolgen und nicht in einem anderen Medium. Ersichtlich ist beides gemeint: die Sprache als Mittel und als Zweck der Erziehung. Es geht darum, durch die Sprache zum Redenkönnen zu gelangen.

Das erste Wort im Titel *institutio* meint gleichermaßen zweierlei. Das Lexikon belehrt uns, dass *institutio* einerseits Einrichtung oder Stiftung meint. Von daher stammt unser Gebrauch, wenn wir als Institutionen die sozialen und kulturellen Muster auffassen, in denen wir uns bewegen, oder „Institution" mit „Organisation" gleichsetzen. Aber *institutio* ist auch Belehrung. In der Spätantike und durchlaufend im Mittelalter gibt es für alles Mögliche eine *institutio*; in karolingischer Zeit die *institutio clericorum* des Rhabanus Maurus und später von Calvin die *institutio christiana*, ein Lehrbuch des christlichen Glaubens. Dabei ist zu beachten, dass Belehrung und Unterricht einerseits und Einrichtung oder Stiftung anderseits zusammenzudenken sind: wir räumen die Welt sprachlich ein. Die Sprache ist die Grundinstitution, sozusagen die Institution der Institutionen, weit mehr als bloß Organisation. In der Sprache sind wir zuhause und wird gestiftet, was uns zu sozialen Wesen macht, die miteinander reden. In einer sachgerechten, wenn auch wenig verkaufsfördernden Interpretation wäre demnach der Titel „*institutio oratoria*" so zu übersetzen: die Einstiftung durch die Sprache und in der Sprache.

Vorangestellt ist den 12 Büchern die Widmung an einen Freund, in der Quintilian das Buch als Frucht seiner praktischen Tätigkeit und des Nachdenkens über die Redekunst darstellt, mit den üblichen Bescheidenheitsfloskeln. Es geht um den guten Redner, um die Ausbildung der Kinder, um die Abweisung von

Übertreibungen und Fehlern. Adressat sind die Lehrerkollegen, die zur Redekunst ausbilden, und diese sollen sie nach ihrer inhaltlichen wie nach ihrer technisch-formalen Seite kennen lernen. Es beginnt im ersten Buch mit der Erziehung der Kinder, ein Stück Elementarerziehung, und es endet im 12. Buch mit der Beschreibung des vorbildlichen Redners, des *vir bonus bene dicendi peritus*. Diese Formel übernimmt Quintilian vom älteren Cato; sie stellt den Inbegriff des guten Redners dar, der eben nicht nur gut redet, sondern auch charakterlich etwas taugt, der sachlich gebildet und sittlich gefestigt ist.

Soweit der Rahmen; dazwischen nun (2.–11. Buch) erscheinen die Themen und Aufgaben des rhetorischen Fachunterrichts, heute würden wir sagen: der Lehrplan und das Curriculum des Redners. Ich nenne die Themen nur in Stichworten: Buch 2 und 3 erörtern die rhetorische Ausbildung allgemein und die Arten der Rede. Hinzu kommt eine Geschichte der Rede. Buch 4 und 5 behandeln die Teile der Rede: Wie fängt man an, wie stellt man einen Sachverhalt dar, wie kommt man zu Argumenten? Buch 6 geht auf die Affekte ein, die man erzeugen will. Da geht es um das Ziel einer Rede: sollen die Leute lachen oder weinen und sich in Tränen auflösen? Wie platziert man einen Gefühlsappell, wie ergreift man das Gemüt oder wie beruhigt man es? Das 7. Buch gilt ausdrücklich dem Aufbau der Rede (*dispositio*) und bringt das übliche Viererschema, wie es sich auch bei Cicero und in der „Rhetorik an Herennius“ findet: vorweg eine Einleitung *(exordium),*dann die Darstellung des Sachverhalts *(narratio),* darnach die Auswertung der Darstellung *(argumentatio* oder *conclusio)* und schließlich eine passende Schlusswendung *(peroratio)*. Nach diesem Schema kann man ein Referat anlegen, eine Predigt halten oder ein Gerichtsverfahren organisieren und schließlich auch den Unterricht artikulieren, wie sehr viel später Herbart dieses Vorgehen nennen wird. Den Kern bildet die Differenz von Sachvortrag und Besinnung auf seine Konsequenzen. Erst *prothesis*, dann *pistis,* wie es bei Aristoteles heißt; erst Information, dann Analyse oder nach Herbart: erst Vertiefung, dann Besinnung. Nimmt man den vorbereitenden Akt der Hinführung und den abrundenden Schluss hinzu, ist das Grundschema aller Artikulation fertig. So gesehen ist die Didaktik eine Variante der Rhetorik, nämlich als Anwendung des Schemas der geordneten Rede auf das Verhältnis von Erziehen und Lernen.

Das 8. Buch beschäftigt sich mit Stilfragen. Drei Stilarten werden unterschieden, der erhabene, der würdige, der einfache Stil, und zwar je nach der Situation. In diesem Zusammenhang wird wie beiläufig auch die Struktur der Redesituation gekennzeichnet. „*Spectandum, quis, apud quem, quid diceret*". Dreierlei sei zu beachten: Wer spricht (*quis*) über welches Thema (*quid*) und zu wem (*apud quem*). Diese Trias findet sich zuvor schon bei dem Gewährsmann Quintilians, nämlich Cicero: „Eine Rede (*logos*) besteht nämlich aus dreierlei: einem Redner, einem Gegenstand, worüber er spricht, und einem Publikum; und der Zweck der Rede ist nur auf ihn, den Zuhörer, ausgerichtet" (Cicero, Rhetorik, I, 3). Wie man sieht, ist diese Bestimmung aus der Situation gewonnen, die den Redner mit seinem Publikum, den Prediger mit seiner Gemeinde, den Lehrer mit seiner Schülern, den Buchautor mit seinen Lesern über ein Thema zusammenbringt, ob es sich nun um das Wort zum Sonntag, die Weihnachtsrede des Bundespräsidenten, einen Strafprozess oder einen beliebigen Unterricht handelt. In der Didaktik hat sich dafür der Name „didaktisches Dreieck" eingebürgert. Ich weiß nicht, wer das zuerst so gesagt hat; aber hier bei Quintilian und Cicero haben wir der Sache nach einen Quellenbeleg, obwohl zu bezweifeln ist, dass dies der *topos classicus* ist.

Es ist üblich geworden, sich über diese Rede vom didaktischen Dreieck zu erheben: das sei zu simpel und übergehe die gesellschaftlichen Verhältnisse und sonstigen kommunikativen Diskursbedingungen. Dann wird stattdessen von sachstrukturellen Zusammenhängen, von Sendern und Empfängern, von Adressaten und Kommunikanten gesprochen. Das ändert überhaupt nichts daran, dass es immer um diese drei Mindestbedingungen geht: Sprecher, Hörer, Botschaft; Schreiber, Leser, Text; Sender, Nachricht, Empfänger. Man könnte dies auch das hermeneutische oder das informationstechnische Dreieck nennen. Problematisch und im Einzelnen sehr verschieden ist nicht diese Struktur, sondern ihre Inszenierung, das, was man daraus macht, nicht, dass es das Dreieck gibt.

Jetzt noch eben weiter, was sich in den letzten Kapiteln findet: Nach den Stilfragen in Kapitel 8 wird in Kapitel 9 die Lehre von den Figuren der Rede behandelt. Wie drückt man aus, was man sagen will? Das wird genau erörtert und mit Beispielen belegt. Die Metapher, die bildliche Rede, die Übertreibung (Hyperbel), die Schilderung usw. Im 10. Buch erhält man eine Literaturgeschichte; eine Übersicht über die lesenswerten Autoren, die neueren Didaktiker würden das den Stoffplan nennen; und das 11. Kapitel schließlich befasst sich mit der Darbietung und den Umständen der Rede. Dahin gehört auch die Lehre von der Gedächtnisschulung, der *memoria*. Denn die Rede soll nicht abgelesen, sondern frei gehalten werden; aber nicht ungeplant und unvorbereitet, aus dem Stegreif, sondern so, wie ein Schauspieler die Aufgabe hat, den gelernten Text so zu sprechen, als ob eben jetzt die Macht der Worte in ihm aufsteigt, die ein Verfasser aufgeschrieben hat. Daran kann man ja auch meist den Laiendarsteller vom Berufsschauspieler unterscheiden: Der Laie sagt etwas auf, man merkt die Anstrengung; der Profi spricht etwas Fremdes, als ob es eben jetzt mit Urgewalt aus ihm herausströmt.

So viel im Überblick. – Was fängt man damit an? Das will ich noch einmal an einer speziellen Aufgabe verdeutlichen, die jeder hat, der eine Rede oder einen Vortrag zu halten hat, der ein Wochenendseminar oder eine Sendung einleitet, eine Predigt vorbereitet oder sich bloß bekannt macht, um mit der Macht des guten Wortes einen anderen zum Kauf von Bier oder Autos zu bewegen. Dazu greife ich noch einmal das Grundschema von Sender, Nachricht und Empfänger auf, das didaktische Dreieck. Wie fängt man eine Stunde an? Was kann man da alles falsch machen, und wie macht man es richtig? Generelle Antwort: Das kommt ganz darauf an. Manche sagen: Jede Situation ist anders, und es gibt gar keine allgemeinen Regeln, also ist auch die Pädagogik keine Disziplin, in der man wirklich etwas lernen kann, wenigstens nicht für die Praxis, sondern nur für die Praxis des Redens über die Praxis, entweder der eigenen und ihre Triumphe oder vorzugsweise der anderen und deren Defizite. Diese Ansicht ist nach Quintilian vollkommen falsch. Man kann sehr wohl etwas lernen, zwar nicht ganz speziell für den Einzelfall, wohl aber für den formalen Rahmen, in dem man sich bewegt. Das erste und für den Anfang Entscheidende ist immer und überall, dass man einen sozialen Kontakt herstellt (*quis* und *apud quem*). Dazu gibt es mannigfache Vorschläge für den Einstieg, Praktiken, Techniken, schlechte und gute Gewohnheiten. Schon das Auftreten selber will überlegt und geübt sein.

Die Raumausnutzung und Raumgestaltung spielen eine Rolle. Es gibt eine Choreographie des Vortrags, eine didaktische

Choreographie: ob man sich zum Beispiel in der Mitte vor den Hörern aufbaut oder von der Seite spricht – das ist die therapeutische Position, ob man im Sitzen oder im Stehen spricht, ob man – wie Sigmund Freud – den Klienten auf die Couch packt: im Liegen verlieren sich bestimmte Hemmungen und die Sperren des Über-Ich, ob man im Kreis sitzt oder sich gegenüber wie im Duell. Dies alles hat eine soziale Bedeutung und hängt davon ab, mit wem und mit wie vielen Adressaten man es zu tun hat, was man thematisch vorhat, wie man also das Thema erschließen will und welche Effekte eintreten sollen.

Das alles gehört zur Unterrichtskunst. Um auch gleich mit innovativen Reformvorschlägen aufzutreten, möchte ich vorschlagen und mir wünschen, dass die Vorlesungsräume modernisiert würden. Es fehlt in der Regel die große Showtreppe, die man herunterkommen könnte, am besten mit musikalischer Erkennungsmelodie, um sich dann den Zuhörern zeitgemäß mit dem Satz zu präsentieren: „Sie sind ein wunderbares Publikum." Da hat man doch die Leute schon gewonnen. Diese Auftritts- und Imponiertechnik haben auch, man muss es widerwillig konzedieren, die Nazis zur Perfektion gebracht. Hitlers Auftritte wurden sorgfältig, geradezu liturgisch inszeniert: Einmarsch der Abteilungen mit Fahnen und Standarten, dazu der Badenweiler Marsch; dann baut sich der Führer auf und beginnt langsam, dunkel, ernst, gefasst. Nicht der Schreihals, der heute in Filmen meist vorgeführt wird; das kam erst nach einer Stunde. Übrigens gehörte zur Effektsteigerung auch die Verspätung, nicht lang und übertrieben, aber genug, um Spannung zu erzeugen: der Führer kommt. Wer zu früh kommt, verschenkt Aura und macht sich gemein.

Soviel zur *expositio* als dem ersten Teil der Gliederung. Wie man da spricht und was man sagt, lehrt die Figurenlehre; es gibt Figuren der Anrede, und dabei kann man in der Affektenlehre nachsehen, welche Affekte man nutzen und ansprechen und wie man sie ins Visier nehmen kann. Desgleichen gibt es Rezepte und Vorschläge für die zweite Stufe der Darstellung der Sachverhalte, dann für die Argumentation und für einen wirkungsvollen Schluss. Reden ist eine soziale Technik, um immer wieder neu das Grundschema von Sprecher, Botschaft und Hörer zu inszenieren. Diese Technik lehrt die „*Institutio oratoria*". Genauer: sie zeigt Lehrern, wie man Schülern das Reden zeigt. Es ist eine

Übungsanleitung; denn die zugeordnete Lernform ist das Üben, wie die Etüden Cernys für den Klavierunterricht. Ein Können wird vermittelt, nicht durch Beobachtung und Theorie allein, sondern durch Ausübung unter Anwendung von Mustern und Gesichtspunkten. Eine *ars* eben, nicht *scientia*; *techne*, nicht *episteme*.

In aktuellen Diskussionen wird diese Gattung oft als Rezeptologie herabgewürdigt und der Unterrichtstheorie gegenübergestellt. Auch mit dem Argument, Rezepte seien blind und faktisch unwirksam. Aber tatsächlich braucht jeder Rezepte, nämlich „Übernommenes", um sich in die Praxis einzuüben. Das Problem ist nicht die Gattung, sondern die Qualität. So hat im vorigen Jahrhundert Gustav Freytag eine „Technik des Dramas" geschrieben; die Angelsachsen – in diesem Punkt viel unbefangener als wir Deutschen – kennen Bücher mit dem Titel „The Art of Writing", für die Didaktik im engeren Sinn hat Gottfried Hausmann 1960 eine „Dramaturgie des Unterrichts" vorgelegt; ein Buch zur Lehrkunst, allerdings nicht als inspiriertes Künstlertum, sondern als Handwerk, das man lernen kann. Auch gibt es von einem Autor, dessen Name mir entfallen ist, „Bauformen des Unterrichts". Das alles steht in der Tradition Quintilians, so wie der Vitruv für die Baukunst und Bachs „Kunst der Fuge" für diese musikalische Gattung maßgebend sind. Es sind Meisterlehren, nicht ohne Theorie, aber im Blick auf Aufgaben, die sich in der Ausübung ergeben. Sie sollten nicht von Anfängern, sondern von denen geschrieben werden, die wie Quintilian eine hinreichende Berufserfahrung haben, einen Fundus und das erforderliche Augenmaß, vor allem auch, was die Erziehung angeht, den Blick für die praktische Banalität der Erziehung. Große Ziele kann jeder haben und Moral sowieso, aber jemandem etwas so klarmachen zu können, dass er oder sie es eindeutig begreift und nachher kann, das ist eine Kunst. Und die hat man nicht einfach von Natur; sie kann im Anschluss an ein gewisses Talent und an die Bereitschaft, es zu pflegen, erlernt, verfeinert und gesteigert werden, und zwar von jedem, der guten Willens ist.

Jetzt noch einmal zurück zu Quintilian und dem, was ich seinen *common sense* und sein Augenmaß nennen möchte. Das macht sich besonders im ersten Buch bemerkbar. Da behandelt er die erste Erziehung, die noch vor der Ausbildung zum Redner liegt. Wie geht man mit kleinen Kindern um, was soll man da beachten und wie dafür sorgen, dass die Kinder mit Lust lernen und nachher das Regiment der Schule aushalten? Dieses erste Kapitel ist im Übrigen auch ein eindrucksvoller Beleg dafür, dass das Kind lange vor Rousseau in seiner Besonderheit und Eigenart gesehen und geachtet worden ist und dass die These von der Kindgemäßheit der Erziehung als einer Forderung, die erst in neuerer Zeit oder gar dank der so genannten Reformpädagogik aufgekommen sei, ziemlicher Unsinn ist. Sie beruht schlicht auf Unkenntnis. Ich referiere dazu einfach in Stichpunkten einige Hinweise und Vorschläge, die Quintilian uns gibt:

1. Die Grundlage für das Lernen ist das *ingenium*, wir würden sagen, eine gewisse Begabung, die die Kinder von Natur mitbringen. Wir erinnern uns an den pädagogischen Ternar: Natur, Belehrung, Übung. Dieses *ingenium* muss man pflegen und hüten. Cicero hatte von der *cultura animi* gesprochen, der Pflege des Gemüts; das nimmt Quintilian auf. Deshalb hat gerade die erste Erziehung das Schroffe zu meiden. Unbelehrbare Kinder (*indociles*) seien selten. Liege der Fall doch vor, könne man nichts machen.
2. Die Eltern, Quintilian sagt: der Vater, sollen darauf achten, dass die Amme sorgfältig ausgewählt wird. Vielfach kamen sie ja aus dem Ausland und sprachen Dialekt oder überhaupt nicht Latein. Das sei nicht gut; die Kleinen sollten gleich lautrein und grammatisch korrektes Latein hören. Es sei schwer, diese Fehler später abzulegen. Was man zuerst lernt, das sitze tief, es sei schwer umzulernen (*dediscere*).
3. Kinder brauchen das Spiel zur Ermunterung und zur Entspannung, nicht zuviel davon, das sei Zeitverschwendung, aber doch genug, um nicht vom Lernen erdrückt zu werden. Goethes Maxime: „Nutze deine jungen Tage, lerne zeitig klüger sein!" hätte vermutlich nicht nur unseren, sondern auch den Beifall Quintilians gefunden.
4. Lesen und Schreiben ist das erste. Übrigens getrennt und nacheinander. Das war anders als heute und hat sich lange gehalten. Noch im Mittelalter konnten viele zwar lesen, aber nicht schreiben, wie zum Beispiel Karl der Große. Er war kein Analphabet. Er konnte durchaus lesen, wie anders hätte er Latein lernen und sprechen können. Nicht aber schreiben; wozu auch, wenn man dazu die diensteifrigen Schreibermönche hatte?

Wichtig sei beim Lesen, gleich mit ernsteren Texten zu beginnen; keine Fibel, sondern Sinnsprüche, die bräuchten auch nicht unbedingt verstanden zu werden. Das Verständnis werde schon folgen. So lernten die Christen bis ins 18. Jahrhundert Lesen an der Bibel, die Juden an der Tora. Die Begründung ist: der Ernst, der Wert und die Würde der Sprache sollte mit dem Lesenlernen verbunden werden.

5. Kinder sind impulsiv, unstet, „ungebärdig", *impetuosus*. Das ist ein fester Topos aller Erziehung. Wie darauf reagieren? Auf keinen Fall schlagen. Interessant ist das Argument: die Kinder wachsen heran, und sie werden sich der Kränkungen erinnern, die ihnen zugefügt wurden. Außerdem führe der körperliche Schmerz nicht zur Besserung, sondern zur Abhärtung; man lernt nicht, wie man besser wird, sondern man lernt, Schmerzen zu ertragen. Das Mittel ist unzweckmäßig, kontraproduktiv. Aber ermahnen und loben, bestärken und die Freude am Lernen erhalten, das sei der richtige Weg. Man könnte sagen: Es kommt darauf an, das Kind etwas über dem Niveau anzusprechen, das es schon erreicht hat: „Du bist doch schon so groß": mit dieser Wendung versuchen wir ja auch, das Kind auf eine höhere Stufe zu bringen, eben dadurch, dass wir die großen Sprünge und Herausforderungen vermeiden.

Die große Linie ist: es soll in Hinblick auf sprachliche Kompetenz erzogen werden, aber so, dass die Sprache, der gute Ausdruck, die Eloquenz nicht nur gekonnt, sondern auch ergriffen und akzeptiert werden. Die gute Form erzieht, und deshalb ist der Lehrer auch selber gehalten, in seinem Verhalten das zu verkörpern, was aus den Schülern einmal werden soll. Was dann die Schule angeht, so dürfe der Lehrer nicht zu viele Schüler annehmen; dann könne er nicht auf Besonderheiten eingehen.

Wie man sieht, ist die vorschulische Erziehung auf die Schule und diese auf die öffentliche Laufbahn ausgerichtet. Im letzten Kapitel wird deshalb summarisch noch einmal das Ideal des vollkommenen Redners ins Auge gefasst. Es ist charakteristisch, dass der besonnene Praktiker diese Bemerkungen ans Ende setzt; das verrät pädagogische Urteilskraft. Nur Dilettanten fangen gleich mit Zielen, Werten und Programmen an; bei Quintilian stehen die Erörterungen zum Sinn des Ganzen am Ende. Man könnte sagen: erst kommt das Handwerk, dann die Ideologie. Sie findet sich in der schon angegebenen Formel des „*vir bonus bene dicendi peritus*". Sie ist nicht unproblematisch. Denn wie man leicht sieht, ist sie zirkulär. Man fragt sich: wie ist das nun? Wird man ein ordentlicher Mensch durch Sprachbildung oder kann nur der zu einem elaborierten Sprachgebrauch gebildet werden, der schon von Natur aus gut ist? Wächst nur, was gesund ist, oder wird man gesund durch das Wachsen? Das bleibt bei Quintilian in der Schwebe. Einerseits ist das *ingenium* – sagen wir: die Disposition zum sprachlichen Anstand – Voraussetzung, andererseits bedarf es der Ausbildung, der Übung und Belehrung, um richtig tüchtig zu werden. Man muss schon Mensch sein, um sich zum „humanen" Menschen zu bilden und zu entwickeln, oder kann die Erziehung durch Sprachformung den faktisch vorkommenden Menschen zurechtbiegen und formen, so dass er aus den Abgründen der Naivität zur Sonne der Gedanken und Tüchtigkeit aufsteigt? Der Diamant muss geschliffen werden, damit er leuchtet; aber es muss eben auch ein Diamant sein, den man schleift. Diese Metapher deutet auf eine mit der rhetorischen Bildungslehre eng zusammenhängende Auffassung von der Erziehung als Entrohung. Das steckt in dem lateinischen Wort *eruditio*, wie es sich auch im Englischen und im Französischen als *erudition/érudition* bewahrt hat. Damit ist nicht das einfache und elementare Lernen gemeint, nicht ABC und Kleines Einmaleins, sondern die Weihegrade einer höheren Bildung, wie sie in der rhetorisch-philologischen Tradition gepflegt worden sind.

Bleibt die Frage, in welcher Weise Quintilian wirksam geworden und sein Werk tradiert worden ist. Da teilt er das Schicksal vieler Lehrbuchautoren: das Schicksal des „unbekannten Klassikers", wie Otto Seel gesagt hat (Seel 1987, S. 17). Einerseits lassen sich überall dort, wo es um Sprach- und Redeerziehung geht, Spuren der „*institutio oratoria*" nachweisen. Das gilt für die spätantike wie für die mittelalterliche Schulbildung; andrerseits steht er im Schatten seines großen Vorbilds Cicero. Er wird selektiv benutzt, fragmentarisch überliefert und wenig genannt. Erst mit dem Interesse der italienischen Humanisten an der Sprachlichkeit aller höheren Bildung erlebt er ein bemerkenswertes Comeback. Anfang des 15. Jahrhunderts stöbern sie in St. Gallen einen vollständigen Text der „*institutio*" auf und machen aus ihm wieder eine literarisch-pädagogische Berufungsgröße. Noch einmal übernimmt das Ideal einer Erziehung durch die gute Rede die Führung, aber eben nur für die höhere Bildung derjenigen, die sowieso schon oben sind oder einmal Leitungspositionen übernehmen und sich in den redenden Berufen bewähren sollen. Man muss eben schon ein „*vir bonus*" sein, um das rechte Reden zu erlernen. Davon unberührt bleibt das Handwerk der Belehrung, die didaktische Dimension der Rhetorik, die jedermann zugute kommt und unverzichtbar ist für das Geschäft des Erziehens.

Lit.: Quintilian: Die Ausbildung zum Redner (lat.-dt.), 2 Bde., hrsg. v. H. Rahn, Darmstadt 1972–1975; Über Pädagogik und Rhetorik. Eine Auswahl aus der „Institutio Oratoria", hrsg. v. Marion Giebel, München 1974; M. Fuhrmann: Die antike Rhetorik. Eine Einführung, München/Zürich 1990 (3. Aufl.); ders.: Rhetorik und Öffentlichkeit. Über die Ursachen des Verfalls der Rhetorik im ausgehenden 18. Jahrhundert. Konstanz 1983; O. Seel: Quintilian oder die Kunst des Redens und Schweigens. Stuttgart 1987

5. Benedikt v. Nursia: Regula Benedicti – Die Benediktregel

Es mag ungewöhnlich, wenn nicht gar befremdlich erscheinen, dass in einem Pädagogik-Buch etwas so Entlegenes wie die Regel eines christkatholischen Ordens zum Thema gemacht wird. Was haben die Haus- und Lebensordnungen von Klerikern in der Erziehungswissenschaft zu suchen? Ich möchte auch vermuten, dass Seminare über Interaktion, Kommunikation und die Beratung Alleinerziehender sehr viel wahrscheinlicher sind als die Erörterung und Bewertung der Benediktregel. Bestenfalls noch in der Historischen Pädagogik mag das Thema seinen Ort haben, aber in den vorherrschenden Studiengängen, die auf berufsqualifizierende Kompetenzen ausgerichtet sind, dürfte der Name Benedikts ein Fremdwort bleiben. Sicher: es gibt noch Klöster; wer nach Beuron kommt oder nach Maria Laach, kann an Laudes und Vigil teilnehmen und richtige Mönche besichtigen. Die Benediktregel ist für die Mönche und Monialen nach wie vor maßgebend, nicht Geschichte, sondern Gegenwart. Das könnte der erste Grund sein, sich damit zu beschäftigen. Der zweite Grund: Die Regel ist im Abendland in Nachfolge und Variation das Muster aller anderen Ordensregeln geworden. Das ist das wirkungsgeschichtliche Argument. Die Benediktregel ist ein Schlüssel zum Verständnis eines Lebens unter einer Regel zur Heiligung und Selbstformung des Willens. Schließlich der dritte und entscheidende Grund: Die Regel zeigt einen Modus lebenslangen Lernens in Gemeinschaft, und zwar nicht Lernen für eine künftige Anwendung, sondern als Ernstfall, *in observando*, wie man im Mittelalter sagte. Das ist ein didaktischer Grund, und hier – wenigstens für meine Darstellung – der entscheidende Grund.

Dazu muss man aber eine ganze Reihe von Voraussetzungen und Vorurteilen beiseite lassen, die für das gegenwärtige Erziehungs- und Lernverständnis eigentümlich sind. Ich nenne *eine* solche Voraussetzung: Wir gehen zumeist wie selbstverständlich davon aus, dass es beim Lernen darum geht, sich etwas Neues anzueignen; wir denken unter der Kategorie des Fortschritts.

Eben darum geht es nicht, sondern das Lernen nach der Regel ist auf Einübung gerichtet. Beim Üben haben wir schon verstanden, worum es geht; aber es fehlt die Sicherheit der Ausübung. Man denke an das Kopfrechnen oder an das Exerzieren beim Militär. Da lernt man eigentlich nichts hinzu, sondern befestigt, vertieft und intensiviert das, was man zwar eingesehen, aber noch nicht in die Hand gebracht hat. Übung als Anhang: das kennen wir. Hier jedoch wird das Lernen insgesamt und maßgeblich auf Üben gestellt. Was bedeutet das? Scharf gewendet: es ist ein Lernen ohne Fragen, vielmehr im Gehorsam und mit der Bereitschaft zur Nachfolge und zur *„imitatio Christi"*.

Diese Frage steht im Mittelpunkt, wie sie – von außen gesehen – überhaupt für eine dezidiert christliche Erziehung charakteristisch ist. Lernen als Nachfolge und Versuch, christförmig zu werden. Das ist der entscheidende Punkt. Man kann die Frage auch so wenden: Wie existiert man als Christ, nicht bloß als jemand, der über Jesus Bescheid weiß wie auch über andere Lehrer und Propheten, sondern so, dass man sein Leben, Leiden und Sterben wiederholt? In neuerer Zeit hat der Däne Sören Kierkegaard diese Frage gestellt, und in altchristlicher Zeit hat diese Frage das Leben und Denken der „wahren" Christen bewegt. Das bedeutete zwar nicht, wie man bald gesehen hat, genau wie Christus zu leben, wohl aber analog. Das hieß zunächst und vor allem in der Zeit der Verfolgung: bereit sein, das Martyrium zu ertragen und mit dem eigenen Leben Zeugnis abzulegen. Das wurde hinfällig, als die christliche Religion approbiert war. Da stellte sich allerdings die Frage: Wie beweist man sich existentiell als Christ, wenn man nicht verfolgt, nicht gemartert, nicht auf die Probe gestellt wird? Wie lebt man ernsthaft als Christ, wenn es zwar Parteibuch- und Sonntagschristen gibt, aber ansonsten die Welt bleibt, wie sie immer war: eben weltlich, geschäftig, irdisch verhaftet in Grund und Boden, Familie, Macht, Geld und Karriere. Eine Antwort hat darin bestanden und besteht nach wie vor darin, das „Asketenleben als ‚herrliches Martyrium' der Friedenszeit" (Frank 1993, S. 15) auf sich zu nehmen und Eremit oder Mitglied eines Konvents zu werden.

Was das bedeutet, hat Benedikt beispielgebend gezeigt. Er hat keinen Orden gegründet; das geschah erst viel später unter Berufung auf sein Beispiel. Vielmehr hat er etwa im Jahr 530 seiner Klostergemeinschaft auf dem Monte Cassino eine Satzung gegeben. Mehr nicht; was daraus dann wurde, lag außerhalb seiner Absichten. Etwas überschwänglich hat ihn die römische Kirche in jüngerer Zeit auch zum *patronus totius Europae* erklärt. Seine Lebenszeit wird zwischen 480 und 550 angesetzt, ohne dass man viel über den „historischen" Benedikt wüsste; nur das, was Papst Gregor (gest. 604) in dem zweiten Buch der „Dialoge" mitgeteilt hat, und das ist nach den Maßstäben der neueren Geschichtsschreibung tendenzgefärbte Legende. Mehr weiß man von der Zeit; und die war, wie Zeiten eigentlich immer sind: sorgenvoll, unruhig, unübersichtlich, sittenlos und miserabel, kurz so, dass aller Grund besteht, die Welt zu verlassen, sich dem Gebetsdienst zu widmen oder den Schleier zu nehmen. Doch das Leben außerhalb der Frau Welt, wie man im Mittelalter dann sagt, ist auch noch Leben; und Benedikt sagt uns, wie es zu ordnen ist.

Neigen wir nun also das „Ohr des Herzens und hören die Lehren des Meisters". So steht es im Prolog, der der Regel vorangestellt ist. Diese Wendung hat Benedikt aus einer anderen Regel übernommen, und überhaupt belehren uns die Philologen, dass die Regel, wie sie uns jetzt vorliegt, eine Kompilation aus vielerlei Beständen ist. Die ersten überlieferten Fassungen stammen erst aus dem 9. Jahrhundert, aber das soll uns nicht kümmern. Im Gegenteil: das Gewicht und die Bedeutung nehmen zu, wenn wir sehen, dass wir es hier mit einem rundum approbierten und geprüften, von der Tradition vielfach akzeptierten Text zu tun haben und nicht mit einer individuellen Eingebung. Der Name Benedikt steht für diese Tradition. Er ist für das Abendland der Mönchsvater schlechthin.

Von außen und aufs Ganze gesehen, haben wir vor uns eine Hausordnung in 73 Kapiteln; das Haus verstanden als einheitliche Lebensform, mit gemeinsamen Themen und bezogen auf einen festen, definierten Personenkreis; versammelt und gebunden in einer zeitlich-organisatorischen Einheit. Das Kloster ist ein Haus außer der Zeit und außer der Welt. Es definiert sich durch den negativen Bezug auf Welt, auf Märkte und Aufgaben draußen. In dem 73. und letzten Kapitel verspricht die Regel jedem, der sie befolgt, dass er mit ihrer Befolgung die ersten Schritte auf dem Weg in das himmlische Vaterland getan hat und darauf vertrauen kann, die erhabenen Höhen der Einsicht und richtigen Lebensführung auch tatsächlich zu erreichen. Das ist, modern gesprochen, der Vereinszweck, den man heute in Satzungen am Anfang findet: Heiligung des Lebens, außerhalb des üblichen Lebens, in einer „Schule für den Dienst des Herrn" (Prolog). In dieser „Schule" lernt man aber nicht für das Leben draußen, sondern sie ist das Leben schlechthin, in äußerster Sammlung und Steigerung. Daran ist zu erinnern, weil es üblich geworden ist, die Klöster und dann die Orden nach ihrer späteren Funktion, nach ihrer Kulturleistung oder ihrer caritativen Nützlichkeit zu beurteilen. Was jeder von der benediktinischen Gründung zu wissen meint, wird deshalb mit der Maxime *„ora et labora"* gekennzeichnet. Das ist aber irreführend, oder zumindest einseitig, wie sich gleich zeigen wird. Man darf nicht den Gebrauch, den die Kirche seit Gregor und das weltliche Regiment vor allem seit Karl dem Großen von den Mönchen gemacht hat, mit der ursprünglichen Intention verwechseln. Es geht zuerst und vor allem um Heiligung des Willens. „Dem Gottesdienst soll nichts vorgezogen werden", heißt es deshalb in Kap. 43, 3. Darauf sind die Bestimmungen der Regel gerichtet; es kommt auch Arbeit vor, aber sie ist Nebensache, erstens weil man sich ja erhalten und ernähren muss, zweitens aber und das ist die Hauptsache: weil das Arbeiten vor den Anfechtungen und Versuchungen schützt, die drohen, wenn man nicht gerade betet.

Tatsächlich ist es dann eben doch die Kultur- und Organisationsleistung der Benediktiner, auf die sich das historische und sachliche Interesse vor allem bezieht, so dass es möglich wird, mit Karin Reiber die „benediktinische Regel im Kontext der Lernenden Organisation" zu interpretieren. Das ändert aber nichts daran: es geht Benedikt nicht um Weltverbesserung, sondern um die einheitliche Formung des Menschen. Deshalb der Name: Mönch oder *monachus* nach dem griechischen Wort *monas*: ein einheitliches Ganzes werden, unzerstreut, konzentriert, gesammelt, und das so, dass alle eben diesen und keinen anderen Zweck und kein anderes Ziel haben. Die Abgrenzung nach außen wird so scharf wie möglich gefasst; man sucht die Einöde auf, den *eremos*, und zieht eine Mauer herum, übrigens später immer so hoch, dass sie auch von Pferden nicht übersprungen werden kann. Wie konsequent die Abschottung betrieben wird, lässt sich aus Kap. 67 erkennen. Da wird den Brüdern verordnet, dass sie nach Reisen nicht berichten und erzählen sollen, wie es draußen zugeht und was sie erlebt haben. Durch keine Ritze soll ein Hauch der *temporalia* in die *spiritualia* eindringen. Wenn Verwandte Briefe schreiben, soll der Abt sie vorher lesen, auch Geschenke von draußen sollen geprüft und unter alle verteilt werden. Denn sie sind „ein Herz und eine Seele". Jeder soll bekommen, was er braucht, aber nichts zu eigen haben.

Um einen Eindruck davon zu geben, was sich alles in dieser Hausordnung findet, füge ich die Titel der 73 Kapitel der Regel nach der Ausgabe von Basilius Steidle hier ein.

Prolog

1. Von den Arten und dem Leben der Mönche
2. Wie der Abt sein soll
3. Die Brüder sollen zur Beratung beigezogen werden
4. Welches die Werkzeuge für die guten Werke sind
5. Wie der Gehorsam der Jünger sein soll
6. Von der Schweigsamkeit
7. Von der Demut
8. Vom Gottesdienst in der Nacht
9. Wie viele Psalmen beim Nachtgottesdienst zu singen sind
10. Wie das nächtliche Lob zur Sommerzeit zu halten ist
11. Wie die Nachtwachen an den Herrentagen zu halten sind
12. Wie die Morgenfeier gehalten wird
13. Wie die Morgenfeier an den gewöhnlichen Tagen gehalten wird
14. Wie die Nachtwachen an den Festtagen der Heiligen gehalten werden
15. Zu welchen Zeiten „Alleluja" gesungen wird
16. Wie der Gottesdienst tagsüber gehalten wird
17. Wie viele Psalmen bei diesen Gebetszeiten zu singen sind
18. In welcher Reihenfolge die Psalmen zu singen sind
19. Vom Verhalten beim Psalmensingen
20. Von der Ehrfurcht beim Gebet
21. Wie die Dekane des Klosters sein sollen
22. Wie die Mönche schlafen sollen
23. Von der Ausschließung bei Verfehlungen
24. Welcher Art die Ausschließung sein soll
25. Von den schweren Verfehlungen
26. Von denen, die ohne Auftrag mit den Ausgeschlossenen verkehren
27. Wie der Abt um die Ausgeschlossenen besorgt sein soll
28. Von denen, die sich trotz öfterer Zurechtweisung nicht bessern wollen

29. Ob Brüder, die das Kloster verlassen, wieder aufgenommen werden sollen
30. Wie minderjährige Knaben bestraft werden sollen
31. Wie der Cellerar des Klosters sein soll
32. Von den Werkzeugen und Sachen des Klosters
33. Ob die Mönche etwas zu eigen haben dürfen
34. Ob alle das Notwendige in gleichem Maß erhalten sollen
35. Vom Wochendienst in der Küche
36. Von den kranken Brüdern
37. Von den Greisen und Kindern
38. Vom Wochendienst des Tischlesers
39. Vom Maß der Speise
40. Vom Maß des Getränks
41. Zu welchen Stunden man essen soll
42. Nach der Komplet rede niemand mehr
43. Von denen, die zum Gottesdienst oder zu Tisch zu spät kommen
44. Wie die Ausgeschlossenen Genugtuung leisten sollen
45. Von denen, die im Oratorium Fehler machen
46. Von denen, die sich sonst wie verfehlen
47. Von der Angabe der Zeit zum Gottesdienst
48. Von der täglichen Handarbeit
49. Von der Beobachtung der Fastenzeit
50. Von den Brüdern, die weit weg vom Oratorium entfernt arbeiten oder auf Reisen sind
51. Von den Brüdern, die sich nicht sehr weit entfernen
52. Vom Oratorium des Klosters
53. Von der Aufnahme der Gäste
54. Ob der Mönch Briefe oder Eulogien annehmen darf
55. Von der Kleidung und dem Schuhwerk der Brüder
56. Vom Tisch des Abtes
57. Von den Handwerkern des Klosters
58. Vom Verfahren bei der Aufnahme der Brüder
59. Von den Söhnen der Vornehmen und der Armen, die dargebracht werden
60. Von den Priestern, die im Kloster bleiben wollen
61. Von den fremden Mönchen
62. Von den Priestern des Klosters
63. Von der Rangordnung der Klostergemeinde
64. Von der Einsetzung des Abts

65. Vom Prior
66. Von den Pförtnern
67. Von den Brüdern, die auf Reisen geschickt werden
68. Wenn einem Bruder vom Obern Unmögliches aufgetragen wird
69. Im Kloster nehme sich keiner heraus, einen anderen zu verteidigen
70. Es nehme sich keiner heraus, eigenmächtig zu schlagen
71. Die Brüder sollen einander gehorchen
72. Vom guten Eifer, den die Mönche haben sollen
73. In dieser Regel ist nicht alles festgelegt, was zur vollen Beobachtung der Gerechtigkeit gehört

Auf den ersten Blick wirkt diese Ordnung nicht weniger unübersichtlich und ungeordnet wie die Welt draußen, der sie doch entgegengestellt wird. Wichtiges und Unwichtiges, Banales und substanziell Bedeutsames stehen ziemlich unvermittelt nebeneinander. So sieht es aus; so ist es aber nicht. Die Reihenfolge der einzelnen Punkte mag etwas zusammengewürfelt und nicht gerade optimal erscheinen, aber das ist ziemlich belanglos gegenüber dem zentralen Thema: Entäußerung des Eigenwillens und dadurch Bereitung auf die himmlische Heimat. In dieser Hinsicht gibt es nichts, was nicht von Bedeutung wäre, also nicht nur der Gottesdienst und die Gebetszeiten, das Schweigen und überhaupt die Stufen der Demut, sondern dies alles greift bis in die einfachsten Verrichtungen und Verhaltensweisen durch und gibt ihnen eine symbolisch überhöhte Bedeutung. Das betrifft das Essen und Trinken, das Schlafen, das Schuhwerk und überhaupt die Kleidung, das Gehen und Stehen, die Kopfhaltung und das Niederknien, usw. usw. Nichts in dieser Lebensform erscheint ohne Bedeutung und ist zu gering, um nicht als Ausdruck des Heilsstrebens und als Mittel des sichtbaren Gehorsams benutzt zu werden. Das ist in der Tat die schwerste, um nicht zu sagen: die schlimmste Zumutung, die mit der Möncherei verbunden ist: der unbedingte Gehorsam. Im Allgemeinen wird die Armutsforderung und vor allem die sexuelle Askese als besonders anspruchsvoll hervorgehoben. Gewiss ist ein Dasein ohne Wein, Weib und weltlichen Gesang nicht gerade das, was man sich unter einem einigermaßen zufriedenstellenden Leben vorstellt; doch dieses Los trifft heute wie damals viele, die es nicht ins Kloster treibt. Wirklich einschneidend ist das Gebot des pünktlichen Gehorsams in praktisch allen Dingen, das heißt: sowohl des großen Gehorsams gegen Gott und heute gegen die Gebote der Vernunft, den wir sozusagen uns selbst und unserer Selbstachtung schulden, als auch den weniger großen Gehorsam gegen die selbstgewählte Regel und die Statuten einer Gemeinschaft und schließlich gegen die kleinlichen, pedantischen Vorschriften von der Beschaffenheit der Fußlatschen bis zur Zuteilung von Wasser und Brot.

Das Gehorchen wird bei Benedikt selber zu einem Wert. Er zeigt sich vor allem dann und darin, dass er sich auf alles und jedes bezieht, als ob daran die Seligkeit hängt. Und zwar deshalb, weil Demut das A und O des mönchischen Daseins ist und nichts uns gründlicher zu demütigen vermag als die Akzeptanz der pünktlichen Befolgung noch der nichtigen Vorschrift und der unverständlichen Anweisung. Gott ist zu gehorchen, das sollte sich für einen Christenmenschen von selbst verstehen. Dem Abt ist ohne Widerrede zu gehorchen, als ob er Christus oder sein Vertreter sei; aber auch den Brüdern ist zu willfahren und zum Beispiel ihre Kritik, die sie in den Kapitelsitzungen vortragen, ohne Einspruch und Akte der Selbstrechtfertigung hinzunehmen.

Soviel zum Kern und zur Absicht des Ganzen. Von außen betrachtet haben wir hier, wenn man es modern ausdrückt, ein selbstreferenzielles oder wie es seit einiger Zeit noch moderner heißt: ein autopoetisches System vor uns. Wenigstens soll es so sein: ein Paradies umgeben von einem Jammertal. Alles soll darin geregelt werden: Selbstversorgung, wirtschaftliche Autarkie, keine Aufgaben in der Welt und Regelung der sozialen Beziehungen bis ins Kleinste. Das entscheidende Mittel besteht in der Ordnung der Zeit. Die Gebetszeiten sind die wichtigsten, aber auch Schlaf-, Ruhe- und Erholungszeiten, die Zeiten des Schweigens und der Betrachtung, des Gesprächs und der Arbeit: alles ist festgelegt und vorgeschrieben. Hinzu kommt: keiner darf ohne Erlaubnis raus und auch dann nicht allein; jeder kennt jeden und jeder weiß, was der andere tut und zu tun hat. Es ist ein Leben bei geschlossenen Türen, nach Sartre die Hölle, aber nach den Regeln für das klassische Drama die Realisierung der Einheit von Raum, Zeit, Handlung, bei wenigen Personen. Was soll dadurch möglich werden? Höchste Rationalität, nichts Unbedachtes, wenig Spontanes, das Leben wird in einer umfassenden

Weise kalkulierbar, und eben damit frei für das Charisma. Max Weber hat dazu bemerkt, mit dem Leben nach der Mönchsregel sei schon das erste Modell für die moderne Rationalität der Lebensführung gegeben worden.

Eine wichtige Frage für jedes soziales System ist: Wer ist der Hüter der Ordnung? Im Staat lautet die herkömmliche Frage: Wer ist der Hüter der Verfassung? Die Antwort finden wir in den beiden ersten Kapiteln. Ohne den Abt geht da nichts. Das System ist absolut monarchisch: eine heilige, gegliederte Ordnung, *top-down*. Der Abt ist für jede Seele verantwortlich und wird sich im Gericht vor Gott dafür zu verantworten haben. Er hat Vorbild zu sein und soll nichts lehren, was er nicht lebt; aber er darf auch keine Fehler und Verstöße durchgehen lassen. Die Fehler der anderen werden ihm zugerechnet, wenn er sie nicht durch Belehrung, Ermahnung, Bestrafung bekämpft. Das verlangt aber, gerade weil die *potentia* absolut ist, gewissermaßen als Gegengewicht die *discretio*, die „Mutter der Tugenden“, um jeden nach seinen Fähigkeiten und Neigungen, Möglichkeiten und Grenzen zu behandeln. Deshalb soll der Abt auch den Rat des Konvents einholen, aber seine Verantwortung bleibt total, so wie der Gehorsam der Mönche total ist. Was seine Regierung angeht, so wird im 64. Kapitel darauf noch einmal ausführlich Bezug genommen: „Er hasse das Böse, liebe die Brüder. Muß er zurechtweisen, so handle er klug und gehe nicht zu weit, damit das Gefäß nicht zerbreche, wenn er den Rost allzu eifrig auskratzen möchte. Er schaue immer mit Misstrauen auf seine eigene Gebrechlichkeit und denke daran, dass man das geknickte Rohr nicht vollends zerbrechen darf. Damit wollen wir nicht sagen, er dürfe Fehler wuchern lassen, im Gegenteil: er rotte sie, wie wir schon gesagt haben, klug und liebevoll aus, wie er es für jeden zuträglich findet. Und er strebe danach, mehr geliebt als gefürchtet zu werden. Er sei nicht aufgeregt und ängstlich, er sei nicht maßlos und hartnäckig; er sei nicht eifersüchtig und allzu argwöhnisch, weil er sonst nie zur Ruhe kommt. In seinen Befehlen sei er umsichtig und besonnen; und mag der Auftrag, den er gibt, Göttliches oder Zeitliches betreffen: er wisse immer zu unterscheiden und Maß zu halten und denke an die weise Mäßigung des heiligen Jakob, der sprach: ‚Wenn ich meine Herden auf dem Marsch überanstrenge, so gehen sie alle an *einem* Tag zugrunde‘.“

Doch bei aller Milde und allem Verständnis für den Einzelnen, es geht nicht ohne Strafen. Jedes System muss auf Störungen reagieren. Strafen darf nur der Abt. Die Hauptstrafe ist die Ausschließung (*excommunicatio*) bis zur völligen Trennung (*relegatio*). Ferner gehören dazu die körperliche Züchtigung und das doppelseitige Redeverbot: Der Missetäter darf keinen ansprechen und keiner darf mit ihm reden oder ihn auch nur ansehen. Das alles muss jeder wissen, der ins Kloster aufgenommen will. Darauf gibt das Kap. 58 die passenden Antworten: „Kommt einer neu ins klösterliche Leben, so werde ihm der Eintritt nicht leichthin gewährt, sondern es gelte das Apostelwort: ‚Prüft die Geister, ob sie aus Gott sind'. – Kommt also einer und klopft beharrlich an, und zeigt es sich während vier oder fünf Tagen, dass er die ihm zugefügten Unbilden und die Erschwernis des Eintritts geduldig erträgt und auf seiner Bitte besteht, so gewähre man ihm den Eintritt, und er bleibe zunächst ein paar Tage in der Gastwohnung. (…) Es werde ihm zum voraus alles Harte und Rauhe gesagt, das der Weg zu Gott an sich hat. Legt er ein Versprechen ab über seine Beständigkeit und Beharrlichkeit, so soll man ihm nach Verlauf von zwei Monaten diese Regel von Anfang bis Ende vorlesen. (…) Und wenn er nach reiflicher Überlegung das Versprechen ablegt, alles zu beobachten und jedem Befehl nachzukommen, dann werde er in die Klostergemeinde aufgenommen. Doch soll er wissen, dass es ihm von diesem Tage an auch durch das Gesetz, die Regel, verboten ist, das Kloster zu verlassen oder das Joch – die Regel – von seinem Nacken abzuschütteln, das er während so langer Überlegung von sich weisen oder auf sich nehmen konnte".

Von besonderem Interesse sind für uns die Regelungen, die die Kinder betreffen. Dabei ist zu bedenken, dass sie nicht viel gefragt und von ihren Eltern ins Kloster gegeben werden, so wie man sie auch sonst in ein Dienstverhältnis schickt. Dazu sagt das Kap. 70: „Kinder bis zu fünfzehn Jahren sollen von allen gewissenhaft in Zucht gehalten und beaufsichtigt werden; doch geschehe auch das ganz maßvoll und überlegt. Wer sich ohne Erlaubnis des Abts etwas gegen das reifere Alter herausnimmt oder sich gegen die Kinder ohne Beherrschung zum Zorn hinreißen läßt, verfalle der in der Regel vorgesehenen Strafe, weil geschrieben steht: ‚Was du nicht willst, dass es dir geschieht, das tue auch einem anderen nicht'." Auch finden sich im Einzelnen eine

Reihe von Ermäßigungen der Regelgehorsams; insgesamt nicht viel und noch weit entfernt von der Zeit, wo man eine besondere Welt für die Kinder einrichtet. Die Kinder teilen im Kloster wie auch sonst das Leben der Erwachsenen; sie lernen durch Teilnahme und Mitarbeit; aber es scheint mir übertrieben zu sagen: man habe erst in der Neuzeit gewusst, was Kinder seien und Kindheit sei erst eine moderne soziale Konstruktion. Damals wie heute hat jede soziale Formation darauf zu reagieren, dass wir der Kinder nicht sicher sind und sie in einer Kombination von Rücksicht und Forderung zu erziehen haben. Das Mündigkeitsalter war nach antikem Vorbild früh angesetzt: Mit sieben beginnen die Jahre der Unterscheidung, so heißt es noch jetzt im kanonischen Recht, und mit 15, später mit 16 galt man als erwachsen, d.h. haftbar und amtsfähig.

Eine letzte Ergänzung: im Mittelpunkt der Darstellung standen die sozialen Regelungen. Aber jede Institution hat auch ihre Räume und Bauten, um ihren Zweck zu erreichen. Auf die Mauer um das Kloster habe ich schon hingewiesen; die innere Gliederung des Klosters ist auch räumlich genau geregelt worden. Man findet das in dem sog. Klosterplan von St. Gallen. Da hat man einen Bauplan für ein ideales Kloster gefunden: das will ich nicht im Einzelnen vorführen. Nur diese allgemeine Anmerkung: Räume haben immer auch eine pädagogisch-soziale Bedeutung, sie regeln Nähe und Abstand; wo jeder hingehen darf, wo man sich zu welchem Zeitpunkt aufzuhalten hat, wo zu schweigen ist und wo man auch ein bisschen schwatzen darf; das eine in der Kirche, das andere im Kreuzgang zur Rekreation am Nachmittag. Auch war bestimmt, wie man die Gänge benutzt; der Mönch soll nicht in der Mitte gehen, sondern näher zur Wand, das übt die Bescheidenheit und dämpft den Stolz.

Diese Hinweise mögen ein Anstoß sein, einmal über den sinnvollen Bau von Erziehungs- und Bildungseinrichtungen nachzudenken. Wie gestaltet man Schulen und auch Universitäten? Alles in einem Gebäude oder verstreut über eine ganze Stadt, die sich dann in einen immerwährenden Campus verwandelt, oder einen gesonderten Campus, außerhalb der Gesellschaft, aber in lockerer Fügung wie die angelsächsischen Universitäten? Die deutschen Universitäten seit der Reformuniversität Berlin kennen z.B. keine Erholungsräume; auch ein Bereich für informelle Kontakte ist nicht vorgesehen. Es gibt keine Clubs wie in England; man kommt eben bloß zum Unterricht, beobachtet das strenge Schweigen in der Bibliothek und geht im Übrigen seiner Wege.

Jetzt noch einige Bemerkungen zur Benediktregel als einem Konzept der Selbsterziehung. Denn darum geht es: Überwindung des Eigenwillens mithilfe eines bestimmten sozialen Arrangements. Das ist im Grunde widersprüchlich: Der Wille ist darauf gerichtet, sich als dieser mein Wille aufzuheben. In der Tat schwebt über dem Ganzen ein heiliger Egoismus. Er ist nicht hedonistisch-kulinarisch: wie werde ich glücklich?, sondern beantwortet die Frage: wie werde ich christförmig? Davon soll nichts ablenken, deshalb die Abgeschlossenheit, die Entfernung von der Welt. Zur ursprünglichen Absicht gehören nicht die Aufgaben der Mission oder der Seelsorge, keine Kultur- oder caritativen Zwecke. Sich selber ordnen, nicht: für andere da sein; bestenfalls für andere beten, das sollte genügen. Diese Konzentration auf das eigene Seelenheil: das ist das Bestechende an der Benediktregel, unabhängig davon, inwieweit es je eingelöst wurde. Auch die Seelsorge als Sorge für andere steht der Selbstheiligung im Wege oder dient als Ausweg, um über die Sorge für andere sich selbst zu finden. Schon das ist für das kontemplative Leben zuviel. Wenn hier von Egoismus gesprochen wird, dann ist damit nicht etwas Leichtes und Natürliches gemeint; vielmehr besteht die Schwierigkeit gerade darin, sich selbst ganz ausgesetzt zu sein.

Etwas von diesem mönchischen Zug ist in das wissenschaftliche Ethos eingegangen. Die Wissenschaft hat durch die Jahrhunderte bis in die Neuzeit und in die Gegenwart von den Mönchen der Wissenschaft profitiert, den Einsiedlern und Anachoreten des Begriffs. Ernst Bloch hat einmal von Kant abwertend bemerkt: sein Leben habe wenig Peripherie gehabt. In der Tat: Kant hat eine reizdeprivierte Umgebung gesucht und um sich aufgebaut, dazu wenige Freunde, ein Leben zwischen Schreibtisch und Kolleg, in weißgekalkten Räumen, nur mit einem Bildnis von Rousseau geschmückt, das ihm sein Buchhändler geschenkt hatte. Ähnlich haben wir uns das Leben von Spinoza und Leibniz, Descartes und Pascal vorzustellen; Montaigne in seinem Turm nicht zu vergessen. Lauter Einzelgänger in selbstgewählter Klausur und im Selbstgespräch. Peirce zog sich zu seinen Arbeiten in ein Dachzimmer zurück, erreichbar nur über eine Leiter, die er hinter sich hochzog, damit er ungestört bleiben konnte.

Zurück zum Kloster: Benedikts Regeln galten zunächst nur für *ein* Kloster; dann haben sich Nachahmer gefunden und sie werden schließlich kanonisch. Das ist ein Beispiel für den Unterschied von Absicht und Wirkung, der für historische Betrachtungen grundlegend ist oder sein sollte. Zur Geschichte gehören dann auch die Varianten, Filiationen und „Reformen", überall ein bisschen anders; teils abgeschwächte, teils verschärfte Fassungen der Regeln und der Ausführungsbestimmungen (*consuetudines*). Das soll hier nicht mehr betrachtet werden.

Zum Schluss die Frage: Kann man so leben, immer in Übung, immer auf dem Weg, nie fertig, immer angefochten, bedroht auch von der *acedia*, dem Ausgebranntsein, der frommen Langeweile und Melancholie? Ist das ganze Unternehmen nicht eine Falle, geht das nicht bestenfalls auf Zeit und auf Widerruf, zur Erholung und zum spirituellen Atemschöpfen? Nun: Teilzeitmönchtum ist eine kuriose Sache. „Entweder – oder": das ist für Benedikt der entscheidende Punkt. Volles Risiko und die Bereitschaft, das Leben in eine Form zu bringen, und zwar *eine* Form und daneben nicht noch manche andere, nicht noch Landwirtschaft, Seelsorge, Wissenschaft und wie die Ausflüchte alle lauten. Die Regel schreibt die *forma vitae* vor. Der Ausdruck geht auf Plato oder Pseudo-Plato in den „Gesetzen" zurück. Da ist die Rede von den *paradeigmata toon bioon*, den Lebensmustern, die für die verschiedenen Stände gelten usw. Unser Wort „Lebensform" kommt von daher, Spranger hat es wieder zu Ehren gebracht, und jetzt ist es gang und gäbe, aber in einem verwaschenen, sozusagen unverbindlichen Gebrauch. Form hieß für Benedikt und hieß für das Mittelalter: es gibt eine spezielle Lebensordnung und in ihr erfüllt sich das menschliche Dasein. Die Form ist nicht bloß etwas Äußeres, sondern sie macht den Sinn, Rang und Wert eines Lebens aus, nicht das Persönliche und Besondere, sondern das, was sich wiederholt und woran man durch Einübung und Wiederholung teilnimmt. Die Form ist das Wesentliche, ja das Wesen selbst. Formlosigkeit ist deshalb Häresie. Daran hat im Blick auf die Reformen des liturgischen Handelns Martin Mosebach erinnert und dabei auch den Kern der monastischen Existenz an der französischen Neugründung Fontgombault noch einmal klar herausgestellt: „Wer den Entschluss fasst,

Mönch des Klosters Fontgombault zu werden, hat die Erziehung eines einzigen Menschen im Auge: seine eigene Person. Welche Früchte diese Erziehung trägt, wird im Wesentlichen gleichfalls einer einzigen Person bekannt werden, nämlich dem Erzogenen selbst" (Mosebach 2007, S. 99).

Form als Aufgabe: das ist das Besondere der Existenz unter der Regel. Als Einzelne bleiben wir hinfällig, gebrechlich, fehleranfällig. Die Mönche versprechen sich bei aller Übung im Chorgebet, husten beim Singen oder schlafen übermüdet ein, dann muss die Observanz angemahnt und an die Regel erinnert werden. Deshalb hat jeder auf den anderen aufzupassen und dessen Fehler anzuzeigen. Das ist Christenpflicht generell und Mönchspflicht ganz besonders, damit die Vergehen offenkundig werden, die die Sünder nicht an sich bemerken und die ihnen dann im Endgericht womöglich vorgehalten werden. (Deshalb übrigens auch die Wächter, die in protestantischen Gemeinden herumgingen und kontrollierten, ob nicht während des sonntäglichen Gottesdienstes doch gekocht wurde; deshalb Visitation und die Pflicht eines jeden, sich zu offenbaren und als Sünder zu bekennen). Kurz: weil die einmal gewählte, geglaubte und als unveränderlich vorgestellte Form gilt und gelten soll, gibt es immer auch *de-formatio.* Und der begegnet man mit *re-formatio* als Wiedergewinnung der richtigen, wahren Form. Hier ist eine der Quellen für den uns geläufigen Reformgedanken. Er ist dem Form- und Regelgedanken tief eingeschrieben, und wenige von denen, die Reform als etwas Modernes ansehen oder gar als etwas, was erst mit ihnen selbst in die Welt gekommen ist, ahnen, dass sie einem alten Schema folgen: *formatio, deformatio, reformatio*; Schöpfung, dann Sündenfall und schließlich die Wiederherstellung der ursprünglichen Ordnung.

Lit.: Die Benediktregel lat.-deutsch, hrsg. v. B. Steidle OSB, Beuron 1963; Regula Benedicti, hrsg. v. C. Lasweiler OSB, Beuron 1992; Benedikt v. Nursia. Das Zweite Buch der Dialoge Gregors d. Großen, hrsg. v. E. Jungclaussen OSB, Püttlingen 1998; K. S. Frank: Geschichte des christlichen Mönchtums, Darmstadt 1993; K. Reiber: Organisationen im Spiegel der Regula Benedicti, Münster usw. 2005; M. Mosebach: Häresie der Formlosigkeit. Die römische Liturgie und ihr Feind. München 2007

6. Thomas v. Aquin: De magistro – Über den Lehrer

Wer wie Thomas v. Aquin (1224/25–1274) gelehrt hat, dass das Lehren nachgerade die ideale Lebensform ist, weil es unübertrefflich Denken und Handeln, die *vita activa* und die *vita contemplativa*, in sich vereinigt, darf in der Reihe der Schlüsselwerke der Pädagogik nicht fehlen. Diese Lehre vom Lehren liegt in zwei Versionen vor, einmal als Teilstück aus Thomas' großer „Summe der Theologie“ und dann als Einzelschrift aus der Reihe seiner Disputationen. Diese ist etwas ausführlicher, gedanklich aber finden sich keine Unterschiede. Das Wichtige findet sich nahezu wortgleich. Ich will diesmal von der Stellung dieser Schriften im Gesamtwerk des Thomas ausgehen, d.h. von dem, was v. Savigny den logischen Aspekt der Interpretation genannt hat. Lebensgeschichte und Zeitlage treten dabei in den Hintergrund, so interessant und ergiebig sie sein mögen.

Die Untersuchung über den Lehrer findet sich, wie gesagt, in der „*summa theologiae*“. Es ist das letzte Großwerk des Thomas, entstanden mit Unterbrechungen in seinem letzten Jahrzehnt und nicht vollendet. Diese „Summa“ selber ist wieder Teil eines großangelegten Forschungs- und Untersuchungsprogramms, nämlich des Versuchs, Vernunft und Glaube auf einen Nenner zu bringen, um den Glauben als vernünftig auszuweisen und die Vernunft zu taufen. Das ist in Kürze die Lebensaufgabe des Aquinaten gewesen. Er hat sie nicht erfunden; andere sind vorangegangen. Dieses Programm war das seines Ordens, der damals sich gerade etablierenden Dominikaner. Sie wollten erst die ketzerischen Albigenser von ihren Irrlehren abbringen und dann überhaupt durch rational beweiskräftige Lehre alle von der Wahrheit des Christentums überzeugen, nicht nur die Überzeugten zusätzlich davon überzeugen, dass man auch als intelligenter Mensch ein frommer Christ sein kann, sondern auch die Nicht-Christen, die noch nie etwas Wahres von Christus gehört haben, wie zum Beispiel die Muslime. Zu diesen „neuen“ Mönchen des Arguments und der Hohen Schulen hatte sich Thomas nach einer benediktinischen Jugend geradezu geflüchtet, und er ist mit seinem Lehrer, Albert dem Großen, dann derjenige geworden, der diesem Programm eine feste Grundlage gegeben hat, so fest und überzeugend, dass er schließlich ausdrücklich zum Lehrer der Kirche geworden ist. Nicht in ferner Vergangenheit, sondern 1879 in der Enzyklika „*Aeterni patris*". Ausgleich von Glaube und Wissen, darum ging und geht es nach wie vor; das ist der Leitfaden für sein Lebenswerk und innerhalb dieses Werks findet sich eben auch die Untersuchung, wie und ob jemand einen anderen etwas lehren kann.

Das Gesamtwerk ist riesig, schier unbegreiflich, wenn man bedenkt, dass Thomas gerade mal 50 Jahre alt geworden ist. Es umfasst verschiedenen Gattungen, die ich kurz herzähle:

1. Kommentare zu einzelnen biblischen Büchern
2. Kommentare zu philosophischen Autoren, vorzugsweise Aristoteles und da wieder vor allem ein großer Metaphysikkommentar
3. Selbstständige Schriften zu einzelnen Themen theologischen, logischen, rechtlichen und philosophischen Inhalts
4. Zwei große Sammlungen der Disputationen zu Einzelfragen: *Quaestiones disputatae* (darunter auch die Quaestio über den Lehrer) und schließlich
5. die beiden theologisch-philosophischen Hauptwerke:
   die Summe gegen die Heiden (*Summa contra gentes)* und die Summe der Theologie (*Summa theologiae).*

Es ist unmöglich, in wenigen Sätzen den Reichtum der Gedanken wiederzugeben; aber etwas anderes ist nicht unmöglich: man kann die Grundform des thomasischen Denkens wiedergeben, sozusagen den operativen Modus seiner Themenbehandlung. Das ist die „*Quaestio*". Damit fange ich an und gehe dann auf die Quaestionen über den Lehrer ein.

„Quaestio" geht auf „quaerere" zurück, und das heißt nichts anderes als „fragen". Was eine Frage ist, das weiß man. Wir fragen nach dem Weg oder einem Menschen, den wir lange nicht gesehen haben. Plato hat uns im „Menon" gezeigt, dass das Fragen ein Suchen ist und dass das Finden darin besteht, etwas aus der Latenz ans Licht zu bringen. Antworten und Ansichten, auch Ansichten über Gott, die Welt und den Menschen, kann man als Antworten auf Fragen darstellen. In dieser Weise ist die „Theologische Summe" ein Zusammenhang von Fragen, eine nach der anderen, insgesamt mehrere Hundert. Antworten gibt es immer schon in Hülle und Fülle, auch Antworten des Glaubens. Sie liegen vor aus der Überlieferung, sei sie kirchlich, sei sie dem weltlichen Wissen, der Philosophie, entnommen. Das Problem ist: Welche Antworten kann man übernehmen, welche sollte man anzweifeln, welche muss man verwerfen? Das Fragen ist in der Wissenschaft ein Verfahren, das Wahre vom Falschen zu trennen; hier bei Thomas nicht, um etwas gänzlich Neues zu finden, sondern um tiefer, klarer, verständiger das zu erfassen, was man schon weiß, aber nicht aus Gründen weiß. So hatte schon Aristoteles unterschieden: wir wissen, dass etwas so ist, wie es ist; aber wir wollen auch wissen, warum etwas so ist, wie es ist. Um dieses Wissen geht es bei der wissenschaftlichen Frage, auch in Hinsicht auf die Glaubensantworten. Das war und ist nicht unstrittig. Aber wenn wir Thomas würdigen wollen, müssen wir uns auf den Boden der Beweisbarkeit oder Begründbarkeit des Glaubens stellen. Es geht, wie Hegel einmal gesagt hat, um die Rechtfertigung aus dem Begriff und nicht bloß aus dem Glauben, nicht einfach *sola fide.* Dieser Gegensatz, der uns bei Luther begegnet, ist alt. Vor Thomas hat Anselm v. Canterbury (1023–1109) einen Beweis der Gottesexistenz vorgelegt, des Weiteren auch einen Beweis dafür, dass Gott gar nicht anders konnte, als Mensch werden, und zwar einen Beweis ohne Berufung auf Bibelworte und die Autorität von Geschichten, sondern eben *sola ratione*, allein aus Vernunft. Dass das selber durchaus christlich und etwas Sinnvolles ist und nicht eine Abweichung von wahrem Glaubensleben, ergibt sich daraus, dass Gott nicht nur die Liebe und Gnade ist, sondern auch Geist. Der Glaube soll deshalb vernünftiger Glaube, nicht Kinder- und bloßer Köhlerglaube sein. Das ist die Prämisse eines Theologie- und Reflexionsprogramms, das Thomas einzulösen sucht. Deshalb unterwirft er die Aussagen des Glaubens der rationalen Analyse und das Verfahrensinstrument dazu ist die *quaestio.*

Wie fragt man richtig? Man kann schließlich nicht einfach losfragen, sondern muss das Fragen disziplinieren; heute könnte man sagen: methodisieren. Wie sieht das aus? In der Tat findet sich bei Thomas dazu ein festes Schema: Am Anfang jeder *quaestio* steht die Leitfrage. Die erste der „Theologischen Summe“ lautet: Ist die *sacra disciplina* – erst später nannte man das „Theologie“ – eine Wissenschaft oder nicht? Diese Frage wird ihrerseits in

10 Unterfragen (*articuli*) zerlegt, die dann wieder nach einer festen Ordnung durchdekliniert werden. So geht das von *Quaestio* zu *Quaestio* mit geradezu unerschütterlicher Gleichförmigkeit. Dem Inhalt nach besteht die gesamte Summe aus drei großen Teilen: im ersten Teil geht es um die Frage nach Gott, der Schöpfung und dem Menschen; im zweiten um die Ethik, im dritten um die Heilsinstrumente. Die Frage, ob ein Mensch einen anderen etwas lehren kann, wird gegen Ende des ersten Teils in Quaestio Nr. 117 behandelt: In dieser Frage steckt die Behauptung eines Sachverhalts, sozusagen die vorgegebene Antwort, die dann entweder angenommen oder verworfen wird. Gleichsam nach dem Schema: Ist Herr Sowieso der Mörder von Frau Sowieso? Ja oder nein. Sic et non. Das soll jetzt geprüft werden.

Der zweite Schritt ist: es werden Gründe gegen die Antwort vorgetragen, meist eingeleitet mit der Formel: es scheint, dass … (*videtur quod*). Danach werden die Gründe gegen die Gründe vorgetragen: *Sed contra*. Die Positionen „Ja" und „Nein" marschieren auf wie Parteien vor Gericht. Die Argumente für den Parteienvortrag entnimmt Thomas der Bibel, den Kirchenvätern, den Glossatoren, den Philosophen, allen voran Aristoteles. Es darf nichts übersehen werden. In seinem Metaphysik-Kommentar sagt Thomas dazu: „Das Abhören früherer Autoren ist zur Klärung der Frage und Lösung der Zweifel notwendig. Wie bei Gericht kein Urteilsspruch gefällt werden kann, ohne dass die Gründe beider Parteien gehört sind, so wird auch derjenige, der mit Philosophie sich befasst, in der Bildung eines abschließenden wissenschaftlichen Urteils sich leichter tun, wenn er die Meinungen und Zweifel der verschiedenen Autoren kennt." Auf den Parteienvortrag folgt die Antwort des Magisters (*determinatio*). Die Frage wird entschieden. Erst an dieser Stelle lernen wir die Auffassung des Verfassers kennen. Damit aber noch nicht genug: Zuletzt werden alle am Anfang vorgetragenen Gründe noch einmal durchgegangen und Punkt für Punkt teils bestätigt, teils differenziert und zurechtgerückt, damit kein Zweifel bleibt, was wahr ist und was falsch.

Das ganze Verfahren erinnert an ein geistiges Turnier, und das war es auch; die Quaestionen, wie wir sie heute lesen, hatten einen Sitz im Leben der Universität, nicht der Kloster- und Kathedralschulen. Im Kloster wird meditiert, gebetet und gelegentlich gepredigt, in der Universität wird disputiert. Die Disputation war der Differenzpunkt zum Lernen als Einübung. Und was wir heute lesen, sind gewissermaßen stilisierte Protokolle solcher Disputationen. Es waren große, feierliche Veranstaltungen, Streitgespräche in aller akademischen Öffentlichkeit, natürlich auch ein bisschen Gaudium und Spektakel als Zuschauersport für Intellektuelle. Das Wort *disputatio* trifft den methodischen Kern: Jemand stellt eine These auf, ein anderer hält dagegen: *disputo*. Das heißt: „Das glaube ich nicht" und „beweise mir das". Das ist in der Wurzel schon der methodische Zweifel, vorgebildet in der sokratischen Fragekunst, hier sozial und systematisch organisiert, von Descartes dann radikalisiert, wie wir später noch sehen werden. Wer *disputo* sagt, suspendiert die Geltung eines Satzes. So wird auch der Zweifel definiert: als Aussetzung des Urteils *(suspensio judicii)*, um eine Aussage entweder zu bestätigen oder zu verwerfen. Das hat dann auch, wie es oft mit formalen Schemata geschieht, zu Leerlauf und formalem Schnickschnack geführt, so dass die Scholastik dann in Misskredit geraten und „scholastisch" zu einem Schimpfwort geworden ist. So wurden Scharfsinnproben gegeben, indem auch scheinbar sinnlose Fragen aufgeworfen wurden: zum Beispiel: „Kann Gott einen Stein machen, der so schwer ist, dass er ihn nicht heben kann?" – „Ja, denn Gott ist allmächtig." – „Nein, denn wenn Gott einen Stein macht, den er nicht heben kann, ist er nicht allmächtig." – Welche Antwort hier zu geben ist, überlasse ich dem Scharfsinn des interessierten Lesers. Auf jeden Fall kann man sehen, dass die Disputationspraxis einen großen Fortschritt in Richtung Methodisierung und Disziplinierung des Argumentierens darstellt, wie immer man über die Themen denken mag, über die disputiert wurde.

Jetzt zu der Frage, ob ein Mensch einen anderen unterrichten kann. Sie wird zunächst „artikuliert" und wie folgt in vier Unterfragen gegliedert.

1. Kann ein Mensch lehren und Lehrer genannt werden oder allein Gott?
2. Kann jemand Lehrer seiner selbst genannt werden?
3. Kann ein Mensch von einem Engel unterrichtet werden?
4. Ist das Lehren eine Tätigkeit des praktischen oder kontemplativen Lebens?

Es werden zunächst vier Argumente gegen die 1. These vorgetragen. Das gebe ich nur zusammengefasst wieder: „Lehren heißt: Wissen in einem anderen hervorrufen", das kann aber nur Gott, wie biblisch mehrfach bezeugt scheint. Also: *videtur quod non*: Es scheint, dass keiner einen anderen etwas lehren kann. Man kann nur Zeichen geben, aber Zeichen sind nicht das Wahre. Jeder lernt unmittelbar kraft göttlicher Mitwirkung oder gar nicht, aber nicht durch einen Lehrer. *Sed contra*: Der Apostel Paulus sagt im 1. Timotheus: „Für das Evangelium bin ich eingesetzt … als Lehrer und Verkünder der Völker in Glaube und Wahrheit." Dieser Gegengrund genügt Thomas in der „*Summa*", um dann seine Antwort zu geben. Die schiebe ich noch auf und gehe zur *Quaestio de magistro* aus der Quaestionensammlung „*De veritate*" über. Hier ist die Behandlung ausführlicher und genauer. Diese Quaestio hat gleichfalls 4 Artikel, und der erste befasst sich wieder mit unserer Frage, ob jemand einen anderen etwas lehren kann. Es sind da allein 18 Gründe, die dagegen aufmarschieren, dass Unterricht möglich ist. Dann wird derselbe Gegengrund aus dem Paulusbrief vorgetragen, und drittens die Antwort, die natürlich viel ausführlicher ausfällt und ebenso die Responsionen, um alle Gegengründe auszuräumen.

Was spricht gegen die Belehrbarkeit, wie ich es einmal kurz nennen will? Wo ist da überhaupt das Problem? Lehren, so Thomas, ist auf Wahrheit bezogen. Deshalb erscheint ja auch die Frage nach dem Lehrer und dem Lehren innerhalb der Disputationen über die Wahrheit. Wir vermitteln, wenn wir lehren, Wissen. Also müssen wir wissen, was Wissen ist, wahres Wissen, nicht bloß Meinungen und Ansichten oder wie es heute so kurios heißt: „Sichtweisen". Da kann jeder seine eigene haben, wie das Stimmrecht bei der Wahl oder die Kaufentscheidung im Supermarkt. Nicht so Thomas. Wahres Wissen ist eigentlich ein Pleonasmus, ein weißer Schimmel. Wahrheit wird ausgedrückt in Sätzen. Es gibt wahre und falsche Sätze und dann noch unbestimmte Sätze, bei denen man nicht weiß, ob sie wahr oder falsch sind. Daraus folgt aber nicht, dass Wahrheit eine Eigenschaft von Sätzen ist, sondern wahr sind Sachverhalte, über die etwas ausgesagt wird. Das ist die Lehre des Thomas. Wahrheit ist Seinswahrheit. Der Satz: „Es regnet", ist wahr, wenn es regnet. Der Satz ist nur ein Zeichen, der auf den Sachverhalt hinweist, aber natürlich nicht der Sachverhalt selber. Es gibt den Stuhl und demgemäß den Begriff des Stuhls. Auf einen Stuhl kann man sich setzen, aber nicht auf den Begriff des Stuhls. Ebenso: der

Fluss fließt, aber der Begriff des Flusses fließt nicht. Der Begriff des Chaos ist nicht chaotisch.

Dies vorausgesetzt scheint sich Folgendes zu ergeben: Die Zeichen werden durch die wirklichen Sachverhalte erfüllt oder nicht erfüllt. Der Lernende kann nun zwar die Zeichen, die Sätze hören, auffassen, lesen und nachsprechen, aber sehen muss er selbst. Dieses Sehen kann nicht hervorgebracht werden, es kann nicht eingetrichtert werden, das hat der Lernende immer selbst zu tun. Also wird nicht gelehrt, sondern es werden nur Zeichen vermittelt. Diese Position ergibt sich aus der Fassung des Begriffs des Wahren. Lernen ist autonom, könnte man modern sagen; Lehren bewegt sich in Worten, aber das wahre Wissen bezieht sich auf Sachverhalte. Stellt man das gegeneinander, folgt unvermeidlich: man kann einen anderen nichts lehren. Ich kann nicht sehen lassen, fühlen lassen, nur zeigen. Aber zeigen ist nicht die Sache selbst. Lernen kann man nur selbst und es vollzieht sich, wenn die Sache selbst sich zeigt, und das besorgt zuletzt Gott, der alles geschaffen hat und erhält.

Man sieht, dass die Frage nach dem Unterricht mit der Wahrheitsfrage und der Frage nach verständlicher Rede verbunden ist. Ich fasse das plakativ: Unterrichtslehre ist Teil der Erkenntnislehre, und diese betrifft die Wahrheitsfähigkeit des Menschen im Ganzen. Wenn man das Zeichenproblem, in dem sich ja die Vermittlungsfrage kristallisiert, scharf und einseitig fasst, wie Thomas das vorbildlich in den Gründen gegen die Belehrbarkeit ja macht, wenn man also sagt: wir produzieren beim Lehren bloß Zeichenkenntnis, nicht Sachkenntnis, dann ist alle didaktische Zuversicht auf Sand gebaut, eine Illusion. In Wirklichkeit lernt jeder für sich selbst, wie jeder für sich isst und für sich stirbt.

Dazu eine Zwischenbemerkung: unter etwas anderen theoretischen Prämissen wird gegenwärtig in der Tat dieser Standpunkt vertreten, und zwar unter dem Titel des Konstruktivismus. Wir konstruieren Wahrheit; sie ist eine Sache von Sätzen, die wir ja beliebig machen können. Sie ist keine Sache der Sachverhalte selbst. Diese erscheinen nur im Schleier unserer Konstruktionen. Insofern ist auch das Vermitteln von Wahrheiten eine Lehrerillusion, vielmehr rekonstruieren die Lernenden sich je nach ihrer Beschaffenheit und Willkür ihre Welten. Dies gilt inzwischen sogar unter den *opinion-leadern* der pädagogischen Zunft als letzter Stand der Wissenschaft. Es ist in der Tat das letzte, und deshalb wollen wir uns lieber an einen mittelalterlichen Denker halten, der über diese Verhältnisse nicht verworren und dunkel, sondern klar und einsichtig dachte. Denn nachdem er die Wahrheits- und Vermittlungsfrage so zugespitzt hat, gibt Thomas seine Antwort, um uns zu belehren, wie man durch Zeichen zum Erfassen des Gezeigten gelangen und insofern von einem anderen etwas lernen kann. Dass die Antwort auf dieser Linie liegt, sagt uns im Übrigen auch der *common sense.* Und auch die modernen, postmodernen und neokonstrukturalistischen Pädagogen lehren etwas, nämlich dies, dass man andere nichts Verbindliches lehren kann. Das ist ersichtlich ein performativer Widerspruch: was sie tun, widerstreitet dem, was sie sagen.

Bevor ich auf Thomas zurückkomme, noch als Hinweis eine Besinnung auf das, was gerade jetzt beim Schreiben und Lesen geschieht. Wie der geneigte Leser sicher bemerkt hat, werden in dieser Schrift nur Wahrheiten gelehrt, außer wenn ich andere Ansichten referiere. Mit der Darstellung ist der Anspruch auf wahres Reden verbunden, ein impliziter Wahrheitsanspruch. Was bedeutet das? Es bedeutet, dass wir gemeinsam auf Sachverhalte blicken und prüfen, ob die Aussagen über Sachverhalte zutreffen oder nicht zutreffen oder ob in der Schwebe bleibt, wie ein Sachverhalt sich verhält. Der Leser will ja nicht mich kennen lernen, sondern das Wahre, vermittelt durch die Sprache und durch Zeichen, die etwas anzeigen und zur Erscheinung bringen, was so ist, wie es ist. Der Lehrer ist, so hat das Raymond Aron in seiner Autobiographie gesagt, der Repräsentant der Wahrheit. Er solle „ein Beispiel für Distanz geben, er erscheint als Schiedsrichter, als Zeuge und urteilt nach der Wahrheit" (Aron 1985, S.29). Das ist durchaus thomasisch gedacht und gesprochen.

Wie begründet Thomas das in seiner Antwort, der *determinatio* der Quaestio? – Die Begründung dafür, dass jemand einen anderen belehren, das heißt: Wissen in ihm hervorbringen kann, erfolgt bei Thomas im Rahmen seiner Lehre davon, wie überhaupt etwas wirklich wird, ferner wie Tugend gewonnen wird und wie schließlich Wissen erworben wird. Das ist der denkbar weiteste Horizont, den wir uns für die Frage und die Antwort vorstellen können, aber gerade diese Weite soll sichern, dass über das Lehren alle Zweifel ausgeräumt werden. Ich gebe die Antwort des Aquinaten in ihren wesentliche Punkten:

1. Lehren beruht auf Wissen. Wissen ist Wissen des Allgemeinen. Das ist platonisch und vor allem aristotelisch. Es gibt kein Wissen, kein wahres Wissen vom Einzelfall als Einzelfall. Wissen bezieht sich auf das Allgemeine. Das Einzelne wird erkannt als Fall des Allgemeinen.
2. Das Allgemeine ist Form, nicht ein sinnlich Gegebenes. Beispiel: Es gibt Stühle, Ameisen und Dreiecke in unabschließbarer Mannigfaltigkeit. Aber was ein Stuhl oder ein Tier oder so etwas wie ein Dreieck ist, ist nicht selber wieder Stuhl, Ameise oder Dreieck, sondern deren Wesen, oder wie Plato sagte: deren Idee, oder Aristoteles: deren Form. Das wissen wir schon aus dem „*Menon*“ und dem „Höhlengleichnis“. Einzelerkenntnis ist Teilhabe an der Form von etwas.
3. Alles, was wirklich vorkommt, ist hingeordnet auf eine Grundform; sozusagen auf dem Wege zur richtigen, unverdorbenen Form. Das ist der Unterschied zwischen dem, was möglich, und dem, was wirklich ist. Der Übergang vom formal Möglichen zum Wirklichen: das ist der Prozess, in dem die Welt erscheint. Diese Denkform ist wieder aristotelisch-teleologisch. Wir sehen z.B. unsere gesellschaftlichen Verhältnisse, so wie sie sind, aber wir sehen sie gewissermaßen vor der Folie, wie sie sein sollten, wenn sie vollkommen und der Form einer richtig gedachten Gesellschaft angemessen wären. Ebenso einen Menschen in seinem Verhalten auf dem Wege zur Form, nie ganz vollkommen, sondern nur potentiell, nicht aktuell.
4. Wie mit der Tugend so verhält es sich mit dem Wissen. Wir tragen in uns die Form des Wissens, nämlich als Prinzipienwissen, z.B. den Satz des Widerspruchs, aber er erfüllt sich im Übergang zum wirklichen Wissen. Diesen Übergang ermöglicht der Lehrer, indem er sozusagen das bereitliegende Gefäß anfüllt, aber aufgenommen wird nur, was hineinpasst. Das Lehren bringt nicht das Lernen hervor, sondern gibt dem, was schon da ist, einen Inhalt. Das ist Lehren; dazu brauchen wir auch Lehrer, weil wir aus Prinzipien allein nicht genug lernen. Man kann sich dieses Verhältnis von Lehren und Lernen an der Gewissenserziehung klarmachen. Thomas sagt: am Erwerb der Tugend. Das Gewissen selber wird nicht vermittelt; es ist eine Form, die wir mitbringen. Aber das genügt nicht: um im Straßenverkehr gewissenhaft zu sein, muss mir jemand

die Verkehrsregeln des Landes beibringen, in dem ich mich befinde. Aus unterschiedlichen Regeln in verschiedenen Ländern folgt im Übrigen nicht, dass Moral relativ ist; relativ auf eine Grundform sind die Ausgestaltung von moralischen Regeln, von Recht und Tugendpflichten, aber die Verpflichtbarkeit des Menschen – das lernen wir nicht durch Lehrer, das setzen die Lehrer vielmehr immer schon voraus, so wie Sokrates im „Menon" das logische Organ – um es mal so zu nennen – voraussetzt, um seinem Schüler beizubringen, wie man ein Quadrat verdoppelt.

5. Zeigen ist die Weise, wie über eine Form, in der ein beliebiger Inhalt erscheint, eben dieser Inhalt präsentiert wird und an die bereitliegende Form andockt und ihr selber nun einen Inhalt verschafft. Zeigen ist formbezogen: In der Form erscheinen Inhalte als Allgemeines. Das gilt keineswegs nur für theoretisches Wissen, sondern zum Beispiel auch dann, wenn wir eine Verhaltensweise oder Bewegungsfigur vormachen, damit der Lernende sie sich zu eigen machen kann. Der Schüler lernt ja nicht einfach dasselbe, sondern die Form der Bewegung und vollzieht sie nach. Insofern ist Form auch nichts Äußerliches sondern das, wodurch etwas für uns erscheint. Ohne Form keine Lehre, keine Erziehung, keine Kommunikation. Die Form erzieht, weil Form die Dinge zur Erscheinung bringt: *forma dat esse.* Das ist der Leitsatz für die Lehre vom Lehren und für die Erziehung überhaupt, weil er für alles Sein gilt.

Das der Gedankengang des Aquinaten und seine Antwort auf die Frage, ob jemand einen anderen etwas lehren kann oder nur Gott. Er erörtert dann noch die Fragen, ob Engel uns etwas lehren können – das übergehe ich, um nicht die Lehre von den Engeln als Intelligenzen zu erörtern; ferner die Frage, ob man sich selbst belehren, also Lehrer seiner selbst sein kann. Antwort: nein, denn dann müssten wir schon wissen, was wir lernen. Das ist aber ersichtlich widersprüchlich. Wohl kann man selbstständig lernen, nicht aber sich belehren wie ein Lehrer einen anderen belehrt.

Als letzter Artikel in der *Quaestio* über den Lehrer findet sich die Frage, ob das Lehren zur *vita activa* gehört oder zur *vita contemplativa*, also ob es ein Tun ist wie z.B. die Herstellung eines Tisches oder sonst eine technisch-praktische Tätigkeit oder ein Erkennen wie in der Geometrie oder in der Theologie. Die Antwort ist hochinteressant und tief befriedigend. Zunächst macht Thomas auf Folgendes aufmerksam. Lehren (*docere*) ist ein transitives Verb, ein Prädikat mit zwei Stellen. Ich lehre jemanden etwas. Es gibt einen Bezug auf die Sache und einen Bezug auf den Schüler, den Lernenden. Darin sieht man eine Variante des didaktischen Dreiecks, das ich bei Quintilian schon herausgehoben hatte. Ein moderner Erziehungstheoretiker, nämlich Israel Scheffler, hat diese Einsicht in seinem Buch „Die Sprache der Erziehung" (1971) erneuert, indem er den Slogan: „Ich unterrichte nicht Sachen, sondern Menschen!" demontiert hat. Das sagen ja viele mit dem vollen Sozial- und Moraltremolo, die den Unterricht „humanisieren" wollen. Zum Lehren gehört vielmehr beides: der Inhaltsaspekt und der Beziehungsaspekt. Diese Unterscheidung, die Thomas ganz klar hat, benutzt er nun, um die beiden Lebensformen einander zuzuordnen: die Form der Sache wird kontemplativ eingesehen. Lehrer müssen die Wahrheit erkennen. Das Erkennen ist ein Bild der Wirklichkeit im Geiste, ein rezipierender Akt. Indem sie ihr Können und Wissen weitergeben – oder wie es bei Thomas in der „Summa" heißt: *contemplata aliis tradere* – sind sie aktiv tätig und handeln sie. Folglich ist das Lehren beides: *vita activa* und *vita contemplativa, actio in contemplatione, contemplatio in actione*; eine höhere Lebensform gibt es nicht. Dafür wollen wir Thomas rühmen. Er ist nicht nur für die Theologen der Fürst der Scholastik, er ist oder er könnte sein: der Fürst der Didaktik für den Lehrer- und Erzieherberuf. Jedenfalls würde ich seinen Namen vorschlagen, wenn es darum ginge, für unser Fach einen Patron zu finden. Auf jeden Fall scheint er mir als Kandidat besser geeignet als die bloßen Betrachter und Beobachter der Erziehung oder einer der charismatisch ausgezeichneten Täter und Macher. Die Erziehung verlangt immer beides: Beobachtung und Handeln in der Beobachtung, und zwar Handeln mit Menschen im Blick auf Themen und die Formen, in denen sie erscheinen. Besseres ist in diesem Leben nicht zu erreichen.

Lit.: Th. v. Aquin: Über den Lehrer – De magistro, hrsg. v. G. Jüssen u.a., Hamburg 1988; I. Scheffler: Die Sprache der Erziehung. Düsseldorf 1971; R. Aron: Erkenntnis und Verantwortung. Lebenserinnerungen. München/Zürich 1985

7. Thomas Elyot: The Governor und Roger Ascham: The Scholemaster

Von Goethe findet sich in den „Maximen und Reflexionen" die Bemerkung, alles Gescheite sei schon einmal gedacht worden. Das kann man für die technischen Disziplinen und für die Ingenieurwissenschaften wohl kaum aufrechterhalten, aber für die menschlichen Verhältnisse finden sich viele Anhaltspunkte, die diese Ansicht bestätigen. Je weiter wir auf unserem Gang durch die Geschichte des Erziehungsdenkens vorankommen, desto mehr haben wir den Eindruck, immer wieder alte Bekannte zu treffen mit wenig abgeänderten Fragestellungen. In den Fragestellungen stecken alte Antworten, gemäß der Einsicht von Wittgenstein, dass es nur Fragen gibt, wo schon Antworten sind:

a) Wie hängen Wissen und Handeln, Wahrheit und Ethos zusammen? Oder sokratisch gefragt: Ist Tugend lehrbar?
b) Lernen und Erinnerung: Wie viel müssen wir immer schon können, um etwas hinzu zu lernen? Und ist dieses Können uns von Natur oder sonstwie mitgegeben oder selber wieder erworben?
c) Wie kann man über erzieherische Maßnahmen, über Üben, Lehren und Appellieren an das Lernen heranreichen, es begrenzen und erschließen, steuern und hemmen? Oder verhält es sich so, dass das Lernen sich selber organisiert und direkt gar nicht erreichbar ist?
d) Unter welchen Umständen, in welchem Alter und durch welche Personen können gezielte Lerneffekte am besten erreicht werden? Sind die Lehrer, Trainer, Hofmeister die besseren Erzieher oder nicht doch die Eltern?

Kurz und gut: Die pädagogische Reflexion gleicht einem großen Schachbrett, auf dem zwar immer wieder neue Konstellationen sich ergeben, aber die Figuren und Grundzüge wiederholen sich; und wie im Schach sind es je länger desto mehr die Eröffnungen, denen sich die theoretische Aufmerksamkeit zuwendet, den ersten Schritten und Zügen, vermutlich deshalb, weil da die Erziehung und das Schachspiel sich noch wenig um die Gegenzüge zu kümmern brauchen. Da ist die Selbstbestimmung am größten. Ist man erst ins Handgemenge mit den sozialen Wirklichkeiten und dem Gegenspiel des Gegners geraten, nehmen die Abhängigkeiten zu, die erzieherische Absicht muss sich arrangieren und mit Verhältnissen abfinden, die so sind, wie sie sind. Dieser Umstand dürfte der Grund sein, dass es eine Tendenz gibt, die Erziehung zu isolieren, um nicht nur die Kinder um sich und bei sich zu haben, fern von allem verderblichen Einfluss, sondern auch noch die Jugendlichen und jungen Erwachsenen. Aber die Folgeprobleme der Isolierung liegen auf der Hand, deshalb die Gegentendenz: im Leben für das Leben lernen, nicht bloß im Konvikt, im Internat, im Landerziehungsheim oder in der Schule. Das Lernen ist eingemischt in unsere sozialen Verhältnisse, in den wiederkehrenden Umgang, in Arbeit, Sorgen und Lustbarkeiten; die Erziehung aber möchte etwas Bestimmtes, Exklusives, Besonderes. Deshalb setzt sie Grenzen, erfindet Programme und Kontrollen, organisiert Lehrgänge, um auf dem Umweg über Begrenzung und Quarantäne auf ein gesundes Leben draußen vorzubereiten. Diese Grundverhältnisse treffen wir immer wieder, im Übrigen auch einen bemerkenswerten Optimismus, das Dilemma von Teilnahme und Schulung, von Inklusion und Exklusion, von Schule und Welt aufzulösen und eine Erziehungsform zu finden und zu installieren, die gleichzeitig das reale Leben distanziert und doch in sich repräsentiert.

Womit wir uns in diesem Abschnitt beschäftigen, ist eine weitere Variante dieses Verhältnisses; in einer bestimmten historischen Konstellation. Die Erziehungsthemen, die wir da antreffen, sind dieselben wie seit den Griechen und wie heute; die Gestaltung ist von der Zeit- und Epochenlage bestimmt, auf die sie reagiert und von daher verständlich. Man möchte sagen: Es ist alles anders und doch immer dasselbe. Ich fange mit dem an, was anders und neu war, und gehe dann auf die immerwährende Pädagogik ein.

Zunächst eine Bemerkung zur Themenwahl. Warum Thomas Elyot und vor allem Roger Ascham? Sie sind nicht gerade, wie die Engländer sagen würden, *household-names*. Auch vielen Pädagogen, wenigstens in Deutschland und auf dem Kontinent, sind sie unbekannt. Die großen Namen und Repräsentanten des 16. Jahrhunderts sind in Deutschland natürlich Luther (1483–1546) und Melanchthon (1497–1560), dann Erasmus (1466–

1536) und Johannes Sturm (1507–89). Sie haben sich zu Erziehungsfragen geäußert. Das gehörte bei den beiden zuletzt Genannten zum Programm des sog. „Humanismus", der Wiedergewinnung der antiken Autoren als Leitsternen der höheren und feineren Bildung. Sturm hat in Straßburg die alten Kathedralschulen zum neueren Gymnasium transformiert; auf ihn geht das System der Jahrgangsklassen zurück. Er hat unter dem Schutz der Stadtobrigkeit die Schule *neben* die Kirche gestellt und aus der Autorität der Geistlichen herausgelöst. Nicht anders denkt Erasmus, der zwar aus einer kirchlichen Schule kommt, Mönch und Priester war, aber sich dann davon entbinden ließ und zum Muster für einen neuen Typus des Gelehrten wurde, ein Vorläufer der Intellektuellen und der bürgerlichen Intelligenz. Deshalb konnte er sich auch nicht mit dem Wittenberger Kirchenregiment befreunden. Die Garanten dieser ungebundenen Geister waren die Städte, die großen Stadtgemeinden, in begrenzterem Umfang die Territorialstaaten im Rahmen des Römischen Reiches deutscher Nation, waren die italienischen Stadtstaaten, die eben nicht nur Theologen und Priester, sondern auch gebildete Schreiber und Juristen brauchten, die die Künstler förderten und als Mäzene von Dichtung, Musik und Architektur auftraten.

Zu erinnern wäre auch an die italienischen Schulhumanisten, an den Spanier Ludovico Vives (1492–1540): sie alle bewegen sich in einem Reich der Bildung, so universal gedacht wie die Kirche, aber jetzt unter dem Schutz und der Obhut regionaler, territorialer, meist städtischer Macht. Dieses Bild ist natürlich nur eine Skizze für die Stellung des pädagogischen Denkens im Übergang vom Mittelalter zur Neuzeit. Auch dieses Schema: Altertum – Mittelalter – Neuzeit gehört dieser Epoche an. Wir benutzen es nach wie vor; doch heute als Hilfsmittel der Beschreibung. Damals war diese Gliederung ein Programm: die Abkehr vom *medium aevum* und die vermeintliche Rückkehr zur Kultur und Gesinnung der Alten. Damals ist vor allem das Fehlurteil über das dunkle, ungebildete, abergläubische Mittelalter aufgekommen, seine Enge und scholastische Verholzung. Eine neue Zeit beginnt, „es ist eine Lust zu leben", so Ulrich v. Hutten, auch eine Lust zu forschen, zu erfinden, künstlerisch zu gestalten, und zwar auf eigenen Kredit und mit dem Risiko des Irrens und Scheiterns. Deshalb nimmt auch das biographische und autobiographische Interesse zu, kommt das Porträt auf, lösen sich die Bilder von den Kirchenwänden und kommen in die reichen Bürgerhäuser, suchen die Gebildeten, reformatorisch gesprochen, ihren eigenen Gott und dessen Gnadenspruch. Dieser Humanismus ist noch nicht unchristlich, aber er ist nicht mehr ohne Weiteres kirchlich, und wenn kirchlich, dann in einer selbstständigeren Form. Die Varianten nehmen zu, damit auch die persönlichen Optionen und zugleich das Bedürfnis, sich neuer Fundamente vergewissern.

Um diese Perspektive und die Veränderungen im pädagogischen Denken zu erfassen, scheint mir der englische Humanismus besonders geeignet. Man sieht da, besser als in der Nähe zu Rom und klarer als in dem reformatorisch aufgewühlten Deutschland, die leitenden Tendenzen und ihre Bedeutung für die Reorganisation der Erziehung; deshalb also Roger Ascham und sein Vorgänger Thomas Elyot. Es ist eine didaktische Entscheidung, keine solche, die sich allein aus dem Rang des pädagogischen Denkens ergibt. Auch ist nicht zu leugnen, dass ein gewisser anglophiler Einschlag an dieser Wahl beteiligt ist.

Wie war die Lage Englands zu Beginn des 16. Jahrhunderts? Dazu folgende Punkte:

1. Die Tudors hatten nach dem verheerenden Bürgerkrieg der beiden großen Adelsparteien, dem Haus Lancaster und dem Haus York, die Herrschaft fest in ihren Händen. Erst Heinrich der VII; dann ab 1509 der achte Heinrich, aus Film und Fernsehen bekannt, nicht nur wegen seiner vielen Frauen, eine Art Blaubart, sondern derjenige, der den Bruch mit Rom vollzieht, eine englische Nationalkirche etabliert, die „*established church*", im Übrigen ein hochbegabter, gebildeter, dazu sportlicher und erst in seinen späteren Jahren pathologisch verformter Mann. Er kennt und schätzt die Gelehrten seiner Zeit, macht Thomas Morus, den Autor der „Utopia" und Freund des Erasmus, zu seinem Berater und Lordkanzler, was dem den Kopf kostet, als er den Treueid auf den König als Oberhaupt der Kirche verweigert. Auf Heinrich folgen erst Edward, dann die katholische Mary und schließlich ab 1659 Elisabeth, die der zweiten Hälfte des 16. Jahrhunderts den Namen gibt.
2. Das 15. Jahrhundert war intellektuell, literarisch und schulisch dürftig, aber es hatte, sozusagen unterschichtig, die englische Sprache vorangebracht, die endgültige Verschmelzung der

normannisch-französischen Oberherrschaft mit dem angelsächsischen Erbe; es hatte die Abtrennung von Frankreich gesehen, und das Wohltätige der Rosenkriege war, dass sich der Hochadel gegenseitig dezimierte und so den politischen Aufstieg der *gentry*, des Großbürgertums und des niederen Adels, des Landadels, begünstigte. Englands Hochadel, der sich dann hundert Jahre später anschickt, die Welt zu erobern, ist verglichen mit Frankreich und Italien, Spanien und Deutschland der jüngste in Europa und am wenigsten exklusiv, die Klassengrenzen sind noch flüssig, unter anderem auch deshalb, weil die Vererbung von Titel und Besitz auf die ältesten Söhne beschränkt ist. Die nachgeborenen Söhne kehren gewissermaßen wieder ins Glied zurück. Das sorgt für Austausch und dafür, dass auch die Leute von Stand sich an Geschäften und Handel beteiligen. Joan Simon hat in ihrem Buch über „*Education und Society in Tudor England*" ein umfassendes Bild dieser englischen Sonderverhältnisse und ihre positiven Folgen auch für das Erziehungswesen gegeben.

3. Was bedeutet diese Nationalisierung für Universität, Schule und Erziehung? Wie auch auf dem Kontinent, und da vor allem in Deutschland, sind die Universitäten national, nicht mehr international, zumeist finanziert aus dem Kapital der überreichen, parasitären Klöster. Die antiklösterliche Bewegung ist gemeineuropäisch, in England führt sie am frühesten zur Ablösung der Schulen aus der kirchlichen Vormundschaft und bereitet den Übergang unter königliche Herrschaft vor, ergänzt und durchgesetzt über den Staatsrat und das Parlament, das damals nicht nur als gesetzgebende Körperschaft, sondern vor allem als Organ der Rechtssprechung fungierte. Bildung und Erziehung wird national und dadurch politisch in einer neuen Weise relevant. Ich erwähnte schon Thomas Morus, er stellt den Typ des gelehrten Juristen und *gentleman* dar, der dann in der pädagogischen Literatur zum Leitbild erhoben wurde. Es war europäisch, vor allem italienisch, weniger deutsch, aber hier bezogen auf englische Verhältnisse.
Europäisch: da hatte Baldassare Castiglione 1528 den „*Cortegiano*" vorgelegt, sozusagen den Musterhöfling, den Mann von Welt, gebildet und zur Herrschaft befähigt, nicht mehr den Kirchenmann, sondern den weltläufigen Hofmann. Das wurde auch ins Englische übersetzt, und es entstanden nun im

16. Jahrhundert solche Musterschriften zur Erziehung des Gentleman, erst der „*Governor*“ von Thomas Elyot, dann von einem Anonymus: „*The Institution of a Gentleman*“ und schließlich von Roger Ascham „*The Scholemaster*“. An die Stelle des Spirituals ist der Hofmeister getreten, der Prinzenerzieher mit klassischer Bildung und Weltkenntnis, und diesem Erziehertyp verschafft diese Literatur das nötige Grundwissen. Elyot und Ascham werden bis weit ins 18. Jahrhundert immer wieder aufgelegt. Sie schreiben nicht für einen engen Kreis von Klerikern, deshalb auch nicht mehr Latein, sondern in der Sprache des Volkes und der gebildeten Schichten, für die Hauslehrer (*governors*) und Gouvernanten des Landadels, für die Lateinlehrer der Stadtschulen, für Stratford on Avon, wo Shakespeare herkommt, und für London, ebenso wie für Eton und Oxford, Cambridge und Winchester. Es ist ein Bündnis von aufkommender Geldmacht, die bürgerlich ist, und Abkunft und Status, die aristokratisch sind. Diese Kombination verschafft England eine Elite, die beides hat: Verstand und Ehrgeiz, um über lokale Interessen und die Egozentrik der Innerlichkeit hinauszugreifen und dann buchstäblich die Welt zu erobern. Das wissen wir heute, davon hatte man im England des 16. Jahrhunderts nur eine ungefähre Ahnung. Aber tatsächlich entsteht hier ein Potential, das gar nicht anders kann, als sich gegenüber Spanien, dessen Armada 1588 vor England untergeht, gegen Frankreich und dann gegen die Holländer durchzusetzen. Es wäre ja auch naiv, von Kompetenzen, wenn sie einmal da sind, bloß fromme Bescheidung und weise Zurückhaltung zu erwarten. Das sind Rentnerideale, zu denen man flüchtet, wenn man sowieso nichts mehr zustandebringt.

Jetzt erst zu Thomas Elyot: er ist ungefähr 1490 geboren und gehörte zu den Schülern und Nutznießern Thomas Mores und des Erasmus. Er war Jurist und hatte darüber hinaus eine klassische Ausbildung in den alten Sprachen; vor allem Griechisch, das in England mehr als in Deutschland gepflegt wurde. Er wurde Diplomat. Der „*Governor*“ erschien 1531 und ist auf eine Elternschaft berechnet, deren Söhne gleichfalls in den Staats- und Hofdienst, in die Parlamente und Gerichte einrücken sollten. Kein Kirchenmann mehr, sondern ein Mann von Welt, oder, wie die Engländer sagten, ein „*Gentleman*“. Seine Vorbilder findet er in der griechischen und römischen Antike, was die Sprachbildung angeht; denn ein Richter, ein Diplomat, ein Parlamentarier muss ja vor allem reden können. Das Vorbild ist dabei Quintilian. Nicht das Wissen als Wissen bildet, nicht die *scientia*, sondern die *artes* und da nicht nur die schriftorientierten *artes liberales,* sondern auch die *artes mechanicae*: Reiten und Fechten, auch Malen und Zeichnen, damit man die Festungen anderer Staaten und potentieller Gegner aufzeichnen kann, ferner Geographie zum Zwecke der Geländekenntnis, ohne die man nicht gut Krieg führen kann, wenn es sein muss, und Kenntnis der Meere und Schifffahrtstraßen. Dafür stellt er einen Lehrplan auf, an dem der Hofmeister sich orientieren soll. Dieses Wissen als *knowing how* soll zusammen mit gutem Benehmen an die Jungen von Stand weitergegeben werden. Insgesamt nichts Aufregendes, auch keine didaktischen Erfindungen, eher eine Akzentsetzung für praktische Tugenden und besondere Sorgfalt für die Heranwachsenden, wenn sie nicht mehr Kind und noch nicht erwachsen sind. Da herrschte mancherlei Jux und Tollerei. Deshalb verlangt Elyot mehr Aufsicht, auch über die Jungen, die in der Regel im Alter von 15 Jahren an die Universität abgingen. Also soll ihnen ein Tutor, ein Aufpasser und Sittenwächter mitgegeben werden, damit sie nicht dem Trunk und der Syphilis verfallen, der damals offenbar aus der Neuen Welt eingeschleppten Lustseuche. Das war übrigens auch in Paris ein großes Problem der unverheirateten jungen Männer. Die frühe Erziehung bis zum 7. Lebensjahr soll indes noch ganz in der Hand der Mütter und Ammen liegen, doch dann ist der Spaß vorbei; in der zweiten Kindheit danach wird Poesie empfohlen, zum Vergnügen; für Erwachsene aber ist das nichts mehr, dann eher klassische Literatur und Bogenschießen.

Elyot ist im 16. Jahrhundert noch mehrfach aufgelegt worden. Es ist kein Buch für Gelehrte, sondern für den gebildeten Hausverstand, pragmatisch orientiert, mit dem Glanz einer literarischen Bildung darüber. Es vermittelt und empfiehlt Vorzeigewissen, damit man sich gepflegt unterhalten kann, nicht nur über Fuchsjagden und Erntepreise. Hinzu kommt das historische als Musterwissen. Deshalb wird Caesars „Gallischer Krieg“ empfohlen, da lernt man Strategie. Es ist nicht schwer zu sehen, dass diese Pädagogik ihren Sitz im Leben der neuen Oberklasse hat, die beides will: regieren und genießen, aber nicht mehr plump und raubritterhaft, sondern mit Verstand und Geschick, am besten im Dienst der Krone, für das Vaterland und natürlich auch für die eigene Sippe.

Dafür brauchte man Lehrer, die mit einer Universitätsausbildung ausgerüstet in der *Grammar School* oder Lateinschule oder besser noch auf einem der vielen Landsitze tätig wurden als Hauslehrer für die Jungen und als Berater für die Älteren. Diese Figur bleibt wichtig bis ins 18. Jahrhundert. Der große Thomas Hobbes (1688–1779) war zeitlebens im Dienste einer Familie; in dieser Hinsicht abhängig, aber zugleich auch unabhängig von Kirche, Schule und Universität. Man kann sich überlegen, wo mehr Freiheit zu finden ist: wenn man einem Herrn von Rang und einer vornehmen Familie dient oder wenn man sich den Aufgaben und Anforderungen einer großen Institution ausliefert. Die englischen Intellektuellen leben und argumentieren in der Nähe der Macht, nicht wie bei uns im Umkreis von Orgel und Provinzresidenzen; sie sind politisch versiert und viel besser informiert als etwa ihre deutschen Kollegen. Erst im 18. Jahrhundert können sich die Intellektuellen dann auch von dem Mäzenatentum befreien, weil jetzt das große Lesepublikum die materielle Sicherung übernimmt und man von Büchern leben kann. Das schafft sozusagen den Typ des freien Schriftstellers, der damit allerdings in eine andere Abhängigkeit gerät: die Abhängigkeit vom Zeit- und Lesegeschmack des Publikums und der Verleger. Das ist bis heute so geblieben: man muss ein Marktsegment finden und eine Personalgemeinde für sich gewinnen. Es kommt zunehmend darauf an, mit Novitäten aufzufallen und sich bekannt machen. Aber ganz frei – das ist auch der freie Schriftsteller nicht.

Jetzt zu Roger Ascham und seinem Buch über den „*Scholemaster*". Es ist, herausgegeben von seiner Frau, zwei Jahre nach seinem Tod im Jahre 1570 erschienen und innerhalb der nächsten 20 Jahre fünfmal wiederaufgelegt worden. Ascham stammte aus der Mittelklasse, der Vater war Verwalter auf einem adligen Landsitz. Er schickt den Jungen auf die Küsterschule des Orts, wo man lesen und schreiben lernt, und als sich die Begabung des Jungen zeigt, gelingt es dem Vater, ihn bei einem großbürgerlichen Juristen unterzubringen, der an der neuen Erziehung im Stil von Elyot interessiert war. Dieses System, die Kinder früh wegzubringen, das *fostering*-System, und sie in einer anderen

Familie erziehen zu lassen, ist alt. Man findet es zuerst in Irland, von da ist es nach England gekommen und dort in den arrivierten Familien gebräuchlich geworden, weniger auf dem Kontinent. Jedenfalls hat sich sein Gönner und Erzieher um ihn gekümmert und verschafft ihm eine Stelle in Cambridge. 1530, im Alter von 14 oder 15 Jahren, nimmt Elyot das Studium auf. Man hat dabei an eine Internatsschule gymnasialen Zuschnitts zu denken, vergleichbar dem in Deutschland gängigen *gymnasium illustre*. Erst danach kam die Berufsausbildung: Die Theologen gingen in die Predigerseminare, die Juristen nach London in die sog. *Inns*, keine Kneipen, wie man vielleicht etwas voreilig und hoffnungsfroh annehmen mag, sondern Fachschulen mit Lernen vor Ort. Es gibt sie heute noch zur Qualifizierung des juristischen Nachwuchses.

Cambridge machte damals erfolgreich den Versuch, es Oxford an Gelehrsamkeit gleichzutun; und das hieß „Griechisch und Latein". Ascham wird firm in beiden Sprachen. Mit 18 Jahren wird er Baccalaureus und hätte sich nun als Tutor einem Squire oder Landadeligen verpflichten können, aber er bleibt in Cambridge und lehrt jetzt, was er gerade gelernt hat. Auch das ist noch durchaus mittelalterlich: die fortgeschrittenen Studenten sind nach dem Baccalaureat zugleich Lehrer der Erstsemester. Man studiert und lebt zusammen, beobachtet und kontrolliert sich. Auch die Dons, die Lehrstuhlfürsten, gehören zum College, sind immer da, müssen an den Essen teilnehmen und durch ihr hervorragendes Beispiel die Jüngeren leiten. Nicht so wie an den deutschen Universitäten: die Studenten gehen in die Mensa und die Professoren ins Drei-Sterne-Restaurant oder zu McDonald. Der scheinbar informelle Kontakt ist eben doch formal: man lebt sich in das akademische Milieu ein, und da der gesellschaftliche Hintergrund einigermaßen homogen ist, ergeben sich dann auch die Anschlüsse und Berufsmöglichkeiten wie von selbst. Erst ist man auf derselben Schule beisammen, dann im selben College, später im selben Club, im Parlament, und auf dem selben Friedhof trifft sich alles wieder. Das ist zweifellos Klassenerziehung, wenn es nur je eine gab. Der Vorteil ist: man kennt sich gut, lebenslang, und sitzt man am Kabinettstisch in der Downing Street beieinander, weiß man, mit wem man es zu tun hat, wie jemand unter Druck und Stress reagiert, und nicht bloß, was einer redet. Auch Frankreich hat sich über die *grandes écoles* eine politische Leistungselite geschaffen, die alle Wechselfälle von Wahlen und anderen Schicksalsschlägen überdauert.

Zurück zu Ascham. Er bleibt zunächst in Cambridge, sorgt für griechische Studien, kommt aber nicht voran und versucht sich mit einem Buch über das Bogenschießen (1545) einen Namen und eine bessere Stelle zu verschaffen, bis er schließlich doch eine Position als persönlicher Tutor und Hauslehrer erlangt, dann aber gleich ganz nahe am Machtzentrum: Er wird im Jahre 1548 Hauslehrer für die Thronerbin Elisabeth. Im „*Scholemaster*" schreibt er, er habe nie einen intelligenteren Schüler gehabt, auch in ganz Cambridge nicht. Das mag die fällige Reverenz gegenüber der inzwischen zur Königin aufgestiegenen Schülerin sein, doch dass er es mit ihr erheblich besser getroffen hatte als etwa der brave Studienprofessor Hinzpeter mit dem späteren Kaiser Wilhelm, dürfte unstrittig sein. In der Tat hatte Elisabeth die Robustheit ihrer Mutter Anna Boleyn und die Intelligenz ihres Vaters, Heinrich VIII., geerbt. Mit dieser Schülerin nun, 13 Jahre alt, traktiert er zwei Jahre lang Griechisch und Latein, alte und neuere, nationale Geschichte, philosophische Texte, aber auch Lustspiele des Plautus und Aristophanes, und hat dabei eine Erfindung gemacht, nämlich die Doppel- und Rückübersetzung. Es gibt ja, wie eingangs bemerkt, nicht viele Innovationen in der Pädagogik: dies war eine und ist dann oft nachgeahmt worden, noch in den Gymnasien Preußens im 19. Jahrhundert. Es geht da um folgendes: erst wird aus dem Griechischen ins Lateinische übersetzt, in der Regel morgens, und am Nachmittag dann wird aus dem Lateinischen wieder ins Griechische rückübersetzt. Das hat Elisabeth zu einer firmen Lateinerin in Wort und Schrift gemacht. Hinzu kamen die Hofsprachen der Zeit, Spanisch, Französisch und Italienisch. Das war für den diplomatischen Verkehr eine große Hilfe. Wer konnte damals schon Englisch?

Leider dauerte seine Hauslehrerzeit nur zwei Jahre (1548–1550). Das lag an den Streitigkeiten im Haus Tudor, auf die ich hier nicht näher eingehe. Jedenfalls kehrt Ascham erst mal nach Cambridge zurück, kommt dann aber doch in eine Hofstellung und geht in diplomatischer Mission, gewissermaßen als persönlicher Referent, auf Reisen, lernt Deutschland kennen, in Straßburg begegnet er auch Johannes Sturm und Martin Bucer und anderen Führern der reformatorischen und humanistischen Bildung und Bewegung. Schließlich, um es kurz zu machen, wird er erst *latin secretary* von Mary Tudor, und nach der Thronfolge wiederum *latin secretary* von Elisabeth, die ab 1558 regiert. In diesem Umkreis und Milieu entsteht der „*Scholemaster*". Es ist ähnlich wie bei Quintilian die Erfahrungssumme einer Praxis, kein Anfängerbuch und nicht nur akademisch. Es gewährt auch einen Überblick über die Umgangsverhältnisse bei Hofe, sehr persönlich gehalten, mit Beispielen und Gesprächen aus seiner amtlichen und nichtamtlichen Tätigkeit. 1568 ist der allzeit kränkliche Ascham gestorben, so dass er den Erfolg seines Buches nicht mehr erlebt hat. Für die Veröffentlichung hat, wie schon angemerkt, seine Frau gesorgt.

Dieser Umstand bringt mich zu einer Nebenbemerkung. Es geht zwar in dieser Ratgeberliteratur vor allem und ausdrücklich um die Erziehung von Prinzen und zukünftigen Diplomaten, aber die Frauen haben an dieser Bildung, wenn Gelegenheit war und sie von Stand waren, teilgenommen. Berühmt war der Haushalt Thomas Mores und seine Tochter Margaret, selber eine gelehrte Frau, wenn auch zum Missfallen ihrer Mutter. Man sieht da eine für die spätere Frauenbewegung charakteristische Konstellation: es sind oft gebildete und auf ihre Töchter stolze Väter, die ihnen den Rücken stärken, sie in den gelehrten Kreisen etablieren und ihnen die erforderliche Protektion verschaffen, ohne die der Schritt von der Hausfrau zur Staatsfrau zu groß gewesen wäre. Inzwischen ist dieser väterliche Schutz depersonalisiert und Sache der Gesetzgebung geworden, aber am Anfang steht das individuelle Engagement.

Jetzt zum „*Scholemaster*". Das Buch hat zwei Teile. Im ersten geht es um die Erziehung in der frühen Kindheit; also der Zeit, wo die Kinder noch zu Hause sind, unter der Obhut der Mütter, Gouvernanten und Ammen. Der Hauptpunkt ist da die moralische Erziehung, die intellektuelle Erziehung kommt erst später. Dazu bietet Ascham die Anstandsregeln und Gewohnheiten großbürgerlicher und aristokratischer Familien, nichts Besonderes, wenn man nicht sein Votum für Rücksichtnahmen und den Verzicht auf scharfe Strafen hervorheben will. Disziplin ja, aber sie soll nicht erzwungen, sondern eingewöhnt werden. Man kann sehen, wie ein weniger rigider Erziehungsstil von den oberen Klassen nach unten durchsickert. Man soll sich Zeit nehmen, das Kind auch spielen lassen und zum Spiel anleiten, allerdings auch nicht unbeschäftigt lassen: Müßiggang – völlig richtig – ist aller Laster Anfang. Wenn die Hände ruhen, sagt ein altes Sprichwort, nisten sich Jux und Tollerei ein. Ich denke, wir können aus vollem Herzen zustimmen. Von Quintilian, der ja überhaupt sein Hauptgewährmann ist, übernimmt er die Pflicht zum akkuraten Sprechen, das gute Sprach- und Sprechvorbild. Was macht man aber mit Kindern, die nicht willig und gefügig sind? Da schiebt Ascham eine Unterhaltung ein, die er einmal mit seinen Kollegen im königlichen Rat geführt haben will. Die würdigen Staatsräte geben zu bedenken, dass ein harter Klotz manchmal besser ist als ein wachsweiches Gemüt, das sich allen Wünschen beugt. Das lehrt der pädagogische Alltag, allerdings vorausgesetzt sind immer *good breeding* und *good nature.* An sich taugt der Mensch etwas, sogar schon der ganz junge Mensch; er ist eben nur gärtnerisch zu betreuen, dann kommt der *good sense* schon zur Geltung. Unausgesprochen liegt darin auch: mit den unteren Klassen und dem Pöbel darf man ganz anders verfahren.

Der zweite Teil behandelt die zweite Kindheit und die Jugendzeit, und ihr vor allem gilt die Sorge Aschams. Da hört auch die Nachsicht auf; denn nun setzt ein strenges Lehr- und Übungsregiment ein. Die Autorennamen, die der Lektüre angeraten werden, sind die üblichen: Griechisch und Latein, das versteht sich, christliche und pagane Autoren nebeneinander, überall das Beste und als Muster für eigene Exerzitien. Der Grundzug des Lernens ist imitatorisch. Das ist durchaus traditionell; so hatten auch die Jungmönche und Novizen gelernt, das bleibt unangetastet. Lernen heißt: sich ein großes Gedächtnis schaffen, um dann nach erprobten Mustern in neuen Situationen angemessen reagieren zu können. Ascham sagt: wer imitiert, behandelt andere Materien in gleicher Weise, so wie Virgil den Homer nachgeahmt hat. Mehr noch: er kann die selbe Materie in verschiedenen Formen traktieren, zum Beispiel ein Drama in eine kunstgerechte Erzählung verwandeln. Die *imitatio* zielt insofern nicht auf völlige Gleichheit; das geht gar nicht, das ist lebensfern. Sie zielt auf Ähnlichkeit. Auch das hatten die Scholastiker schon ausgeführt, das bleibt bestehen und wird immer wieder aufgenommen. Noch Schleiermacher bestimmt die Erziehung als „Anähnelung" der Individuen an die größeren Gemeinschaften. So gesehen geht es in der Erziehung um beides: Gleichheit und Verschiedenheit, Übereinstimmung und Differenz. Die Devise lautet: mach es so wie ich, aber ein bisschen anders, wenn der Kontext, die Gelegenheit, die Umstände es verlangen. Imitieren heißt also nicht: kopieren; dann wird man lächerlich wie „Don Quijote", der in nachritterlicher Zeit noch den Ritter spielen will, sondern abwandelnd wiederholen. Identität und Nichtidentität zugleich, so wie wir alle nach dem gleichen Muster schreiben lernen, aber doch keine Handschrift der anderen vollständig gleicht. Wenn nicht das Muster durchscheint, können wir die Schrift nicht lesen – und in vielen Fällen ist das ja auch so; und wenn alles gleich wird, dann wird's öde wie die Schreibmaschinenschrift. Im 18. Jahrhundert wird das Imitatio-Konzept noch weiter modernisiert: nicht nachmachen, sondern nacheifern, womöglich auch selber etwas Bedeutendes schaffen. Der subjektive Zuschuss wird betonter. Systematisch gesehen geht es um folgendes Erziehungsproblem: Wie können wir durch Schematisierungen, Standardisierungen, die für alle gleich gelten, dennoch Individualität befördern? Wie viel Gleichheit, wie viel Differenz? Wo hört der Spaß des Subjektiven auf und setzt das Uniforme ein, und wo wird das Uniforme zur Fessel und zu einem die Initiative lähmenden Hemmnis? Das ist ersichtlich nicht auf eine allgemeine Formel zu bringen, sondern verlangt von Fall zu Fall einen Abwägungsprozess und Augenmaß für die jeweils gegebenen Umstände.

Ein solcher Kompromisskopf ist auch unser Roger Ascham, immer in der Mitte schwimmend, Einseitigkeiten meidend. Nur in einem Punkt versteht er keinen Spaß. Der betrifft die *grand tour*, die Bildungsreise, auf der die jungen Leute von Stand die große Welt kennen lernen sollten. Auf keinen Fall sollen sie nach Italien gelassen werden, unter Aufsicht sowieso, ein Tutor ist immer dabei, aber selbst der kann im lotterigen und verderbten Italien nichts ausrichten. Frankreich und Deutschland, vor allem seine mustergültigen großen Städte, das ja, aber nicht Rom. Erklärlich ist das eigentlich nicht, wenn man den großen Einfluss der italienischen Renaissanceautoren bedenkt. Auch für Shakespeare bietet Italien die Szenerie für etliche seiner Dramen, und gewiss nicht wegen der Verworfenheit italienischer Lebensart. Dieses Urteil scheint ein Spleen Aschams gewesen zu sein. Viel verständlicher ist die Warnung, die Shakespeare im *Hamlet* dem alten Polonius in den Mund legt: „Go not to Wittenberg!" In diese Pesthöhle der Häresie soll sich Laertes auf keinen Fall verirren. 50 Jahre vorher dagegen meint Ascham: Überall hin, aber nicht nach Italien.

Insgesamt hat Ascham – und das dürfte seine lang anhaltende Wirkung erklären – ein ausgewogenes, abgeklärtes, Übertreibungen meidendes Erziehungskonzept für die Oberklasse vorgelegt, sozusagen ein gepflegtes Mittelmaß ohne die Überspannung letzter und absoluter Ziele; nicht gerade originell, aber darauf kommt es ja auch nicht an, wenn man die jungen Leute einigermaßen zuverlässig für eine hinreichend überschaubare Lebenspraxis zu erziehen hat.

Lit.: Th. Elyot: The Boke named the Governor (1531) ND: Menston/Engl. 1970; R. Ascham: The Scholemaster, or plaine and perfite way of teachyng children, write and speake, the Latine tong, but specially purposed for the private bringing up of youth in Gentlemen and Noble mens houses (1570) ND: Amsterdam/New York 1968. Deutsch: Roger Ascham's Schulmeister, hrsg. v. J. Holzamer, Wien 1881; J. Simon: Education and Society in Tudor England, Cambridge usw. 1966

8. Ignatius v. Loyola: Exercitia spiritualia – Die Geistlichen Übungen

Was wäre die römische Kirche ohne ihre Jesuiten? Ohne ihre Wissenschaftler und Lehrer, Theologen und Missionare, ihre Schulen und Universitäten, ihre Bischöfe und Berater erst von Königen und in neuerer Zeit von politischen Organisationen? Man braucht sich nur einige Namen ins Gedächtnis zu rufen, um sich die weltumspannende Wirksamkeit der Söhne des Ignatius v. Loyola vor Augen zu führen. Sie reichen von Francisco Xavier und Matteo Ricci, die Indien, Japan und China missionarisch erschließen, und Peter Faber und Petrus Canisius, die in Deutschland das an die Protestanten verlorene Terrain zurückzugewinnen suchen, über die Patres, die in Paraguay einen eigenen Staat gründen, bis zu ihren Nachfolgern in den Armenvierteln Südamerikas. Daneben stehen die führenden Theologen des Trienter Konzils und der wiederbelebten Scholastik des 19. Jahrhunderts, dann die herausragenden Meisterdenker wie Francisco Suarez im 17. und Karl Rahner im 20. Jahrhundert; und schließlich, nicht zu vergessen, herausragende Seelsorger wie Friedrich v. Spee, der mit seiner „*cautio criminalis*" von 1631 Front gegen den Irrsinn der Hexenprozesse machte, und Johann Michael Sailer, von dessen Pädagogik noch die Rede sein wird. Der Eindruck ist: die *societas Jesu* bietet vielen und den unterschiedlichsten Talenten Raum, Gelegenheiten und bedeutende Aufgaben, wenn sie sich und nur wenn sie sich ihrer strengen Disziplin unterwerfen und dem nachkommen, was Ignatius vorgelebt und vorgemacht hat. Diese Kombination von Disziplin und Leistung, so seltsam, wenn nicht befremdlich sie dem Außenstehenden erscheinen mag und in der Tat auch immer wieder eine Quelle der Kritik und des Misstrauens gegenüber den Jesuiten gewesen ist, hat gerade auch große Begabungen angezogen und dazu beigetragen, dass die altgläubige Kirche sich auch intellektuell gegen die neu aufkommenden Denkströmungen und geistigen Bewegungen einigermaßen behaupten konnte. Altertümlich und modern, traditionell bis ins Mark und zugleich offen für die Themen und Techniken der nachreligiösen Zeiten: um das zusammenzubringen, dazu gehört schon mehr als frommer Eifer und bloße Organisationstüchtigkeit, sondern etwas von beidem und in produktiver Verknüpfung. Das „Geheimnis der Jesuiten", von dem Rene Fülöp-Miller gesprochen hat, ist nicht die ihnen unterstellte taktische Raffinesse in politischen Geschäften und überhaupt die Seelenfängerei, ihr Geheimnis, wenn es überhaupt ein solches gibt, besteht darin, wie es möglich ist, eine anspruchsvoll moderne Rationalität mit der überlieferten Frömmigkeit alten Stils zu verbinden und aktiv ins Werk zu setzen.

Um das zu verstehen, ist es unumgänglich, sich mit dem Gründer des Gesellschaft Jesu zu befassen, allein schon deshalb, weil es kaum einen anderen Orden gibt oder gegeben haben dürfte, für den der Gründer eine solche maßgebende Stellung gewonnen hat, so dass seine Mitglieder bei allen Verschiedenheiten der Situationen und Aufgaben nachgerade wie Wiederholungen der ursprünglichen Intention und inneren Disposition des Ordensgründers erscheinen. Andere Ordensgründer haben Statuten und Regeln aufgestellt, um ihre Erfahrungen auf Dauer zu stellen. Das findet sich auch in reichem Maße bei den Jesuiten; aber Ignatius hat seiner Gründung noch etwas anderes gegeben, nämlich eine Methode der inneren Führung. Genau das sind die „Geistlichen Exerzitien": sie schaffen bei aller Beweglichkeit und Aufgabenvielfalt der Ordensmitglieder eine affektgestützte Gemeinsamkeit des Denkens und Handelns, die ihresgleichen sucht. „Erst durch die Exerzitien, die jeder Jesuit zweimal in der vollen, vierwöchigen und sonst jährlich in achttägiger Form macht, wird man Jesuit: Hier erfolgt die entscheidende geistliche Formung, die das ganze Ordensleben prägt" (Mertes/Schmidt 1990, S. 75). Noch immer erzieht Ignatius seine Söhne durch diese „Exerzitien", so wie er selber zu seiner Zeit in einer ganz erstaunlichen Weise Anhänger und ergebene Mitstreiter im Dienste des Herrn gefunden hatte. So gesehen gehört Ignatius ohne Zweifel zu den größten Lehrern, die es in Europa je gegeben hat, wie immer man zu dem ideologischen Gerüst seiner Didaktik stehen mag.

Dass es dazu kam, war zunächst gar nicht abzusehen. Eigentlich war Ignatius, 1591 geboren und nur wenig jünger als Luther, für den Hofdienst und als hochgeborener Aristokrat für eine standesgemäße Karriere vorgesehen. Das geht aber schief, nachdem er sich im Alter von 30 Jahren eine schwere Kriegsverletzung zugezogen hatte, monatelang krank danieder lag und in Ermangelung der gewohnten Lektüre galanter Liebesromane an die bekannte und weit verbreitete Sammlung von Heiligenleben, die *legenda aurea*, geriet und, wichtiger noch, sich in das „Leben Christi" des Kartäusers Ludolf v. Sachsen aus dem 14. Jahrhundert vertiefte. Dabei stellt er fest, dass ihm der Heroismus der Märtyrer viel mehr zusagt als die galanten Abenteuer von Amadis und anderen Liebeshelden. Er beschließt – ich kürze etwas ab –, ein Held des Glaubens zu werden, ein Kämpfer für Christus und seine Kirche. Er wirft das Steuer seines Lebens noch einmal völlig herum und fängt wieder ganz von vorn an: der Hofmann und Soldat wird erst zum bettelnden Asketen und lässt sich dann, inzwischen schon Mitte dreißig, auf das langwierige Studium der Theologie ein, erst noch in Spanien, dann in Paris, und wird, ein Spätberufener, mit fast fünfzig in Rom zum Priester geweiht. Inzwischen hat er schon einen Kreis von Gefährten um sich geschart, die er geistlich berät und in den Bann der großen Aufgaben zieht, die er vor sich sieht und denen er den Rest seines Lebens widmet. Am Anfang dieser zweiten Karriere steht ein individuelles Erweckungserlebnis, in der Mitte die Entdeckung und Erprobung eines Verfahrens, die innere Motivation ganz auf das Ziel abzustellen, ein christförmiges Leben zu führen, am Schluss der planmäßige Aufbau einer wahrhaft weltumspannenden Organisation von Gleichgesinnten. Mit der spirituellen Mitte des Ordens, unverändert bis heute, mit den „Exerzitien", und nur mit ihnen, will ich mich jetzt befassen.

„Exercitium" heißt nichts anderes als Einübung und „geistliche Exerzitien", demnach „Einübung ins Christentum", um einen Titel von Sören Kierkegaard aufzunehmen. Einüben ist nicht dasselbe wie Belehren. Es geht hier nicht um Kenntnisse über das Christentum, nicht um theologisches Studium, das kennen die Jesuiten auch und sind Meister darin geworden, sondern darum, die spezifisch christliche Lebensauffassung innerlich werden zu lassen. Die Übungen werden gegeben vom Exerzitienmeister und die sie nehmen, sind die Exerzitanten. Dazu hat Ignatius einen Leitfaden vorgelegt, eben die „Geistlichen Exerzitien", ein schmaler, sehr nüchtern gehaltener Band, kein Lehrbuch des christlichen Glaubens, sondern eher eine Betriebsanleitung für die Übungspraxis, ähnlich dem Exerzierreglement fürs Militär. Das Entscheidende ist die praktische Ausübung. Nun ist es heute üblich, bei christlicher Praxis an Krankenpflege und Leibsorge, an caritative Dienste und Diakonie zu denken. Gott erfahren im Nächsten: das erscheint vielen als Kern christlicher Lebenserfahrung. Doch dieser Akzent ist eher franziskanisch; es ist nicht das, was Ignatius mit den „Exerzitien" im Auge hat. Bei ihm geht es um die Praxis der Einübung ins Christentum durch eine wohl kalkulierte, methodisch geordnete Folge von Betrachtungen und Reflexionen. Wir wissen heute kaum noch, was mit „Betrachtung" gemeint ist und nehmen sie im Allgemeinen viel zu leicht. Wenn wir überhaupt eine mystisch-kontemplative Praxis kennen lernen wollen, blicken wir nach Asien, nach Japan, zu den Zen-Meistern, tatsächlich aber gibt es die „Betrachtung" immer noch, auch bei uns in Europa, und zwar in den kontemplativen Orden. Ein prominentes Beispiel aus der jüngeren Vergangenheit hat Edith Stein gegeben, die vom jüdischen zum christlichen Glauben übergetreten und sich dann auch gleich einem der strengsten Orden angeschlossen hat und Karmelitin geworden ist. Nach dem Einmarsch der deutschen Truppen in den Niederlanden wurde sie dann aus ihrem Kloster herausgeholt und mit ihrer Schwester nach Auschwitz verschleppt und dort umgebracht.

Was Ignatius selber der europäischen Tradition der Kontemplation verdankt, kann hier auf sich beruhen bleiben. Uns interessiert die Anlage des Übungsganges, gewissermaßen die Didaktik der „Exerzitien", als einem Beispiel dafür, welche Bedeutung dem Üben für die affektive und kognitive Stabilisierung des Verhaltens zukommt. Man kann die ganze Veranstaltung einem mentalen Training vergleichen, dem Versuch, die innere Einstellung zu kräftigen und zu stärken oder überhaupt in die Geheimnisse des Christlichen einzudringen. Das geschieht nicht anders, sagt Ignatius in der ersten der den eigentlichen Übungsteilen vorangestellten und an den Übungsleiter gerichteten Anweisungen, wie man auch sonst etwas übend erlernt, zum Beispiel das „Spaziergehen, das Marschieren und Laufen". So wie wir da Zug um Zug erst einzelne Elemente ausprobieren und uns nach und nach eine Verhaltenfigur oder Technik zu eigen machen, bis wir sie wie im Schlaf können, so erwerben wir nach Ignatius auch das, was das Eigentümliche einer christlichen Lebenshaltung und

Lebensführung ausmacht. Dabei hat sich der Übungsleiter „den eigentümlichen Voraussetzungen derer anzupassen, die sich den Übungen unterziehen wollen, nämlich ihrem Alter, ihrer Bildung oder geistigen Fassungskraft“ (Anweisung Nr. 18), wie denn überhaupt das Schwergewicht nicht auf der Seite des Gebenden, sondern der des Nehmenden liegt. Deshalb solle der Übungsleiter auch nicht zuviel vorlegen und erklären, sondern gerade so viel, dass der Übende selber etwas findet; „denn nicht das Vielwissen sättigt und befriedigt die Seele, sondern das Verspüren (*sentir*) und Verkosten (*gustar*) der Dinge von innen her“ (Anweisung Nr. 2).

Das ist der Hauptpunkt einer geistlichen Übung: das Verspüren und Verkosten der Dinge in christlicher Weise. Die Ausdrucksweise mutet merkwürdig kulinarisch an. Doch wenn wir uns daran erinnern, dass wir auch gelegentlich davon sprechen, wir müssten eine Mitteilung oder eine neue Erfahrung erst „verdauen“, kommen wir dem schon näher, was hier angestrebt wird. Allerdings ist das von uns in der Regel nur bildlich gemeint. Hier bei Ignatius soll das Verkosten gewissermaßen tiefer greifen und eine affektive Betroffenheit auslösen, die den Übenden direkt ergreift oder ergreifen soll. Die Basis dafür ist das Wahrnehmen oder mit dem griechischen Wort: die *aisthesis* im ursprünglichen Sinn des Schmeckens und Spürens, des Fühlens und der sinnlichen Erfahrung. Was wir erleben, erleben wir „ästhetisch“, mit Haut und Haaren, mit ganzem Herzen und in direkter Teilnahme, mitfühlend und mitleidend, aber auch in geteilter Freude, nämlich als *homo sapiens*: das ist der ursprünglichen Wortbedeutung nach ja zuerst der „schmeckende“ und noch nicht der distanziert räsonierende oder bloß beobachtende Mensch. Der ganze Dreh der ignatianischen Methode besteht darin, diese Erlebnisbasis unserer Erfahrungen, unserer Vorstellungen und Gedanken in einer methodisch geordneten Weise zu aktivieren, dem Zufall zu entziehen und sie gewissermaßen manipulativ in den Dienst unserer langfristigen Motive zu stellen. Anders gewendet: es geht bei den „Exerzitien“ um die affektiv-ästhetische Unterfütterung dessen, was wir zwar mit dem Kopf schon wissen, doch uns jetzt auch zu Herzen nehmen sollen.

Der Weg ist wie folgt: zuerst werden dem Exerzitanten vom Meister Bilder vorgelegt und vorgestellt, knappe Erzählungen oder Bilder, in die sich der Übende so zu versenken und sie zu vergegenwärtigen hat, als ob er selbst in die dargestellte Situation verstrickt sei. In der ersten Woche sind es Bilder und Geschichten vom Sündenfall und seinen schrecklichen Folgen, Höllenbilder wie bei Dante; in der zweiten Woche werden Szenen aus dem Leben Jesu vergegenwärtigt; in der dritten Woche die Passion Christi und in der vierten seine Auferstehung und sein Wiedererscheinen bis zur Himmelfahrt. Das Ganze gleicht einem Drama in vier Akten: von der Weltschöpfung bis zum jüngsten Gericht. Erst geht es rückwärts zu den Anfängen und der Erbschuld, die Adam uns eingebrockt hat, dann die Geschichte Israels und die Geschichte Jesu, sein Leiden, Tod und Auferstehung. Man könnte sagen: aber das weiß ein geschulter Christ doch alles. Was lernt man da eigentlich? Nun: das Betrachten besteht darin, sich ganz sinnlich vorzustellen, was einem gezeigt wird. Zum Beispiel die Geburtsszene in Bethlehem oder die Hinrichtung Jesu auf Golgatha. Als erstes hat sich der Übende den Schauplatz vor Augen zu führen. Das ist eine von der Rhetorik seit langem empfohlene Technik der „*memoria*", um sich an Einzelheiten, an Namen und Gesichter zu erinnern, so wie wir ja auch dann, wenn wir ein Gesicht, wie man so sagt, nicht unterbringen können, uns den Kopf zermartern, wo und bei welcher Gelegenheit wir es schon einmal gesehen haben. Die Rekonstruktion des Schauplatzes ist deshalb der erste Schritt der Betrachtung. So wird dem Übenden vor Augen gerückt, wie Jesus unter Schlägen und Schmerzen zur Richtstätte geschleppt wird, wie ihm die Dornenkrone auf den Kopf gepresst wird, dass das Blut herunterläuft, wie das Kreuz aufgerichtet wird, wie die Nägel durch die Hände und dann durch die Füße getrieben werden und das Blut herabströmt usw. Das ist gemeint, wenn Ignatius vom Verspüren und Verkosten spricht, eine Art ästhetisch-identifikatorischen Lernens. Am Anfang die Schrecknisse der Hölle, in der Mitte die Geburt und Passion Jesu und am Ende die Herrlichkeiten des Himmels.

Diese Vergegenwärtigung der Ereignisse der Heilsgeschichte steht am Anfang. Sie ist Sache der „*memoria*", der Erinnerung. Das ist aber nicht genug. Von der „*memoria*" geht es weiter zur „*ratio*", zum Nachdenken. Mit dem Exerzitienmeister und unter seiner Führung wird im zweiten Schritt genau geprüft, was mit den Bildern und in den Erzählungen gemeint ist. Erst die Einbildungskraft, dann der Verstand; erst aufnehmen, dann zergliedern. Auch hier scheint das rhetorische Schema der Gliederung des Lehrganges durch: die „*memoria*“ entspricht der „*narratio*“ als Darstellung eines Sachverhalts, auf die dann die „*argumentatio*“ als reflexive Aufarbeitung des Dargestellten und des mit dem Darstellen verbundenen Erlebens folgt. Doch das ist noch nicht alles: der letzte Schritt besteht in der Wendung zur „*actio*“, um das Erfahrene und in der Reflexion Geklärte anzuwenden und in ihrem Licht die richtigen Wahlen zu treffen. Wahrnehmung – Denken – Handeln: wenn diese Folge durchmessen ist, dann ist der Lernkreis geschlossen und das Ziel einer vertieften, bewussten und handlungsorientierten Christlichkeit erreicht.

Man kann das Ganze als einen Motivationskurs zum aktiven Apostolat in der Welt ansehen, ein Kurs, der Jahr für Jahr aufgefrischt und auch Laien angeboten wird. Er hat in dieser Fassung natürlich nur Sinn für überzeugte Christen, aber er enthält eine didaktische Dramaturgie, die nicht nur für Katholiken oder gar nur für Ordensleute von Bedeutung ist. Die Bewegung von der erinnernden Vergegenwärtigung über den Verstand zum Handeln kann man als ein allgemeines Schema des Erziehens ansehen. Erst zurückgehen auf das, was man schon ungefähr weiß, aber sich jetzt vertieft vorstellt, dann gedankliche Erfassung der Vorstellung und schließlich der Übergang zum Tun und zur Ausübung. Von der Seite dessen, der die Exerzitien gibt, heißt das: erst etwas zeigen und zur Darstellung bringen, um es in den Vorstellungskreis des Übenden zu bringen; dann die Besinnung auf das Gesehene, Gespürte, Vorgestellte – wir würden heute sagen: Reflexion; zuletzt dann Aktion und Anwendung. Dabei soll, um das zu wiederholen, der Exerzitienmeister immer auf den Zustand und die Fassungskraft seines Exerzitanten achten. Das ist das Gebot der Zumutbarkeit in aller Erziehung. Es kann zum Beispiel sein, dass der Übende beim Anblick der Hinrichtung Jesu in grenzenlose Schwermut verfällt und nicht wieder herausfindet; das also nicht, es muss schließlich immer weiter gehen. Das Lernen soll anschlussfähig bleiben. Das ist der Grund, weshalb die Darstellungen nur knapp zu geben und darauf zu achten sei, dass der Übende selber das findet, was wichtig ist. Überhaupt: nicht zu viele Erklärungen, sondern nur Hinweise, die dann vom Lernenden selber ausgefüllt werden. Erst dann kommt er dahin, seine Wahlen – Stufe Drei – auch selber zu treffen. Noch einmal: Wahrnehmung resp. Anschauung, Denken, Handeln: das ist die rechte Ordnung eines existenziell bedeutsamen Lernens.

Ich habe jetzt unter der Hand die Didaktik der „Exerzitien" in den größeren Rahmen der Lehre vom Erziehen gestellt und mit Begriffen operiert, die einer etwas späteren Pädagogik angehören, und zwar der Pädagogik Herbarts und des Herbartianismus. Herbarts Begriff der „ästhetischen Darstellung" variiert die Einsicht, dass das Erziehen an die ursprünglich sinnlich-anschauliche Erfahrungsweise der Lernenden anzuschließen hat. Dazu hat er eine Lehre von der Dynamik des Vorstellens entwickelt und eine Stufenfolge für den richtigen Unterricht zum Zwecke der Motivbildung angegeben. Zuerst geht es darum, durch Darstellung die geeigneten, anschlussfähigen Vorstellungen im Zögling hervorzurufen, dann die Vorstellungen zu ordnen und schließlich aus dieser Ordnung zur Anwendung überzugehen. Erst Vertiefung in Vorstellungen, dann Besinnung und schließlich Methode, oder wie es die Rhetorik seit je gelehrt hat: erst *prothesis,* dann *pistis* und am Ende die Wendung zur Tat. Für diesen Gang hat Herbart den Ausdruck „Artikulation" eingeführt als Gliederung des Unterrichts zum Zwecke der Deutlichkeit. Der Gedanke bei Herbart ist: es gibt einen festen Gang, für den wir als Lehrer und Übungsleiter zu sorgen haben, um dem Lernen Halt und Dauerhaftigkeit zu geben. Für diesen Gang ist dann der Begriff der Formalstufen eingeführt worden. Er gilt vielen sozusagen als Sündenfall der Didaktik und Tod des lebendigen Unterrichts. Das mag in der praktischen Handhabung vielfach vorgekommen sein, aber wenn man sich klarmacht, hier bei Ignatius, vorher bei Quintilian und später bei Herbart, wie die Stufen der Organisation von Übungen und Belehrungen begründet sind und welche Variationen und Gestaltungsmöglichkeiten sie erschließen, kann man sehen, dass die Formalstufenkritik historisch blind und didaktisch ein Rückschritt ist.

Dies soll nun nicht heißen, dass Herbart bei Ignatius abgeschrieben hat, sozusagen Exerzitien ohne geistlichen Hintergrund – so schlicht verhält es sich nicht mit der Aneignung und Fortsetzung von Traditionen. Ich vermute, dass er die Exerzitien nicht einmal gut gekannt hat. Vielmehr sind beide Nutznießer und Teilhaber einer viel umfassenderen Tradition, nämlich der des Aristoteles. Sie lässt sich in dem Satz fassen: Was immer wir aufnehmen, wahrnehmen, erkennen; kurz: was wir lernen, muss zuerst in den Sinnen sein. Nichts ist im Geiste, was nicht vorher in den Sinnen war: „*Nihil est in intellectu quod non ante fuerit in sensibus*". Das Besondere der ignatianischen Meditationspraxis besteht darin, dass er dem auch sonst anerkannten Prinzip der Anschauung eine spezifische, auf das Nacherleben gerichtete Form gegeben hat. Wer lehrt oder Übungen anleitet, hat sich auf Anschauung zu stützen, ob er nun etwas sichtbar macht, was vorher nicht gesehen wurde, oder sinnenfällig das Gefühl und Schmecken früherer Ereignisse stimuliert. Was man nicht zeigen und in irgendeiner Weise sinnenfällig machen kann, so möchte ich es formulieren, ist nicht da und kann auch nicht dauerhaft gelernt werden. Dieser didaktische Kern der „Geistlichen Übungen" eignet sich insofern auch als Grundlage für eine „Schule im Geist der Exerzitien", wie sie Klaus Mertes ins Auge gefasst hat.

Die Gemeinsamkeit oder wenigstens: die Ähnlichkeit zwischen Herbart und Ignatius verdankt sich deshalb auch nicht einer Übereinstimmung in den inhaltlich-ideologischen Voraussetzungen ihrer Erziehungsmethode, sondern darin, dass sie beide das selbe Problem behandeln. Man könnte sagen: es ist die Jahrtausendfrage der Erziehung, die Frage des Sokrates nach der Lehrbarkeit der Tugend und darnach, wie reine Vernunft praktisch werden kann und aus Einsichten Werke. Wie bringen wir Verstand und Wollen zusammen, unsere tiefen Antriebe und Gefühle mit unseren Gedanken und intellektuell begründeten Aufgaben? Wie kommen wir dahin, die Affekte in den Dienst der Vernunft zu stellen, und die Vernunft mit unseren Affekten zu versöhnen? Der Vorschlag der Exerzitien und der Vorschlag der ästhetischen Erziehung kommen bei allen Unterschieden darin überein, dass man mit dem Vorstellen zu beginnen hat, um es dann zu klären und dadurch einen Druck aufzubauen in Richtung auf ein vernunftgemäßes Handeln.

Lit.: I. v. Loyola: Geistliche Übungen, übersetzt und hrsg. v. A. Haas, Freiburg 1967; R. Fülöp-Miller: Macht und Geheimnis der Jesuiten (1929), Wiesbaden 1996; K. Mertes/G. Schmidt: Der Jesuitenorden heute, Mainz 1990; K. Mertes: Verantwortung lernen. Schule im Geist der Exerzitien, Würzburg 2004

9. René Descartes: Regulae ad directionem ingenii – Regeln zur Leitung des Geistes

In seinen „Vorlesungen über die Geschichte der Philosophie" lässt Hegel die „Periode des denkenden Verstandes" mit Descartes beginnen: „Mit ihm treten wir eigentlich in eine selbstständige Philosophie ein, welche weiß, dass sie selbstständig aus der Vernunft kommt und dass das Selbstbewußtsein wesentliches Moment des Wahren ist. (…) Cartesius ist einer von den Menschen, die wieder mit allem von vorn angefangen haben; und mit ihm hebt die Bildung, das Denken der neueren Zeit an" (Werke, Bd. 20, S.120). Ein größeres Lob lässt sich kaum denken, auch wenn Descartes sicherlich nicht der einzige Gründungsvater des modernen Denkens ist. Doch bei keinem finden sich dessen Motive so klar und programmatisch ausgesprochen, und zwar in zwei Hinsichten: erstens in Hinsicht auf die Zentralstellung der Methode für alles Forschen und Lernen und zweitens in Hinsicht auf das individuelle Bewusstsein als deren Grundlage und Fokus. Beides geht uns etwas an als Pädagogen. Das Erziehen bezieht sich auf das individuelle Lernen und eben dieser Bezug findet eine Stütze im Gedanken der Methode. Wir beschäftigen uns hier mit einer erst später aufgefundenen, um 1629 entstandenen Frühschrift über die Regeln zur Leitung des Geistes. Sie enthält *in nuce*, was er dann im „*Discours de la méthode*" und in den „*Meditationen*" in voller Breite entwickelt hat.

Für den lebens- und epochalgeschichtlichen Kontext mögen folgende Hinweise dienen: Descartes wird 1596 in eine wohlbetuchte Familie des Beamtenadels geboren; das bedeutete, dass er materiell lebenslang in gesicherten Verhältnissen und aus dem Erbe leben kann. Er erhält eine hervorragende Ausbildung bei den Jesuiten, denen er dafür gleichfalls dauerhaft dankbar bleibt; verdingt sich als Offizier (ohne Gehalt), lernt Europa, vor allem auch Deutschland kennen, und wählt schließlich das holländische Exil, um sich vor Verfolgungen und möglicher Verhaftung zu schützen. Wir sind im Zeitalter der erbarmungslosen Bekenntnisse und Weltanschauungen. Bekenntnisse mögen ja individuell befriedigend, gar beglückend sein; öffentlich sind sie eine Quelle anhaltender und unauflösbarer Streitereien, geradezu eine Kriegsgefahr, so dass die Intellektuellen, die neue Partei der Parteilosen, immer in Gefahr sind, als glaubenslose Gesellen unter Verdacht zu stehen und gut daran tun, in Deckung zu gehen. Das gilt zum Beispiel auch für Spinoza, der mit der Amsterdamer Synagoge bricht und damit dem großen Anathema verfällt, und ebenso für andere.

Es kann deshalb nicht überraschen, dass zu den vorwärtsweisenden Motiven der klarer Denkenden der Gedanke gehört, einen Standort jenseits der Konfessionen, der Parteiungen und des Glaubensstreits zu finden. Heute gilt Toleranz als selbstverständliche Ausstattung eines moralisch anständigen Menschen, damals war Toleranz eher ein Charakterfehler, Mangel an Mut und an Überzeugungstreue, für die eigene Sache einzutreten. Descartes zählt deshalb zu denen, die dieser Toleranz auf der Grundlage sicherer Einsichten und Einsicht in die Grenzen der Einsicht Bahn gebrochen haben, dem, was wir dann Aufklärung, Rationalismus und Herrschaft der Vernunft nennen. Die schwedische Königin Christina hat ihn an den Stockholmer Hof gebeten, wie überhaupt eine Reihe von Fürstinnen und Fürstengattinnen sich um die Förderung der Aufklärung verdient gemacht haben. In Stockholm ist Descartes aber nicht glücklich geworden, sondern 1650 gestorben. Es gab das Gerücht, er sei von Theologen und von den Schriftgelehrten, den Philologen, vergiftet worden, aber das verdankt sich wohl mehr niederträchtiger Phantasie als den Tatsachen. Sein früher Tod 1650, zwei Jahre nach dem Ende des 30jährigen Krieges, hatte auch mit seiner Weigerung zu tun, sich von Ärzten behandeln zu lassen: jeder wisse selbst, was für ihn das beste sei. Außerdem bekam ihm das Wetter und das frühe Aufstehen nicht. Er liebte es und war es gewohnt, morgens des längeren im Bett zu verweilen, um nachzudenken und zu sinnieren; bei Christina musste er hingegen schon in der Frühe zwischen fünf und sechs Uhr antreten. Das ist offenbar für Philosophen nicht gerade gesundheitsfördernd; jedenfalls ist diese Erklärung weniger dramatisch und naheliegender.

Berühmt geworden ist Descartes durch den „*Discours de la Méthode*“, erschienen 1637. Da wird das Programm des aufgeklärten Selbstbewusstseins vorgetragen und da findet sich auch zum erstenmal das berühmte Argument von dem Zweifel, an dem man nicht zweifeln kann, mit dem der Satz vorbereitet wird, den alle mindestens von Descartes kennen: Ich denke, also bin ich. *Cogito ergo sum.* Zur Vergegenwärtigung seiner Position und der pädagogischen Bedeutung der Selbstaufklärung der Vernunft will ich, wie schon gesagt, eine andere, fragmentarisch überlieferte Schrift heranziehen, eine Jugendschrift aus dem Jahre 1627, die erst 50 Jahre nach seinem Tod herausgekommen ist, nämlich die „Regeln zur Leitung des menschlichen Geistes". Es handelt sich um insgesamt 21 Regeln, die Descartes jeweils programmatisch voranstellt und dann des Näheren erläutert. Die ersten 14 Regeln sind allgemein gehalten, die anderen richten sich auf spezielle Fragen des Erkennens. Für uns sind dabei diejenigen Regeln von Interesse, in denen sich ein Verständnis des Lernens dokumentiert, das uns noch nicht begegnet ist und uns viel näher steht als Plato oder Quintilian, Thomas oder selbst die englischen Humanisten.

Ich beginne, etwas außer der Reihe, mit der 4. Regel: „Zur Erforschung der Wahrheit bedarf es notwendig der Methode". Dieser Satz erscheint so selbstverständlich, unmittelbar einleuchtend, dass er fast überflüssig erscheint. Wissenschaften sind nach allgemeiner Auffassung wesentlich durch ihre Methoden bestimmt; z.B. wenn man Natur- und Sozialwissenschaften und beide etwa von Geisteswissenschaften unterscheiden will. Auch in den einzelnen Wissenschaften selber gibt es verschiedene Methoden zur Erforschung der Wahrheit: hermeneutische und empirisch-analytische; oder im Augenblick sehr beliebt: qualitative und quantitative Methoden. Wer studiert, hat auch Forschungsmethoden zu erlernen, nicht bloß Ergebnisse zu sammeln und darüber dann womöglich auch noch Meinungen zu haben. Das ist Gemeingut, und Descartes ist dafür der Stichwortgeber und eine geeignete Berufungsreferenz. Wir sind alle Cartesianer, wenn wir uns in der Wissenschaft bewegen, um wahre Aussagen über Sachverhalte zu finden. Die jeweilige Methode gibt an, wie eine Aussage gefunden und als bestätigungsfähig, nachprüfbar ausgewiesen wird, so dass jeder, der die selbe Methode anwendet, auch zu denselben Ergebnissen gelangen sollte. Geschieht das nicht, taugt entweder die Methode nichts oder wird sie nicht richtig angewendet.

Nun spricht aber Descartes nicht von Methoden im Plural, sondern von „der" Methode, auch nicht von Wahrheiten einzelner Wissenschaften als Inbegriff der Sätze, die in ihr vorkommen, sondern von „der“ Wahrheit. Das ist als erstes zu beachten. Und er sagt auch in den ersten Punkten seiner Erläuterungen zur These IV – insgesamt sind es 11 Punkte –, dass natürlich auch bisher schon Methoden angewendet worden sind, Kunstregeln, nach denen man etwas herstellt oder sucht. Das ist also nicht neu. Auch erinnert er an den Satz, der über dem Eingang zur platonischen Akademie gestanden haben soll: niemand dürfe eintreten, der nicht in der Geometrie erfahren sei. Die Geometrie war die erste beweisende Wissenschaft und lange Zeit das Muster für Begründungsverfahren und dafür, wie man etwas richtig beweist. Nur leider sei das ein Programm gewesen, das nicht richtig ausgeführt worden und in Vergessenheit geraten sei, und auch sonst hätten die Meister in mancherlei Künsten ihre Kunstregeln verborgen gehalten. Warum? Heute würden wir sagen: um ihren Innovationsvorsprung zu halten. Auch die Coca-Cola-Hersteller geben ihr Verfahren nicht preis, sondern hüten ihre Mixtur als Geheimnis, sonst werden sie plagiiert. Und überhaupt, so Descartes, sei die Neugier umherschweifend und der Jubel über Einzelfunde sei ganz unangebracht; denn worauf es ankommt, sei ein Bewusstsein davon, wie man sucht und das Gefundene beweist.

Heute unterscheiden wir zwischen Methoden, die wir jeweils anwenden, z.B. die Technik der teilnehmenden Beobachtung, und der Begründung dieser Methode, also zwischen Forschungstechniken, die man im Studium erlernt, und der Methodologie als Lehre von den Methoden. Es gibt sogar eine eigene Wissenschaft, die Wissenschaftstheorie, die sich sozusagen ganztägig damit befasst, wie man in Hinsicht auf unterschiedliche Sachverhalte verfährt, um zu wahren, begründeten, bestätigungsfähigen und falsifikationsresistenten Aussagen zu kommen. Bei Descartes geht das noch ineinander über: was er will, ist eine zentrale, einheitliche Methode. Was er treibt, ist modern gesprochen Methodologie. Dafür stellt er Regeln auf, um die Neugier zu disziplinieren, um von Zufallsfunden und dem Nebeneinander unterschiedlicher Techniken zu einer Universalmethode zu gelangen, einer *mathesis universalis* – so nennt er das. Das ist zu einem charakteristischen Stichwort für das Jahrhundert geworden. Leibniz nimmt es auf; denn es ist klar: wenn man eine solche Universalmethode hat, dann hat man den Schlüssel, um das Lernen zu organisieren, das Wissen zu vermehren und schließlich alles zu wissen, was man wissen kann. Auch kann man dann die Suche nach dem aufgeben, was nicht zu wissen ist, weil die Methode es nicht erreicht. Bei Kant, darin cartesisch und Vollender dieses Methoden-Motivs, findet sich der Ausdruck vom „Herumtappen". Bisher habe die Spekulation nur herumgetappt, das wolle er ändern und erkennen, was man erkennen kann, und dazu muss man wissen, *wie* wir etwas wissen.

Es geht also, etwas künstlich ausgedrückt, um das Methodische der Methode. Das Methodische ist keine Methode, wie auch das Theoretische keine Theorie und das Pädagogische nicht selber eine Erziehungsform ist, sondern das, wodurch etwas so ist, wie es ist. Die Tradition sagt dafür: Substanz, das was bleibt, der Kern der Sache, der Kern des Erkennens. Dazu sagt nun Descartes die Methode betreffend: „Unter Methode verstehe ich aber sichere und einfache Regeln, und jeder, der sie peinlich genau beobachtet, wird niemals etwas Falsches als wahr voraussetzen und keine geistige Anstrengung unnütz verbrauchen, sondern nach und nach sein Wissen stetig vermehren und zur wahren Erkenntnis dessen gelangen, wozu er fähig ist." (Nr. 2 der Erläuterungen zur 4. Regel).

Das hört sich schlicht an, ist aber wahrlich ein bedeutungsgeladener Satz, der genaues Hinsehen verdient. Der Kern der Methode ist das Regelhafte und die Befolgung von Regeln. Und: die Regeln sollen einfach und sicher sein. Frage: Was ist einfach und dadurch sicher? Ferner: Gibt es viele Regeln oder nur eine? Und gibt es eine Regel, nach der man Regeln erfinden und beurteilen kann? Und haben dann die neuen Regeln auch die Eigenschaft, nicht nur sicher, sondern auch einfach zu sein? Der zweite Punkt ist: die genaue, pünktliche Befolgung wird das Wissen vermehren, und zwar stetig, Schritt für Schritt. Dieser Punkt mag uns ganz geläufig und selbstverständlich erscheinen; er ist es aber nicht. Auch Thomas geht es um Wissen und wahre Einsichten, aber seine Prämisse war, dass dieses Wissen schon da ist, gleichsam in verhüllter Gestalt, und zwar sowohl das innerweltliche Wissen wie das Offenbarungswissen. Die theoretische Arbeit in den Quaestionen zielt auf Freilegung des Wissens. Hier wird etwas ganz anderes ins Auge gefasst: neues, unerhörtes Wissen, nicht nur aufgefunden, sondern darüber hinausgehend auch erfunden, und zwar nach einem generellen Kompass oder Fahrplan, dem der Methode. Die Zuverlässigkeit gemeinsamer Erfahrung wird dadurch verbürgt, dass alle nach den gleichen Regeln verfahren.

Noch etwas verdient unsere Aufmerksamkeit. Descartes spricht als Einzelner, nicht im Namen einer Institution oder einer Wahrheit, der Vernunft, sondern er sagt: Ich verstehe unter Regel das und das. Ich habe erkannt, dass alles bisherige Wissen schlecht begründet ist. Das sieht essayistisch aus als Präsentation einer persönlichen Ansicht, doch gerade das meint Descartes nicht: es geht nicht um seine Psychologie. Was er unterstellt und später in dem Zweifelsargument auf den Punkt gebracht hat, ist dies: der Ort der Gewissheit methodischen Wissens bin je ich selber, soweit ich denke. Das ist aber, wie wir heute unterscheiden, nicht mein empirisch-persönliches Ich, sondern das Vernunft-Ich, das wir gleichsam als natürliches Licht mit uns herumtragen. Kant nennt das dann das transzendentale Ich. Es ist ein „Ich" ohne Rheuma und Leberzirrhose, ohne Launen und ohne Geschlecht, sondern das, was jedem als Vernunftnatur eigentümlich ist und deshalb Anerkennung als Person verdient. Das ist modern, und insofern ist der scheinbar persönliche Stil des Descartes nichts Zufälliges und Beiläufiges. Er gehört zur Sache, zur Sache der Methode, die im subjektiven Bewusstsein ihren allgemeinen Ort hat. Subjektiv heißt hier aber gerade nicht: das, was unwiederholbar einer Person angehört, sondern das, was allen gemeinsam ist, soweit sie denken. Übrigens ist das auch der Grund, weshalb Descartes seine spätere Schrift „Meditationen" nennt. Der Titel verweist auf den Einzelnen; denn die *meditatio* deutet auf die Betrachtung, auf die Kontemplation, das Insichgehen des Einzelnen gegenüber der Disputation. So hatte das Mittelalter unterschieden: man kann einen Text meditativ lesen, jeder in seiner Zelle; das sollen die Mönche, oder disputativ mit anderen und gegen andere traktieren, das gehört an die Universitäten. Doch Descartes gibt der Meditation eine andere, neue Funktion: jeder denkt für sich und dadurch das Allgemeine.

Nach diesem Einschub zurück zur Methode: sie ist ein Verfahren zur sicheren Erkenntnis auf der Grundlage von zwei Faktoren: Intuition und Deduktion. Das ist Thema der 3. Regel. Was meint Descartes mit diesen Ausdrücken? „*Intueri*" heißt anschauen, das sehen, was sich zeigt, und mit einem Blick umfassen, wie etwas gegeben ist. Intuition ist insofern etwas Alltägliches, nicht etwas Exklusives, was einige haben und worüber nur sie verfügen und andere nicht. Das ist heute oft gemeint, wenn wir davon sprechen, wir hätten intuitiv dies oder jenes so oder anders getan. Dabei meinen wir etwas, was ursprünglich überhaupt nicht mit dem Wort gemeint ist: nämlich Hinblick auf künftige Fälle. Der Grundsinn ist vielmehr: jetzt hier etwas klar vor Augen haben. Intuition und Klarheit gehören zusammen. Wer einen Vortrag hält, erkennt klar und bei beliebiger Variation der Umstände unbezweifelbar, dass seine Zuhörer jetzt da sind. Wenn jemand kommt und zu ihm sagt: „Sie irren sich, wenn Sie glauben, dass Sie zu einem Publikum sprechen!“, könnte er antworten: „Ich irre mich nicht, das sehen Sie doch, dass da Leute sind!“ Das ist evident. Evident ist, was für jeden Normalsinnigen in der gegebenen Lage unwiderlegbar gegeben ist. Dies ist allerdings eine Formulierung, die ich in Anlehnung an die moderne Phänomenologie gewählt habe, um darauf aufmerksam zu machen, dass Descartes zu den Gründervätern dieser Denkrichtung gehört. Ein Phänomen ist etwas, das sich zeigt. Das ist mit „evident“ gemeint. Was einfach klar ist und worüber vernünftige Leute nicht streiten. Oder was wir immer benutzen, wenn wir überhaupt auf etwas blicken. Aber – nun kommt erst die neue Wendung des Descartes: wirklich klar ist nur das Denken, nicht die sinnlich-gegenwärtigen Gegebenheiten. Es ist das, was immer klar ist, sozusagen die Substanz von Klarheit, das Logische würden wir heute sagen. Beispiele bei Descartes: „Zwei plus zwei ist vier“, das ist klar, A gleich A. Wir drücken das auch so aus: A = A. Das ist unmittelbar einsichtig.

Wie steht es nun mit folgenden Sätzen: „Wenn A größer ist als B und B größer als C, dann ist A auch größer als C?“ Das ist nicht mit einem Schlage einsichtig, sondern da vollziehen wir mehrere Gedankenschritte. Wir verfahren, wie man seit Kant sagt: diskursiv. Das nennt Descartes nun Deduktion. Aus zwei wahren Sätzen wird ein dritter abgeleitet. Beides zusammen: die Intuition auf der Grundlage der unmittelbaren Anschauung und die Deduktion machen die Seele der Methode aus. Es gibt einfache Wahrheiten und daraus können weitere, abgeleitete Wahrheiten gewonnen werden. Das ist der ganze Dreh der cartesischen Methode, eine Universalmethode wohlgemerkt, nicht eine solche, die bloß für ein paar Fragen und diese oder jene Wissenschaft dient, sondern die wir immer und überall anzuwenden haben, damit wir, wie die erste These sagt, begründete und wahre Urteile fällen. Soweit sie durch Intuition gestützt sind, sind sie klar; und soweit sie durch Folgerungen gestützt sind, sind sie distinkt. In der Kombination von unmittelbarer, auch geistiger Anschauung und logischem Schließen, von Hinsehen und mit einem Blick Umfassen einerseits und diskursiver Analyse andererseits: darin besteht die wissenschaftliche Methode und der Erkenntnisprozess.

Anschauen plus Denken: um diese Konstellation geht es. Bisher sei zwar auch schon so verfahren worden, aber eher mehr zufällig, eben „intuitiv" im heutigen Wortsinn. Das soll jetzt planmäßig betrieben und richtig organisiert werden. Deshalb gründet man im 17. Jahrhundert die Akademien, zuerst die Royal Society London, dann in Paris, Petersburg und Berlin (durch Leibniz), um alles durchzuprüfen und nichts auf bloßen Glauben und auf Versicherungen hin anzunehmen. Hinsehen und deduzieren, nicht lesen und darüber tiefsinnig werden. Descartes räumt hier mit der Tradition auf, genauer: mit der Autorität der Tradition. Es gilt nicht mehr, dass das Wahre eigentlich schon gefunden und nur noch aufgedeckt zu werden braucht, sondern das Wahre kann noch neu gefunden werden, wenn man nur den richtigen Schlüssel hat. Ernst Cassirer hat diesen Wandel so beschrieben: Dem formalen und abstrakten Erkenntnisideal der Scholastik wird von Descartes ein anderes, produktives und konstruktives Erkenntnisideal entgegengesetzt. Dort handelte es sich darum, „*gegebene* Wissensinhalte mit einander in Beziehung zu setzen, sie zu klassifizieren und zu subsumieren; hier besteht die Aufgabe *neues* Wissen zu gewinnen und zu begründen" (Cassirer 1995, S. 11f.). In der Regel 10 wird deshalb auch gesagt: Die bisherigen Antworten haben zwar einen gewissen Übungswert, aber man muss sich alles selbst ansehen und prüfen. Das Buchwissen wird relativiert und ihm das Sachwissen gegenübergestellt; eine bis heute wirkungsvolle Opposition, durch die die so genannten Geisteswissenschaften je länger desto mehr in eine defensive Stellung geraten sind. Richtiges Wissen über die Natur haben die Naturwissenschaften, und dann gibt es noch Meinungen und Poesie. Auch das gehört zum cartesischen Erbe.

Wie fügt man nun aber Anschauung und Denken zusammen? Was ist überhaupt „Anschauung"? Das wird in der Nachfolge das große Thema sein. Ich will das Problem der Anschauung hier nur andeuten, um dann die cartesische Antwort zu geben. Auf den ersten Blick sieht es ja ganz einfach aus, was mit Anschauung gemeint ist. Aber man braucht sich nur eine Reihe von Ausdrücken und Begriffen vor Augen zu führen, um das Abgründige des Anschauungsthemas zu erkennen. Wir sprechen von Wahrnehmung und von Beobachtung, aber auch von Empfindung und sinnlicher Erfahrung. Gerade für die Erziehung wird es zum Leitthema, das Lernen an die Anschauung zu binden und darauf zu gründen. Es soll anschaulich gelernt werden, nicht bloß Worte. Heute ist gelegentlich die Rede vom „Lernen mit allen Sinnen", wobei man sich fragt, mit wie viel Sinnen dabei gerechnet wird. Die herkömmliche Fünferzahl verdankt sich spekulativen Überlegungen, und überhaupt ist die Annahme, dass die Sinne nebeneinander fungieren wie verschiedene Türen zu demselben Haus, oder Kanäle, ziemlich primitiv und fragwürdig. Die Berufung auf sinnliche Erfahrung hat nur den Schein des Eindeutigen. Inzwischen soll ja so gut wie alles, was zu lernen ist, auch zum Anfassen sein. Wir sind da Erben der cartesischen Klarheitsforderung: ohne Intuition in seinem Sinne keine Erkenntnis. Aber was liegt klar vor dem Blick? Und warum nur im Blick und nicht auch haptisch-ertastet? Aber diese Fixierung auf das Auge lasse ich mal beiseite.

Ungeachtet dieser Probleme halten wir für Descartes fest: als Einheit der Intuition gilt das Einfache. Es ist gar nicht die komplexe, diffuse, oft unsichere Anschauung, die Descartes in den Erkenntnisprozess einführt, sondern die dekomponierte Anschauung. Dazu Regel 6: „Um die einfachsten Dinge von den verwickelten unterscheiden und sie der Ordnung nach verfolgen zu können, muss man bei jeder Reihe von Gegenständen, in der man einige Wahrheiten von anderen unmittelbar abgeleitet hat, beobachten, was das Einfachste ist", und alles Weitere lässt sich dann aus diesem Einfachsten rekonstruieren. Kurz gefasst: klar ist das Elementare, das Einzelne, das sich zeigt, und den Rest besorgt die Deduktion. Doch das Einfache in diesem Sinne liegt insofern gar nicht vor Augen; es wird vielmehr aus dem Meer an Wahrnehmungen herausgefiltert und aus dem „Gewühl der Empfindungen" (Kant) abstrahiert, um dann neu konstelliert und rekombiniert zu werden. Beim Lernen geht es deshalb um zwei Vorgänge: Rückführung komplexer Gegebenheiten auf elementare Grundeinheiten einerseits und Rekonstruktion und

Neuzusammensetzung andererseits, um das Verwickelte als komponiert zu verstehen und um weitere Kombinationen zu ermöglichen.

Diese Verhältnisse haben die Didaktiker immer wieder beschäftigt, man kann fast sagen: umgetrieben. Bis heute ist die Frage: was ist das Elementare? Nehmen wir eine bekannte didaktische Faustregel wie: vom Einfachen zum Komplexen: Was ist einfach, was komplex? Pestalozzi meinte, es gebe für die Hauptlerngebiete immer etwas grundlegend Einfaches: die Laute für das Sprechen, das Quadrat für das Rechnen. Darauf sollte sich seine Elementarmethode gründen. Aber das sind Abstraktionen; wir lesen Wörter und Sätze und nicht erst Buchstaben und stellen dann überrascht fest, dass aus den Buchstaben Wörter werden. Tatsächlich muss man eine Entscheidung treffen, was man als das Elementare ansehen will, um dann das faktisch Gegebene in seiner Vielfalt als Resultat der Zusammensetzung des Elementaren zu deuten. Dazu ein anderes Beispiel, an dem man sich die Reichweite dieser Vorstellung der Kombination von Elementarisierung und Zusammensetzung klarmachen kann: Was ist das Grundlegende allen menschlichen Zusammenlebens? Eine Antwort hat Descartes' Zeit- und Altersgenosse Thomas Hobbes gegeben: man kann alle Sozialformen auf die Furcht vor Gewalt und einem gewaltsamen Ende zurückführen. Das ist das Elementare in allen soziale Verhältnissen. Man kann dann nach mathematischer Methode ermitteln, warum bestimmte Menschen und Gruppen sich in bestimmten Lagen so verhalten, wie sie sich verhalten. Sozialwissenschaft ist *more mathematico* möglich, so Hobbes.

Ähnlich Spinoza in seinem Hauptwerk: Die „Ethik" ist *more geometrico* abgefasst, aus wenigen Prämissen und unbezweifelbaren Grundannahmen wird der Zusammenhang der Welt deduziert und die Regeln für das Zusammenleben ermittelt. Schließlich Leibniz, der in einer Jugendschrift den Gedanken der *mathesis universalis* aufnimmt und ein Programm für rationales Entscheiden entwirft. Alle denkbaren Argumente werden auf wenige elementare Argumente reduziert, den Rest besorgt dann die formale Logik. Wir brauchen uns nicht mehr wie die Glaubenseiferer zu streiten und mit Feuer zu bedrohen, sondern können bei Streitfragen in aller Ruhe sagen: lasst uns rechnen (*calculemus*). Die methodische Grundform besteht in dem Rückgang auf Grundformen, um dann auf diesem Fundament den rationalen, folgerichtig-methodischen Neuaufbau zu beginnen, unbehelligt von der Tradition und alten Geschichten, von Aberglauben und den *idola fori*, wie Francis Bacon sie nannte, den Meinungen des Marktes und des Fernsehens.

Dieses Verfahren betrifft keineswegs nur die Naturwissenschaften, wie wir sie heute verstehen. Dort erscheint es vielleicht naheliegend, das Elementare zu suchen, z.B. die Zelle als Grundeinheit der medizinischen Diagnostik nach Virchow oder heute den genetische Code. Diese Elementarisierung soll überall und gerade da gelten, wo bisher nur Kampf und wüste Leidenschaft herrschen. Der Methodengedanke beruht auf dem Motiv der Rationalisierung, und er betrifft insofern auch die beiden Bereiche, die für die Gestaltung des Sozialen maßgebend sind: das Politische und das Pädagogische, die Sozialgestaltung und die Erziehung. In beiden Fällen geht es um die Meisterung der Lebensverhältnisse, um es allgemein und farblos zu sagen; es geht um Macht und Selbsterhaltung, soweit es das Individuum betrifft, und um Herrschaft über Natur und Menschenwelt, soweit es die anderen und unser Verhältnis zu anderen betrifft. „Selbsterhaltung“ (*conservatio sui)* ist eines der großen Themen des 17. Jahrhunderts (bis heute) und Methode ist das Sicherungsverfahren zur Selbsterhaltung. Dadurch bekommt das Lernen eine andere oder neue Funktion: es ist nicht mehr nur auf Erhalt und Wiederholung, sondern auf Steigerung und Vermehrung angelegt, vor allem Vermehrung des Wissens, und das kann man selbst besorgen und organisieren. Descartes sagt: Die Intuition ist uns gegeben; es gibt eingeborene Ideen, auf die wir uns besinnen und die wir nicht hervorbringen, aber die Deduktion: da sind wir schöpferisch und lernen wir etwas hinzu. Deshalb lobt er auch seine Lehrer; sie hätten seinen Verstand geübt und trainiert, zwar an untauglichem Material, aber in Kombination mit den untrüglichen Grundideen werde man in wenigen Jahren das gesamte Wissen vollenden, wenn man nur Schritt für Schritt, lückenlos und konsequent verfährt. Dann wird das Wissen vollständig und eine vernünftige Lebensführung möglich sein.

Das war die Erwartung der ersten Protagonisten der Aufklärung. Und was gilt bis zum Zeitpunkt des vollendeten Wissens? Da gilt eine provisorische Moral. Eine *morale par provision*, sagt Descartes in dem „Diskurs über die Methode“ von 1637. In diesem Diskurs oder Bericht, wie man den „*Discours*" auch übersetzen kann, findet sich auch direkt und distinkt das Hintergrundsmotiv des Methodengedankens ausgedrückt: Es geht darum, sich der Welt zu bemächtigen und „*maitre et possesseur de la nature*" zu werden, indem wir gewissermaßen selber methodisch werden und damit die Kindheit der Menschheit hinter uns lassen. Auch dieser Topos von der anbrechenden Mündigkeit des Menschengeschlechts findet sich bei Descartes. Selbst wenn er später noch den Gottesgedanken verteidigt und einen Gottesnachweis vorgelegt hat, tatsächlich treten die Menschen in die Funktion Gottes ein. Sie belehren sich selbst. Anders als Thomas hätte Descartes auch sagen können, dass jeder auch Lehrer seiner selbst werden kann, wenn er nur nach den einmal formulierten Regeln verfährt, die überall und immer und für jedermann gelten.

Lit.: R. Descartes: Regeln zur Leitung des Geistes, Hamburg 1959; ders.: Discours de la méthode, französisch-deutsch, Hamburg 1960; G. W. F. Hegel: Vorlesungen über die Geschichte der Philosophie. In: Theorie – Werkausgabe, Bd. 20, Frankfurt 1971; E. Cassirer: Descartes. Lehre – Persönlichkeit – Wirkung. Hamburg 1995

10. Jan Amos Comenius: Didactica magna – Die Große Didaktik

Die „Große Didaktik" von Comenius ist 1657 erschienen, ein Jahrzehnt nach dem Ende des 30jährigen Krieg; entstanden war sie in einer tschechischen Version schon 20 Jahre früher. Sie galt lange Zeit als seine pädagogische Hauptschrift. Von ihr ist die Wirkung ausgegangen, die sich mit seinem Namen verbindet. Hinzu kommt noch der *orbis pictus*, ein Sprachlernbuch, dann eine Reihe von Lehr- und Sprachbüchern für den Schulunterricht: das ist die Grundlage des Comenius-Bildes, das Geschichte gemacht hat. Erst in den sechziger Jahren dieses Jahrhunderts ist sein Hauptgeschäft, die *consultatio catholica*, herausgekommen, und innerhalb dieser „*consultatio*" gibt es auch eine „Pampädie", die von den Gelehrten heute als das pädagogische Hauptwerk angesehen wird, aber eben von den Gelehrten und zu einer Zeit, da das Interesse an Comenius historisch geworden ist.

Das ist der Grund, weshalb ich auf die „Große Didaktik" eingehe. Man sieht hier, dass Wirksamkeit und Bedeutung zweierlei sind: Was für Comenius selbst die Hauptsache war und wozu seine Pädagogik als Seitenstück diente, war für Generationen nach ihm eher überholt oder ist schlicht unbekannt; überholt ist vor allem die Pansophie, das All- und Gesamtwissen, überhaupt der theologische Comenius, doch gerade das war ihm selber das wichtigste Lebensthema. Sich selbst hat Comenius im Vorwort zum *schola ludus*, einem Werk seiner späteren Jahre, als Mähre von Geburt, als Tscheche der Sprache nach und als Theologe von Beruf bezeichnet. Es ist nun einigermaßen schwer, den richtigen Ansatzpunkt für die Darstellung zu finden. So ganz kann man nicht von der Zeit absehen, in der er lebte; nicht von seinen theologischen Spekulationen und seinen Ämtern in der Kirche, der er angehörte, einer Variante der calvinistischen Reformation in Böhmen und Mähren, nicht von der so genannten Brüderunität und schon gar nicht von seinen lebenslangen Bemühungen um einen dauerhaften, immerwährenden Frieden. Dennoch steht die große Didaktik auch für sich, ebenso wie seine Schriften über die Schule und über das Sprachenlernen.

Comenius wurde 1592 in Mähren geboren und starb 1670 in Amsterdam, eine europäische Berühmtheit. Begonnen hat er in seiner Heimat als Lehrer seiner Freikirche. Der Krieg hat ihn vertrieben und in Europa herumgetrieben; er wurde Bischof seiner Kirche, wurde wieder Lehrer und beschloss sein Leben als Gelehrter und Ein-Mann-Universität. Studiert hatte er auf der Hochschule der Reformierten in Herborn, eine der kleinen Provinzuniversitäten, wie sie nach der Reformation entstanden waren; calvinisch geprägt, nach Holland orientiert wie das Haus Nassau überhaupt. Beim großen Universitätssterben zu Anfang des 19. Jahrhunderts ist auch Herborn untergegangen. Da war die Zeit der Konfessionsanstalten vorbei. Aus der Studienzeit übernimmt er das Programm, das Gesamtwissen zu erfassen; später wird man sagen: das enzyklopädische Interesse, den Zug zur Universalgelehrsamkeit, wie ihn auch andere verkörpert haben; der mehrfach erwähnte Leibniz gehört dazu, aber auch andere wie sein nur wenige Jahre älterer Lehrer Johann Heinrich Alsted (1588–1638) und der Polyhistor Daniel Georg Morhof (1639–91). Das Resultat sind die dicken Folianten, ungeheure Schreib- und Lehrleistungen, meist als Einzelunternehmungen. Das 18. Jahrhundert gibt das auf: Enzyklopädie wird Sache von Kollektiven, die berühmteste ist die französische Enzyklopädie von Diderot. In Herborn legt Comenius sich noch einen zweiten Vornamen zu: Amos, so dass er nun Johannes Amos Comenius heißt: zwei Prophetennamen und ein Herkunftsname, europäisiert. Dort hat er auch den weitverbreiteten Endzeitglauben kennen gelernt und übernommen: die Annahme, dass die Welt bald zu Ende geht und das 1000jährige Reich beginnt. Die Wirren der Zeit schienen das sehr zu bestätigen; denn vor dem Endgericht wird es ja nach der Johannesapokalypse noch einmal einen großen Kladderadatsch geben; eine Verwirrung und Chaos ohnegleichen. Die Endzeitvorstellung ist bei Comenius überall vorauszusetzen, sie gehört zu seiner Religiosität bis an die Grenze zum Aberglauben und Absurden. Jahrelang lebt später in seinem Haushalt eine sog. Seherin. Auch der Glaube an die Verbalinspiration der Bibel erfüllt ihn noch, ansonsten von den aufgeweckteren Köpfen schon aufgegeben, wie überhaupt viel Mittelalter in Comenius noch erkennbar ist, vor allem die Ordo-

Prämisse: Gott hat die Welt geordnet erschaffen; sie ist aber durch Adams Fall pervertiert worden und muss nun in den letzten Tagen vor dem Gericht gerade noch gerettet werden. Uns ist schon bei früherer Gelegenheit dieses Denk- und Zeitschema begegnet: am Anfang steht ein unversehrter guter Zustand, dann Abfall und Krankheit, zuletzt Rückkehr und Wiederherstellung der rechten Ordnung. *Formatio – deformatio – reformatio.* Will man dem leitenden Motiv bei Comenius einen Namen geben, dann scheint es mir mit dem Begriff der Rettung aus dem Unheil, in das wir Menschen als Erben Adams und Nachkommen Kains gefallen sind, ganz gut getroffen. Ein Mittel der Rettung ist die Erziehung. Sie vermittelt vollkommene Einsicht, pansophisch; eine Art von Alleinsicht. Erziehung dient zuletzt unserem Heil angesichts des kommenden Endes, des Gerichts und der Scheidung in solche, die erlöst, und solche, die verdammt werden. Das ist der calvinische Hintergrund und der angestrengte Versuch, sich seiner Erwähltheit über Lebens- und Lerntüchtigkeit zu versichern; Lernen und die Bereitschaft, sich erziehen zu lassen, sind Teil der Lebenstüchtigkeit.

Es ist vielfach darauf hingewiesen worden, wie viel das moderne Erziehungsdenken diesem calvinisch-reformatorischen Milieu zu verdanken hat. Dafür stehen die Namen von Rousseau und Schleiermacher, Pestalozzi und Diesterweg. Gutes Lernen und lebenslanger Lern- und Vollendungseifer als Auszeichnung der Erwählung und Heilsgarantie: das alles findet sich bei Comenius und gehört zum reformatorisch-selbstbestimmten Lern- und Arbeitsethos. Es ist auch der Grund, weshalb man immer wieder lesen kann, mit Comenius beginne die moderne Pädagogik, obwohl das zentrale Motiv der Rettung der Seele eigentlich gar nicht modern und der Ordo-Gedanke geradezu archaisch ist. Comenius erscheint als der christliche Vorläufer dessen, was dann im Zuge der Säkularisation und der Umprägung theologischer Motive ins Weltlich-Pädagogische als Gemeingut bei den Altmeistern der neueren Pädagogik wiederkehrt. Ich blende jetzt diese Aspekte aus und wende mich direkt der „Großen Didaktik" zu. Sie ist nach seiner Rückkehr nach Böhmen entstanden, als er für ein paar Jahre an einer Schule wirksam war und daran ging, diese Tätigkeit allgemein zu begründen und für den Unterricht geeignete Lehrbücher zu verfassen.

Schon der volle Titel ist das, was man barock nennt: ausladend, breit, umfassend. Erst kommt das Stich- und Merkwort: Große Didaktik, dann eine weit ausholende Erläuterung und Angabe dessen, was der Leser zu erwarten hat. Die Ausgabe von 1657 enthält ein Titelbild, das Veit-Jakobus Dieterich in seiner Comenius-Biographie wiedergegeben hat: Man sieht einen Gelehrten, der vor einem aufgeschlagenen Buch sitzt; auf dem Tisch vor sich hat er noch einen Globus, auf den er mit der linken Hand zeigt, und er schaut den Leser an, gewissermaßen aus dem Bild heraus. Die Rückwand besteht aus Bildern, die Natur- und Geschichtsszenen wiedergeben, ein Fenster in der Mitte der Wand ist geöffnet, das den Blick auf eine Lehrkanzel und eine Hörergemeinde freigibt. Der Barock liebte solche Bilder, in der Regel Kupferstiche, um mit einem Blick den Gehalt und die Botschaft einer Schrift umfassen zu können. Oft sind diese Bilder rätselhaft, voller Anspielungen; sie sind so gebaut, wie wir es bei Descartes kennen gelernt haben: sie verbinden Intuition und Reflexion. Das eine erschließt sich unmittelbar, das andere verlangt das Nachbuchstabieren des Gemeinten.

Der Titel „Große Didaktik“ benutzt einen Terminus, der damals neu aufkam und die Bedeutung gewonnen hat, die er bis heute hat. Die Didaktik ist die Lehrkunst; sie umfasst dreierlei: das Ziel des Lehrens, die Wege des Lehrens und den Sinn des Lernens; sie ist also mehr als bloß Unterricht und Kopfbewirtschaftung. Sie meint den ganzen Menschen, insofern das Wissen uns verändert und verändern soll. Von Didaktik hatte auch der Vorgänger Wolfgang Ratke (1572–1635) gesprochen, der sich ausdrücklich *didacticus* nannte, eine etwas suspekte und zugleich geniale Gestalt, der von Hof zu Hof zog und sich anpries als jemand, der z.B. eine Methode habe, in wenigen Wochen die klassischen heiligen Sprachen beizubringen: Hebräisch, Latein und Griechisch. Der im Übrigen auch mit dem „Memorial“ von 1612 einen Reichsfriedensplan aufstellt, um über richtige Erziehung die Welt in Ordnung zu bringen. Das sind Motive, die auch Comenius verfolgte, aber ohne die Züge des Scharlatans und ohne die übertriebenen Versprechungen, die sich bei Ratke finden. Doch insgesamt ist sein Programm nicht minder anspruchsvoll. Das zeigen die Erläuterungen zum Generaltitel.

Der Untertitel lautet: „Die vollständige Kunst, alle Menschen alles zu lehren“. Alle Menschen alles vollständig lehren: einen höheren Anspruch kann es nicht geben. Den Bibelkundigen ist sicher nicht verborgen, dass hier ein indirektes Zitat durchschimmert: nämlich die Wendung aus dem 1. Korintherbrief des Paulus (Kap. 9, Vers 19ff.), er sei allen alles geworden, den Griechen ein Grieche, den Juden ein Jude; obwohl frei und unabhängig, sei er jedermanns Knecht geworden, „um ihrer viele zu gewinnen". Der Gründer des Jesuitenordens, Ignatius, hat dieses Pauluswort zu seinem Lebensmotto gemacht: allen alles *sein,* sozusagen ganz für sie da und ihnen nützlich und hilfreich sein. Bei Comenius scheint dasselbe gesagt zu sein, doch die Verschiebung ist bemerkenswert: alle alles *lehren.* Also nicht direkte Hilfe, sondern – wie wir heute sagen würden und damit diese Barockwendung nachsprechen – Lernhilfe als Lebenshilfe. Darin zeigt sich der protestantische Zug, die Überleitung von der Präsenz des Heils und der Nachfolge im Sein zur Repräsentanz in der Lehre, im Wort, in der Erziehung.

Nach dieser Selbstbeschreibung folgt wie ein Klappentext das Programm des Buches: Angeboten wird die „sichere und vorzügliche Art und Weise, in allen Gemeinden, Städten und Dörfern eines jeden christlichen Landes Schulen zu errichten, in denen die gesamte Jugend beiderlei Geschlechts ohne jede Ausnahme *rasch, angenehm und gründlich* in den Wissenschaften gebildet, zu guten Sitten geführt, mit Frömmigkeit erfüllt und auf diese Weise in den Jugendjahren zu allem, was für dieses und das künftige Leben nötig ist, angeleitet werden kann."

Ich übersetze die einzelnen Punkte in eine zeitgemäße Diktion. Es geht

1. um die Allgemeine Schulpflicht
2. um Koedukation: Nicht nur die Jungen, auch die Mädchen sollen öffentlich unterrichtet werden, und zwar „ohne jede Ausnahme".
3. „Rasch": Darin steckt das neuartige Ökonomieargument. Zeit ist ein knappes Gut, deshalb ist es wünschenswert, den Lern- und Erziehungsprozess zu beschleunigen.
4. „Angenehm": Schule soll ohne den Stock und den herkömmlichen Schuldrill auskommen und kann es auch, wenn man sich um die Motivation zum Unterricht kümmert.
5. „Gründlich": Das ist das zweifellos das Wichtigste.

Die unvermeidlich Anschlussfrage ist: Wie lässt sich das alles bewerkstelligen? Auch das wird schon angedeutet. Mit der Didaktik wird ein Buch vorgelegt, „worin von allem, wozu wir raten, die *Grundlage* in der Natur der Sache selbst gezeigt, die *Wahrheit* durch Vergleichsbeispiele aus den mechanischen Künsten dargetan, die *Reihenfolge* nach Jahren, Monaten, Tagen und Stunden festgelegt und schließlich der *Weg* gewiesen wird, auf dem sich alles leicht und mit Sicherheit erreichen läßt".

Damit nicht genug. Es kommt noch dicker und hoffnungsfroher: „*Erstes und letztes Ziel unserer Didaktik soll sein*, die Unterrichtsweise aufzuspüren und zu erkunden, bei welcher die Lehrer weniger zu lehren brauchen, die Schüler dennoch mehr lernen: in den Schulen weniger Lärm, Überdruß und unnütze Mühe herrsche, dafür mehr Freiheit, Vergnügen und wahrhafter Fortschritt; in der Christenheit weniger Finsternis, Verwirrung und Streit, dafür mehr Licht, Ordnung, Friede und Ruhe."

Hier haben wir nahezu all die Motive beisammen, die dann in der Pädagogik bis heute immer wieder auftauchen, nahezu mit jeder Generation und jedes Mal mit dem Anspruch: jetzt geht die Erziehung erst richtig los, jetzt wird der alte Adam der Prügel- und Stockpädagogik abgetan; jetzt öffnet sich das Reich neuen Lernens, neuer Methoden und einer zwangfreien, natürlichen und für alle erreichbaren Bildung. Das gehört fast zur Standardausstattung der pädagogischen Aspiration: Reform eben als Dauereinrichtung, wenn man es von außen betrachtet; von innen gesehen als die aktivierende Überzeugung, vieles anders und alles besser machen zu können. Reform ist, um es zugespitzt zu sagen, die Betriebsideologie der Pädagogik; bei faktisch außerordentlicher Beharrungskraft dessen, was sich nicht oder nur wenig ändert. Man kann vermuten, dass diese Erwartung unter anderem auch damit zu tun hat, dass Erziehung immer auch eine narzisstische Kränkung mit sich führt. Sie enthält ein Element der Demütigung und des Niederhaltens, entgegen ihrer Intention; sie mutet Entäußerung und Anderswerden zu, und diese unerfreuliche Mitgift einer eigentlich doch so menschenfreundlichen Sache wie der Erziehung möchten diejenigen aufheben, die das Erziehen zu ihrer Lebensaufgabe und ihrem Thema machen. Auf jeden Fall ist Comenius ein Stichwortgeber für ein Dauermotiv der modernen Pädagogik, und so ist er zur Berufungsreferenz sowohl für ihre Reformbedürftigkeit wie auch für ihre Reformierbarkeit geworden. Doch soviel er der Erziehung zutraut und zumutet, am Schluss des Titelblatts steht noch etwas,

was den späteren Reformern nicht mehr in den Sinn kommt, nämlich ein Gebet, um für die großen Ziele der Erziehung göttlichen Beistand zu gewinnen: „Gott sei uns gnädig und segne uns. Er lasse sein Angesicht bei uns leuchten und erbarme sich unser, auf dass man auf Erden seinen Weg erkenne, unter allen Völkern sein Heil. Ps. 67."

Soviel zum Titelblatt, das uns sagt, wie viel mit dieser Didaktik zu erreichen ist. Jetzt zur Durchführung. Das Buch hat 33 Kapitel, so viele wie Jesu Lebensjahre. Ich glaube nicht, dass das ein Zufall ist; der Barock wie das Mittelalter liebten solche Winke. Auch Dantes „Göttliche Komödie" besteht aus dreimal dreiunddreißig Gesängen. Den Anfang macht die Lehre vom Menschen. In fünf Kapiteln wird gesagt, was wir eigentlich können, dass wir zur Größe bestimmt sind, bei aller Verderbnis, dass unser Ziel außerhalb des Lebens liegt und dieses Leben der Vorbereitung auf das ewige Leben dient. Drei nähere Ziele ergeben sich aus dieser Bestimmung: 1. *eruditio*, das ist gelehrte Bildung, 2. Tugend, 3. Frömmigkeit. Wir sollen uns selbst erkennen und erkennen darin wie in einem Spiegel die Welt; wir sollen uns um Moralität bemühen, und wir sollen fromm sein. Für alle drei Ziele gibt es eine sichere Methode, sie auch zu erreichen. Wir haben die Anlage zum Wissen, zum richtigen Verhalten und zum Glauben. Wir sind von Natur auf Einsicht angelegt, aber eben nur darauf angelegt, unentfaltet; zu richtigen Menschen müssen wir erst gebildet werden. Das wird im 6. Kapitel vorgetragen. Es bildet das Gelenk und den Übergang zum methodischen Teil, das heißt zu den Regeln, mit deren Anwendung wir erreichen, was wir sollen.

Der erste für Comenius wichtige Punkt ist: die Schule ist der eigentliche Ort der Erziehung. Auch die Familie und der familiäre Umgang werden als eine Art Schule angesehen. Warum die Schule? Weil sie methodisch verfährt, nicht regellos und zufällig, sondern mit Verstand und Bewusstsein. Ferner: wir sollen gemeinschaftlich lernen, nicht in Einsamkeit und Freiheit, sondern angeleitet und sozial. Und weiter: Schule schafft Gleichheit; wohlgemerkt: die Schule, die Comenius im Sinne hat und die es erst zu schaffen galt; denn es sollen ja alle ohne Ausnahme alles lernen. Die Schule erfasst die gesamte Jugend. Damit kann man auch nicht früh genug anfangen. Auch dieses Motiv: je früher desto besser, findet sich bei Comenius (Kap. 7). Darin liegt: es soll keine Zeit verloren werden und außerdem ist die Formbarkeit der Kinder umso größer, je jünger sind. Diesen Gedanken hat Comenius nicht erfunden, wohl aber noch einmal bekräftigt und weitergereicht. Insofern gehört er zu den Erzvätern des „Hänschen-Arguments", wie es Harm Paschen genannt und analysiert hat. Es hat nichts von seiner Attraktivität verloren, sondern eher noch gewonnen: Fremdsprachen schon in der Grundschule, wenn nicht gleich im Kindergarten, als nächstes dann für die Kleinen auch Computergebrauch und was die Didaktikindustrie sonst noch alles an Überraschungen bereithält.

Bevor Comenius nun die Methode des Unterrichts behandelt, das Herzstück der Schuldidaktik, schiebt er noch eine Schulkritik ein. Der Tenor ist: Die Schulen müssen reformiert werden. Darauf gehe ich nicht näher ein, sondern komme gleich zu den zentralen Kapiteln über Erziehungs- und Unterrichtsverfahren. Wo bekommt man Leitlinien und Gesichtspunkte für die Methode her? Kurze Antwort: aus der Natur. *Naturam sequi* ist ein alter Topos der praktizierten Lebensklugheit und so auch des pädagogischen Denkens. Immer wieder treffen wir auf diese Formel: so wie die Natur sich organisiert, so sollten wir auch unser Lernen und das Erziehen einrichten. Viele sind ja auch heute der Ansicht, dass naturbelassene Bio-Produkte dem Menschen bekömmlicher sind als die Ergebnisse technisch erzeugter Synthesen und geben deshalb dem Pullover aus Schafwolle den Vorzug vor dem Polyester-Outfit. Meist wird Rousseau angeführt, um dem Gedanken der Erziehung entlang der Natur einen Gründernamen zu geben. Das ist nur sehr bedingt richtig, eigentlich falsch. Natur als Muster: das ist alt; was jeweils neu und anders ist, ist das Verständnis von Natur. Tatsächlich haben wir es mit einer Leerformel zu tun, die sich ganz unterschiedlich auslegen lässt, sei es Natur als weise Mutter, die ihre Kinder fürsorglich an die Hand nimmt, sei es Natur als evolutionär rabiater Selektions- und Steigerungsprozess, dem sich zur Herstellung der richtigen Lebensfitness auch entnehmen lässt, wie wir vernünftigerweise unsere sittlichen Maßgaben gewinnen. Insofern muss man bei jedem Autor prüfen, was mit „Natur" gemeint ist, oft auch, ob überhaupt etwas Besonderes gemeint ist, oder nicht vielmehr „Natur" als Floskel zur Immunisierung der eigenen Ansichten eingesetzt wird, im Vertrauen darauf, dass „Natur" von vielen für etwas unwiderleglich Gutes gehalten wird.

Wie liegt die Sache bei Comenius? Zunächst: Natur ist Schöpfung, hervorgegangen und in Gang gehalten durch einen Schöpferwillen, der alles nach Maß, Zahl und Gewicht geordnet hat. Sie ist im Einzelnen zielgerichtet organisiert, teleologisch verfasst; sie macht keine Sprünge, alles hat einen Zweck, und im Ganzen ist sie auch noch schön. So wie eine Pflanze wächst, so auch wir Menschen; stetig und mit dem Ziel der Vollendung. Dem entsprechen wir durch die Methode der kleinen Schritte. Darin bringen wir uns den Zweck der Natur zum Bewusstsein, und auf diesen spekulativen Gedanken stützt Comenius die Grundregeln für den Unterricht, insgesamt 9. Daraus einige Beispiele:

- Die Natur unternimmt alles zu seiner Zeit (Nr. 1).
- Die Natur bereitet den Stoff (*materia*) zu, bevor sie ihm eine Form gibt (Nr. 2).
- Die Natur bringt ihre Tätigkeiten nicht durcheinander vor, sondern sie nimmt sich deutlich (distinkt) eins nach dem anderen vor (Nr. 4).
- Die Natur macht keine Sprünge, sie geht schrittweise vor (Nr. 7).
- Wenn die Natur etwas beginnt, hört sie nicht wieder auf, bevor sie es vollendet hat (Nr. 8).

An dieser Regel sieht man besonders deutlich, dass die Natur des Comenius eigentlich selber eine pädagogische Veranstaltung ist. Denn man braucht ja nicht eben viel von Physik zu verstehen und auch kein Anhänger der Evolutionstheorie zu sein, um zu sehen, dass der Satz schlicht falsch ist. In der Erziehung und beim Lernen hingegen sollte es so sein, dass man zu Ende bringt, was man anfängt. Aber das ist kein Satz über natürliche Gegebenheiten, sondern eine moralische Forderung, die eine eigene Begründung verlangt. Aus der Natur folgt da nichts.

Und auch bei dem letzten Grundsatz (Nr. 9) ist es nicht anders. Er lautet: „Die Natur meidet sorgfältig, was ihr entgegenwirkt oder schadet.“ Auch das ist reine Poesie und Pädagogenhoffnung. „Natur“ wird in Anspruch genommen, um die Lernenden gegen schlechte Einflüsse abzuschirmen, von Schund und Filz fernzuhalten und vor dem Bösen zu bewahren. Das ist kein unvernünftiges Votum für die Aufgabe der Behütung in der Erziehung, aber Natur ist das ganz und gar nicht.

Fazit: Natur als Berufungsinstanz dient dazu, methodische Maximen zu rechtfertigen und sie gewissermaßen schmackhaft zu machen. Und das wiederholt sich dann in mehreren Schüben in der „Großen Didaktik". Denn einfach bloß Natur reicht ja nicht; einmal durchschaut, dient sie auch der Beschleunigung und der Erleichterung. Wenn man die Grundregeln anwendet, so das Versprechen, wenn man früh beginnt, wenn man schrittweise und altersgemäß verfährt, wenn man nichts auslässt, dann ist man auf der Seite der Kinder, dann lernen sie gern und ohne Stock; und dann lernen sie auch gründlich, „alles", und nicht bloß zufällig das, was gerade des Weges kommt. Wenn man dann noch dem formalen Lernen eine anschauliche Basis gibt, wird selbst das vertrackte Latein leicht, deshalb die Bildseiten des *orbis pictus*. Wenn man langsam vorgeht, kommen alle mit, wenn man das Allgemeine durch Beispiele verdeutlicht und vor Augen führt, dann bleibt das Interesse erhalten. Die Vorstellung einer gottgegebenen Ordnung verschafft Comenius die Gewissheit, den wahren Pfad der pädagogischen Tugend gefunden zu haben. Er braucht nur noch gegangen zu werden, dann lösen sich nicht nur die Schwierigkeiten und Wirrnisse des Lernens auf, sondern auch die Verwirrungen der bösen Welt. Es gehört schon mehr als gottseliger Optimismus dazu, um diesen Heilsversprechen zu trauen. Vielleicht war es nötig, um die finsteren Zeiten auszuhalten. Doch dass der comenianische Enthusiasmus überlebt hat, verdankt sich einer Pädagogik, die mehr sein will als bloß Erziehung.

Lit.: J. A. Comenius: Große Didaktik, hrsg. v. A. Flitner, Stuttgart 1982 (5. Aufl.); ders.: De rerum humanarum emendatione consultatio catholica, 2 Bde, Prag 1966; H. Paschen: Das Hänschen-Argument. Zur Analyse und Evaluation pädagogischen Argumentierens. Köln 1988; V.-K. Dieterich: Johann Amos Comenius. Reinbek 1991

11. John Locke: Some Thoughts Concerning Education – Gedanken über Erziehung

„Der Erzieher (eines jungen Gentleman) sollte immer daran denken, dass es nicht so sehr seine Aufgabe ist, ihn alles zu lehren, was Menschen überhaupt wissen können, sondern Liebe und Achtung gegenüber der Wissenschaft in ihm zu wecken und ihn auf den rechten Weg zu bringen, auf dem er zum Wissen kommen und sich selbst vervollkommnen kann, wenn er das will."

Es gehört nicht viel Erinnerung und Textgespür dazu, um herauszuhören, dass dies nicht von Comenius sein kann. Nach dem pädagogisch-didaktischen Höhenflug unter der Devise, alle alles zu lehren, kehren wir zum Tagesgeschäft der Normalpädagogik zurück; zum *common sense* und Hausverstand, mit anderen Worten: zu John Locke (1632–1704). Alles lernen kann man nicht, also hat der Erzieher auszuwählen, Akzente oder, wie man heute gern sagt: Prioritäten zu setzen. Die „große Aufgabe eines Erziehers ist – so wieder John Locke – das Betragen zu formen und Geist und Gemüt zu bilden, (dem) Zögling gute Gewohnheiten und die Grundsätze der Tugend und Lebensklugheit einzupflanzen, ihm nach und nach den Blick für die Menschen zu öffnen (…) und die dazu auferlegten Studien dienen zur Übung dieser Fertigkeiten und zur Ausfüllung seiner Zeit". Keineswegs soll der junge Mann, an den Locke denkt, nämlich der Mann von Stand und guter Geburt, ein perfekter Kritiker, Redner oder Logiker werden, auch nicht der Metaphysik, der Naturphilosophie oder Mathematik auf den Grund gehen, kein Meister der Geschichte und Chronologie werden. „Und doch muss er von all dem etwas lernen. Aber das geschieht nur, um das Tor zu öffnen, damit er hineinschauen kann und sozusagen eine erste Bekanntschaft macht; er sollte dort aber nicht zu Hause sein." Ein Erzieher müsste sogar getadelt werden, wenn er seinen Zögling damit zu lange aufhalten und ihn in die meisten dieser Dinge zu tief einführen würde. Gute Lebensart, Weltkenntnis, Tugend, Fleiß und Wertschätzung des Ansehens: das kommt zuerst; Wissen und gelehrte Bildung finden sich dazu. Sie haben eine Funktion als

Übungsmittel. Kurz: Vorbereitung auf die Welt, nicht Vorbereitung auf die Universität. Damit ist der ganz andere Umkreis beschrieben, in dem Lockes „Gedanken über Erziehung“ anzusiedeln sind.

Sie sind 1693 zuerst erschienen, wurden schnell bekannt und ins Französische, Italienische und Deutsche übersetzt (noch immer, wie zu Zeiten der großen Elisabeth, konnte kaum jemand auf dem Kontinent englisch). Sie trugen weiter zum Ruhme des Verfassers bei und lieferten das Vorbild für weitere zeitgemäße Bücher als Ratgeber in Erziehungsfragen. Das ist die Gattung: Ratgeberliteratur. In der Tat kommt die Schrift ganz unprätentiös daher, im Ton guten Zuredens, mit vielen Einschränkungen, im Stil gehobener, gebildeter Konversation, sehr persönlich und doch voll wichtiger, weiterführender Hinweise. Man kann Locke leicht unterschätzen. Seine Wirkung im 18. Jahrhundert ist immens. Er ist der Apostel bürgerlicher Mentalität und Lebensart.

Die Schrift besteht aus 247 Nummern, einige länger, einige kürzer, mit Wiederholungen, von unterschiedlichem Gewicht, und in der letzten Nummer kennzeichnet Locke seine Beobachtungen zwar als „naheliegend“, aber es möge doch niemand annehmen, er glaube, dass seine Abhandlung dem Gegenstand voll gerecht geworden sei. „Es gibt tausend andere Dinge, die man erwägen müßte, besonders wenn man die mannigfachen Temperamente, die verschiedenen Neigungen und besonderen Fehler heranziehen wollte, die man an Kindern findet, und geeignete Heilmittel dagegen verschreiben wollte. (...) Außerdem meine ich: ein Prinz, ein Adliger und ein Sohn eines gewöhnlichen Gentleman sollten auf verschiedene Weise erzogen werden. Ich habe hier aber nur wenige allgemeine Gesichtspunkte im Auge gehabt, und die betrafen den Sohn eines Gentleman, den ich, als der damals sehr klein war, nur als weißes Papier oder Wachs ansah, das man bilden und formen kann, wie man will. Ich habe daher wenig mehr berührt als diese Hauptpunkte, die ich für die Erziehung eines jungen Gentleman in seiner Lage im Allgemeinen für nötig halte.“ Dennoch habe er seine besonderen Erfahrungen aufgeschrieben und mitgeteilt, „in der Hoffnung, sie möchten denen ein klein wenig Licht geben, die in der Sorge um ihre lieben Kleinen so ungewöhnlich kühn sind, dass sie es wagen, bei der Erziehung ihrer Kinder lieber ihre eigene Vernunft zu befragen, als sich ganz auf Altüberkommenes zu verlassen".

Vergleichen wir diesen Schluss mit dem Schluss der „Großen Didaktik" von Comenius: Das letzte Wort dort ist „Amen". Es beschließt ein Gebet, einen Anruf und die fromme Selbstbestätigung, dass das große Programm der Weltverbesserung und Errettung der Seelen durch Lehren und Lernen nicht umsonst sei: „Auf Dich Herr, haben wir gehofft und werden nicht verderben in Ewigkeit! Amen." So hört Comenius auf; Locke dagegen wendet sich an Eltern, die sich um die Erziehung ihrer Kinder zu kümmern haben und sich mit einem verständigen Mann beraten, der die Sache schon einmal betrieben hat. Es fehlt der große Anspruch, die politische und missionarische Aspiration; überhaupt der Gestus, das letzte Wort zu wissen und es zu verkündigen. Vielmehr begibt sich der Verfasser in ein Gespräch mit Gleichgestellten, berichtet aus eigener Erfahrung, gibt Ratschläge, warnt, ermutigt und stellt im Übrigen anheim, was man selber macht und lässt. Diese Form trägt seit Montaigne den Namen „Essaies", eingedeutscht als „Versuch". So schreibt Gottsched einen „Versuch über Dichtkunst", oft auch in Briefform. Das Vorbild für Montaigne hatte Seneca mit seinen Briefen an Lucilius gegeben. Entsprechend ist der englische Titel der Erziehungsschrift in diesem Stil großzügig-liberaler Mitteilung gehalten: „Some thoughts concerning education". Man hört den Vorbehalt, die Selbstbeschränkung und den Geist der Vorläufigkeit heraus. Dem strengeren Denken mag das als unverbindliches Geplauder erscheinen, als Feuilleton und Mangel an systematischer Konsequenz, aber dieser Ton unaufdringlicher Konversation war die richtige Antwort auf den Bekenntnis- und Konfessionseifer des späten 16. und 17. Jahrhunderts. Viele hatten genug von letzten Antworten und suchten Experimente, Versuche, Vorstöße und eigene Orientierungen, nachdem sich gezeigt hatte, dass Bekenntnisse Streit erzeugen. Also werden die Einsichten zu Vorschlägen abgemildert, und vor allem: der Erfahrung, die immer auch wieder anders ausfallen kann, wird breiter Raum gegeben.

Genau das ist das Thema, das Locke formuliert hat: einerseits gibt es eine besondere unwiederholbare Erfahrung, so wie er sie mit dem Zögling einer aristokratischen Familie gemacht hatte, nämlich den Shaftesburys, sehr nahe am Machtzentrum, und doch soll sie andererseits etwas Allgemeines enthalten. Was er vorträgt, sieht wie leicht hingeworfen aus, enthält aber ein wichtiges Problem des erzieherischen Handelns und Verhaltens: Wie lassen sich einmalige, besondere Erfahrungen so fassen und darstellen, dass man daraus allgemeine Gesichtspunkte gewinnen kann, die dann auch anderen Erziehern nützlich sind? Situation und Regel: wie geht das zusammen? Geht das überhaupt zusammen oder ist nicht vielmehr das allgemeine Wissen, die Theorie, durch einen unüberwindlichen Graben von dem besonderen Fall getrennt, von dem, was man „Praxis“ nennt, so dass Erzählungen und Berichte aus der Praxis gar nichts helfen können? Der eine lernt so, der andere anders, und eines schickt sich nicht für alle. Es gibt für das hier vorliegende Problem ein altes Modell, nämlich die ärztliche Kunst. Vom Arzt erwarten wir, dass er sich auf unseren besonderen Fall einstellt, aber auf der Grundlage eines allgemeinen Wissens. Dazu hat er studiert. Das Erkennen der Krankheit, ihr mutmaßlicher Verlauf, die gängigen Hilfsmittel: das ist Teil seiner Kunst als Ausübung eines allgemeinen Wissens in einer speziellen Situation. Was er dazu braucht, ist Urteilskraft (*prudentia*) oder wie wir auch sagen können: Augenmaß und Berufserfahrung. Die Ausbildung der Urteilskraft geschieht in der Praxis, am Fall, besser: an vielen Fällen; die Vermittlung des ärztlichen Grundwissens geschieht in den Hörsälen und über Literatur. Als Patienten erwarten wir eine wissensbasierte Urteilskraft, und die uns hier interessierende Frage ist: wie gewinnt man Urteilskraft als Fähigkeit, eine Regel im Einzelfall richtig anzuwenden? Dafür kann es eigentlich nicht wieder Regeln geben, sondern nur orientierende Beispiele und vor allem Übung. An Beispielen üben wir uns in den ärztlichen Blick und den pädagogischen Takt ein: das ist der Gedanke Lockes. Deshalb sind Berichte und Gedanken nicht nutzlos, sie tragen zu dem bei, was er *wisdom* nennt und das auch das Entscheidende ist, das ein *gentleman* erwerben soll: nämlich Lebensklugheit, Verständnis für Menschen und Situationen, Phantasie und gesellschaftlichen Takt, nicht anders wie der Arzt sein Kunstwissen in der Kombination von Theorie und Training am Krankenbett erwirbt.

Nun ist bei John Locke die Analogie von Arzt und Pädagoge nicht zufällig, im Übrigen auch nicht neu. Plato hat den Philosophen und staatlichen Oberpädagogen als den Arzt der Gesellschaft bezeichnet. Und Locke hat tatsächlich Naturphilosophie in Oxford studiert, neben den klassischen Sprachen, in denen er dann eine Weile als Lektor angestellt war. Er hatte innerhalb der Naturphilosophie eine ärztliche Ausbildung erhalten und diente später der Familie der Shaftesburys nicht nur als Hauslehrer, sondern auch als Arzt. Auch hier sieht man den Kontrast zu Comenius und überhaupt zu vielen Pädagogen, insbesondere in Deutschland. Sie bewegen sich im Umkreis von Kirche und Schule, so dass sich in der deutschen Pädagogik auch reichlich Orgelklang und umgeprägte Theologie findet; Locke ist ein Mann der guten Gesellschaft, nahe an der großen Politik. Deshalb musste er auch zeitweise emigrieren; er verfasst Denkschriften zu politischen Tagesfragen und einen Traktat über das Regieren; und er bewegt sich in den wissenschaftlichen Kreisen der *Royal Society*, gehört zu den Freunden Newtons, ist also auch über den Fortgang der neu entstehenden experimentellen Wissenschaften gut unterrichtet. 1690 hatte er seine Hauptschrift vorgelegt, den „*Essay concerning human understanding*", und da findet sich die Hauptlehre, die mit seinem Namen verbunden ist, der „Sensualismus", den ich hier nur kurz skizzieren will.

Alle Erkenntnis beruht auf Sinneserfahrung. Am Ende der Erziehungsschrift spricht er davon, dass er es mit dem flüssigen Wachs und dem weißen Papier des jungen Zöglings zu tun hatte. Das ist die bekannte *tabula-rasa*-Theorie. Negativ ausgedrückt: es gibt keine angeborenen Ideen, wie Descartes und wie die ganze platonische Tradition erklärt hatten. Ideen kommen durch die Verarbeitung des Sinneseindrücke zustande, und zwar durch Wiederholung und Assoziation, eben dadurch, dass sie gewissermaßen das Gemüt regelmäßig und in der gleichen Weise und Reihenfolge affizieren. Die Grundlage unseres Erkennens und Lernens ist deshalb die sinnliche Erfahrung: nichts ist im Geist, was nicht vorher in den Sinnen war. „*Nihil est in intellectu quod non ante fuerit in sensu.*" In diesem aus der Tradition überlieferten Satz ist die Pointe des Sensualismus oder des Empirismus à la Locke gut getroffen. Er hat eine mächtige Faszination ausgeübt; denn man sieht sofort die kritische Bedeutung dieser Grundannahme. Damit kann man den ganzen Überbau an metaphysischen Spekulationen und Gewissheiten abräumen, das Gebot der empirischen Überprüfung installieren und auch der Erziehung einen empirischen Fahrplan verschaffen, sozusagen als die Schrift, die dem zunächst noch unbeschriebenen Gemütsblatt eingeschrieben wird. Allgemeines Wissen ist verallgemeinerte

Sinneserfahrung. Es gibt keine vorgeordnete Struktur, sondern auch die Strukturen bilden sich erst durch Wiederholung und Generalisierung.

Dieser Locke-Empirismus hat in vielen Variationen Geschichte gemacht. Wir erkennen ihn wieder in der behaviouristischen Auffassung des Lernens als Konditionierung, wie sie zuerst von Edvard Lee Thorndike und dem Russen Pavlov um 1900 entwickelt worden ist. Nach Thorndike gibt es (ursprünglich) drei Faktoren, die dafür sorgen, dass ein Reiz sich einprägt und generalisiert wird: erstens die Bereitschaft des Organismus, in der Regel durch eine Bedürfnislage erreicht, zweitens die Wiederholung des Reizes und drittens der Erfolg der Reaktion. Wir behalten, was uns gesagt wird, wenn wir aufmerksam sind, z.B. weil wir eine Information brauchen oder sie uns interessiert, zweitens wenn sie deutlich vorgeführt und wiederholbar präsentiert wird, und drittens, wenn wir etwas damit anfangen können. Ideen, Gedanken, Einstellungen sind sedimentierte Reizkonstellationen. In ihnen spiegeln sich die ursprünglichen Erfahrungen. Sie reflektieren sich darin. Ideen sind, möchte man sagen, Sinneserfahrungen, von denen wir vergessen haben, wie sie zustande gekommen sind und die wir deshalb für „ursprünglich" und angeboren halten. „Reflexionen" eben. Auf Locke geht der Siegeszug dieses Ausdrucks zurück. Das Ursprüngliche sind die sinnlichen Erfahrungen, die Gedanken das Abgeleitete. Das ist nun, unabhängig davon, wie gut begründet oder vielmehr wie wackelig dieser Gedanke sein mag, für die Erziehung ein sehr fruchtbarer Gedanke. Er erinnert uns an Comenius, der der Anschauung einen zentralen Stellenwert einräume, aber eben doch, um die Bücher und vor allem das Buch der Bücher besser lesen zu können. Bei Locke geht es um handfeste, praxisnahe, sensuell fundierte Erfahrung, so wie ein Arzt sich nicht von Parolen und Erklärungen täuschen lässt, sondern den Puls fühlt, in den Hals sieht und die Temperatur misst. Um Gottfried Benn, gleichfalls einen Arzt, zu variieren: er fängt mit Beständen an, nicht mit Parolen. Und wie ein ordentlicher Hausdoktor fängt Locke auch seine Erziehungslehre erst mal mit dem Allgemeinbefinden an; nicht mit großen Vorsätzen und schon gar nicht mit Welteinrichtungsplänen. Es geht um Standeserziehung, vornehmlich um junge Männer als zukünftige Rechtsanwälte, Parlamentarier, Richter, Beamte, Diplomaten, Kaufleute, Mitglieder der „*gen-*

try", jener spezifisch britischen Sozialschicht zwischen Aristokratie und *upper middle class*.

Das erste, was wir als Pädagogen zu beachten haben, ist Gesundheit. Hier ist der Kurs zwischen Verzärtelung und Abhärtung zu steuern. Von Anfang an sei auf Kräftigung zu achten, vor allem seien die meisten Kinder zu warm angezogen, zu weich gebettet; das macht sie nur anfällig. Insbesondere, was die Füße angeht, hat er eine ganz komische Ansicht. Schuhe sollten durchlässig sein, damit man sich an nasse Füße gewöhnt. Überhaupt: dünne Kleidung ist besser als zu dicke. Doch solle man abrupte Übergänge vermeiden, die Kinder langsam umgewöhnen, um ihnen dann Zug um Zug mehr zumuten zu können. Da schimmert die Grundregel durch, die überhaupt für das Erziehen gelten sollte: Gewöhnung ist die Grundform des Erziehens. Fängt man früh genug damit an, kann man das leicht fließende Wasser noch in alle Richtungen lenken; die ersten Eindrücke sind die wichtigsten. Auch hier wieder: je früher, desto besser, wenn auch, wie sich versteht, dem Alter angemessen.

Das nächste sind Ernährung und Bewegung. Frische Luft ist gut, übermäßige Erhitzung schädlich. Aber man solle auch hier keine Angst vor Wind und Wetter haben, und die Ernährung sollte einfach sein; kein Fleisch vor dem dritten Lebensjahr: „Aber hier fürchte ich, dass die Eltern kaum zustimmen werden." Sie machten jedoch einen Fehler, wenn sie von sich, die sie zweimal am Tag Fleisch essen, auf das kleine Kind schließen. Kein Fleisch sei nun einmal für die Zähne besser, stattdessen Milch, Milchsuppe, Hafergrütze und Haferbrei, und wenn Festes, dann auch ordentlich kauen: „Darin sind wir Engländer häufig nachlässig, aber daraus entstehen Verdauungsstörungen und andere große Beschwerden." Ferner: wenig Gewürze und überhaupt keine Beimischungen, vor allem nicht zuviel Süßes.

Eine weitere Frage ist: wann und wie oft soll gegessen werden? Eigentlich genügen für Erwachsene zwei Mahlzeiten, dann könne man durchaus rüstig bleiben, wie man bei anderen Völkern sehen könne. Viele würden nur aus Gewohnheit zu Fressern und Feinschmeckern. Für Kinder hingegen solle gelten: essen, wenn sie darnach verlangen, also keine festen Essenszeiten; denn feste Zeiten gewöhnen daran, auch dann zu essen, wenn man es gar nicht braucht, eben weil Essenszeit ist. In diese Erörterung mischt er dann Verallgemeinerungen ein, z.B. diese: „Das große Thema, mit dem sich die Erziehung zu befassen hat, ist die Frage, welche Gewohnheiten man entwickeln soll; daher hüte man sich, etwas zur Gewohnheit werden zu lassen, dessen Ausübung man nicht fortgesetzt und gesteigert haben will." Ich erwähne nur noch kursorisch einige Punkte, die Locke ausführlich behandelt:

- Getränke: Wie steht es mit den Spirituosen? Dünnbier ja, doch in Maßen, aber kein Starkbier.
- Die Schlafstatt und das Schlafen: Ausreichend Schlaf nach Bedürfnis, aber lieber hartes Lager statt weicher Federbetten.
- Obst: ja, aber nur reifes. Und daran schließt sich ein langes Kapitel über Verstopfung an.

Er fasst das alles wie folgt zusammen: „Es läuft alles auf diese wenigen leicht zu befolgenden Regeln hinaus: viel frische Luft, körperliche Bewegung und Schlaf, einfaches Essen, keinen Wein oder starke alkoholische Getränke, und sehr wenig oder gar keine Medizin, nicht zu warme und enge Kleidung, besonders Kopf und Füße kühl halten und die Füße an kaltes Wasser gewöhnen und oft der Nässe aussetzen."

Nach dem Körper kommt der Geist (*mind*). – Die Grundregel ist: Wie der Körper gewöhnt wird, Mühsal und Beschwernis zu ertragen, so auch der Geist: „Der Wesensgrund aller Tugend besteht darin, dass ein Mensch imstande ist, sich selbst seine eigenen Wünsche zu versagen, seinen eigenen Neigungen entgegenzutreten und lediglich dem zu folgen, was die Vernunft (*reason*) ihm als das beste anweist, mag auch die Begierde in andere Richtung gehen." Hier ist vielleicht eine etwas grundsätzlichere Einschaltung angebracht. Man fragt sich: wo hat Locke mit einmal die Vernunft her? Wir haben gehört, dass Ideen und Gedanken, eben das, was man Einsicht, Vernunft, Verstand nennt, nur ein höher aggregiertes Verfahren der Sinnesempfindung ist. Offenbar ist es nun aber so, dass diese Vernunft doch als etwas Eigenes dem Kind gegenübertritt. Es muss an Vernunft gewöhnt werden, so wie an die harten Betten und kalten Füße, an einfaches Essen usw. Jedenfalls entwickeln sich Einsicht und Verstand nicht von selbst, nicht aus dem Gang der Entwicklung, sondern diese besteht darin, dass die Kinder entlang ihren Neigungen an die Welt der Erwachsenen angepasst werden. Wenn wir diese Frage stellen, folgen wir in der Tat einem Gedanken, den Locke noch gar nicht hatte und den wir seinem Nachfolger und Überbieter, nämlich Rousseau, verdanken. Die uns gegebene Natur, der Kranz unserer Bedürfnisse und Anlagen, reguliert sich nicht von selbst, so Locke, das aber wird die neue Botschaft Rousseaus sein, das Evangelium der in sich auf Vernunft angelegten Natur. Hier bei Locke, dem verständigen, freundlichen, aber auch skeptischen Beobachter der Menschen, wie sie faktisch vorkommen und wie er sie kennen gelernt hat, ist schon die Vernunft der Älteren da und sie soll beigebracht und verabreicht werden wie eine Medizin. Das steht für ihn noch vollkommen klar fest. Die Frage ist bloß die unsterbliche Elternfrage: Wie macht man das?

Die erste Regel kennen wir schon: man kann nicht früh genug anfangen. Das Wasser, das an der Quelle verdorben wird, bleibt dauerhaft vergiftet. Frühe Fehler haben späte Wirkungen.

Zweiter Gesichtspunkt: damit der Jüngling sich beherrscht und seine Begehrlichkeiten reguliert, muss er erst mal gehorchen lernen: „Wer nicht daran gewöhnt wird, seinen Willen der Vernunft anderer zu unterwerfen, solange er jung ist, wird sich kaum dazu verstehen, wenn er in dem Alter ist, dass er sich ihrer bedienen kann." Das ist auch eine alte Maxime: man lernt herrschen und auch sich selbst beherrschen in der Schule des Gehorsams (Cicero). Und da wird Locke nicht müde, den Eltern gut zuzureden, den Kindern nicht aus Nachsicht und Liebe allzu sehr nachzugeben: „Ich sehe sie als Kinder an, die man zärtlich behandeln muss und die spielen und Spielzeug haben müssen. Was ich meine, ist dies: sobald sie nach etwas Verlangen tragen, was sie nicht haben oder tun sollten, weil es für sie ungeeignet ist, sollte es ihnen nicht gewährt werden, nur weil sie klein sind und es wünschen; im Gegenteil, sie sollten wissen, dass man ihnen das, was sie aufdringlich wünschen, gerade deshalb abschlägt."

Das erinnert mich an eine Episode, die mir Bekannte aus dem Urlaub zugetragen haben. In ihrem Hotel hielt sich auch eine englische Familie auf, mit Kindern, die dann auch reichlich lästig angetobt kamen, mal dies, mal das wollten, dringlich eben und immer neu, bis der Vater beim nächsten Ansturm sagt: *„Whatever it is, the answer is: no*!" Das ist Lockismus in Reinkultur. Verzicht lernen, mit negativen Befunden zurechtkommen und etwas so verlangen, dass es nicht aufdringlich erscheint. Daran sollten sich die Kinder gewöhnen. Der kindliche Wille, der als impulsiv und herrschsüchtig unterstellt wird, sollte zwar nicht gebrochen, wohl aber gebogen werden. Das muss früh geschehen; denn an sich streben wir nach Freiheit; doch das Beschränken soll maßvoll geschehen, denn wir ertragen nicht dauernde Zurechtweisung und Befehle. Überhaupt befehlen Eltern zu viel, sagt er nun wieder, weil das viel leichter sei als lehren. Deshalb empfiehlt er mit zunehmendem Alter den Appell an das Verständnis, weil wir darin dem Kind Achtung zeigen. Es solle dem Kind wichtig werden, Ansehen zu erwerben. Überhaupt: Was wir anderen gelten, das sollte zur zweiten Natur werden. Das Stichwort dafür lautet: *reputation.* Die neueren Auffassungen von der Herausbildung einer starken Identität fassen diesen Vorgang als Internalisierung. Ich erinnere an George Herbert Meads Lehre vom generalisierten Anderen: die sozialen Normen, die uns zuerst als ein Fremdes gegenübertreten, werden verinnerlicht, so dass wir es uns schuldig zu sein glauben, bestimmte Dinge zu tun und andere zu unterlassen. Wir leben im Blick der anderen, und dieser Blick auf uns wird erlernt. Wir gewöhnen uns daran, könnte Locke sagen, wie wir anderen erscheinen, und so übernehmen wir Maßstäbe, Manieren und gute Gewohnheiten. „Jeder Mensch muss früher oder später sich selbst und seiner eigenen Führung überlassen werden. Wer ein guter, rechtschaffener und tüchtiger Mensch ist, muss es von innen heraus geworden sein.“ Das kann aber nicht mit körperlichen Strafen geschehen, sondern es geht um die Balance zwischen Ermutigung und Beschränkung: „Wer einen Weg gefunden hat, den Geist eines Kindes ungehemmt, tatkräftig und frei zu erhalten, und es doch gleichzeitig von vielen Dingen fernzuhalten, die es erstrebt, und es zu manchem hinzuziehen, was ihm unbequem ist, wer, sage ich, diese scheinbaren Gegensätze zu versöhnen weiß, der hat nach meiner Meinung das wahre Geheimnis der Erziehung gefunden.“– Goldene Worte, die aber nur die Richtung angeben und es der Urteilskraft und dem pädagogischen Takt in der Situation anheim stellen, wie man verfährt. Auch gegen Belohnungen, Geld und andere Nützlichkeiten ist Locke skeptisch: das Hauptmittel ist Anerkennung, Achtung, eben der gute Ruf: Reputation. Deshalb warnt er auch davor, Kinder vor anderen auszuschimpfen. Das ist eine unnötige Demütigung vor den Augen der anderen.

Ich will nun nicht alles aufzählen und wiedergeben, was Locke zur Tugendübung vorträgt. Tatsächlich ist diesem Gebiet sein Hauptinteresse gewidmet. Der entscheidende Aspekt ist:

Tugend wird geübt, und auffällig ist dabei, dass die religiöse Erziehung so gut wie keine Rolle mehr spielt und der Sport noch nicht. Das richtige Verhalten in guter Gesellschaft soll angenehm gemacht und Zug um Zug durch Wiederholung praktisch erworben werden. Allgemeiner gesprochen handelt es sich da um Gelegenheitserziehung, aber sie kann auch schief gehen. Was Locke dazu sagt, ist herzzerreißend: „Wenn ein Vater so unglücklich dran ist, einen verdorbenen und schwer zu behandelnden Sohn zu haben, dann weiß ich nicht, was er mehr tun kann als beten." So ist es in der Tat. Es gibt Unbelehrbare und Unerziehbare, und dazu fällt Locke auch gleich ein, dass man nun nicht gerade diese schweren, wenn nicht aussichtslosen Fälle zum Muster für die normale Erziehung machen darf. Ich fasse das mal etwas allgemeiner: in der Erziehung haben wir vom *good will* auszugehen, wenigstens eingangs und solange wir uns nicht eines Schlechteren haben belehren lassen müssen.

Es gibt aber auch Gefahren, die gerade durch die guten Erziehungsabsichten auftreten, zum Beispiel das Reisen. Davon nehme man in der Regel an, „es kröne das Werk (der Erziehung K. P.) und vollende den Gentleman". Reisen bildet, das meinen wir ja auch heute, und damals gehörte die *grand tour* zur Standardausstattung eines jungen Mannes von Stand und Vermögen. Im Ausland lernt man Sprachen und fremde Sitten. Das sind die Vorteile. Nur – so Locke – „die Zeit, die man gewöhnlich wählt, um junge Männer nach draußen zu schicken, ist meines Erachtens ausgerechnet die, in der sie am wenigsten in der Lage sind, jene Vorteile einzuheimsen". Warum? Im Alter zwischen sechszehn und einundzwanzig sind die Heranwachsenden nicht mehr Kind und noch nicht erwachsen, sie befinden sich in einem „brausenden und gärenden" Zwischenstadium, wo die Autorität eines Lehrers nicht mehr recht gilt und die eigene Lebensklugheit noch nicht so ausgebildet ist, um den Versuchungen und Anfechtungen standzuhalten, die mit dem Reisen einhergehen. Deshalb sollte man sich lieber mit den jüngeren Kindern aufmachen, wenn sie noch gehorchen, oder aber die *gentlemen* in einem etwas gereifteren Alter allein ziehen lassen.

Der nächste und letzte Punkt ist die intellektuelle Ausbildung. Jetzt kommt der Hauslehrer ins Spiel, der *tutor*, und da spricht Locke eigentlich von sich selbst, also dem Erzieher *in loco parentis*. Der Hofmeister und der Informator, wie sie im 18. Jahrhundert in Deutschland hießen, ist eine Vorform des Erziehers von Beruf. Vorform deshalb, weil man das nur eine Zeit lang und nicht auf Dauer betreibt, meist bis zu dem Zeitpunkt, wo man durch Protektion und angemessenes Alter eine Stelle bei Hofe, in der Kirche oder in einer Schule gewinnen kann. Das weibliche Gegenstück dazu ist die Gouvernante, allerdings mit viel schlechteren Anschlussmöglichkeiten. Die Wahl des Tutors verlangt größte Sorgfalt, vor allem soll er sich nicht in dem anvertrauten Zögling reproduzieren. Kommt er von der Universität, wird er dazu neigen, das eben Gelernte weiterzugeben, aber auf Wissenschaft und Gelehrsamkeit kommt es für den Gentleman nicht so sehr an, jedenfalls, das haben wir schon gehört, kann man sowieso nicht alles lernen, und im Übrigen geht es um Lebens- und Weltkenntnis, das heißt vor allem: um Menschenkenntnis, und die gewinnt man eher an Beispielen und im Umgang als aus Literatur und Schreibtischarbeit. Die Hauptmaxime, die Locke da hat, lautet: „Dem Zögling die Welt zeigen, wie sie wirklich ist, bevor er ganz in sie hinaustritt." Also nicht Isolierung und pädagogische Quarantäne, sondern Teilnahme und deshalb auch Kenntnis des Lasters. Davon könne man heute, sagt Locke für seine Zeit, den jungen Mann sowieso nicht fernhalten, „es sei denn, man sperre ihn sein Leben lang in ein Kämmerlein und lasse ihn nicht in Gesellschaft gehen. Je länger er mit einer Binde vor den Augen herumläuft, desto weniger wird er sehen, wenn er ins helle Tageslicht hinaustritt, und umso mehr der Gefahr ausgesetzt sein, sich selbst und anderen eine Beute zu sein." – Deshalb: „Der einzige Schutz gegen die Welt ist die gründliche Weltkenntnis." – Die soll Schritt für Schritt erworben werden, in Begleitung eines Tutors, der vor Gefahren warnt, aber zunehmend auf eigenen Kredit, denn schließlich wird der Gentleman allein zurechtkommen müssen. In guter Gesellschaft hilft ihm die rechte Lebensart, in Geschäften und Berufsaufgaben die gehörige Weltkenntnis. Das ist nicht gerade der pädagogische Himmel, den manche Didaktiken versprechen, aber es ist nicht wenig, wenn wenigstens diese Ziele erreicht werden.

Es ist nicht große Theorie, die Locke bietet, kein Welt- und Daseinspanorama, in das seine Erziehungskonzeption eingefügt erscheint, sondern eher pädagogische Hausmannskost, die uns daran erinnert, dass das Erziehen aus einer Vielzahl von Handlungen und Verhaltensweisen besteht, die für sich genommen manchmal recht banal erscheinen, manchmal selbstverständlich und gelegentlich auch kurios. Aber so ist die Erziehung nun einmal auf weite Strecken, wenn man sie aus der Nähe betrachtet und nicht aus den Höhen der Evaluationsindustrie und des Bildungsmanagements. Locke spricht nach Art eines vielerfahrenen Arztes, der seine Patienten kennt und weiß, was man ihnen Gutes tun kann und was sich nicht machen lässt: *medicus curat, natura sanat.* So ist das auch mit dem Erziehen. Manches lässt sich erreichen, wenn man dem Rat der Verständigen folgt; aber vieles verdankt sich guten Umständen und einer erheblichen Portion Glück. Das Mögliche redlich und nach Kräften versuchen, und wenn dann die Kinder doch auf die schiefe Bahn geraten, dann kann man immer noch eine Kerze anzünden und resignierend beten.

Lit.: J. Locke: Some Thoughts concerning Education (1693); Dt.: Gedanken über Erziehung, Stuttgart 1970

12. Rousseau: Emile ou de l'éducation – Emile oder über die Erziehung

Man stelle sich vor: ein Kind, sagen wir: ein Junge wird geboren, und die Eltern haben nichts Eiligeres und Besseres zu tun, als jemanden zu suchen und zu beauftragen, diesen Jungen anzunehmen, ihn aufzuziehen und nach 20 Jahren sozusagen gebrauchsfertig an die Gesellschaft abzuliefern. Und weiter: Sie trennen sich von dem Kind vollständig; die ganze Pflege, Versorgung und Unterrichtung dieses Jungen liegt vollständig beim Erzieher, der seinerseits das Kind auch nicht erst in einen Kindergarten und dann in die Schule schickt, sondern alles selbst besorgt; auch Kameraden und Spielgenossen gleichen Alters, weder Geschwister noch Nachbarskinder sind da; einsam und allein, nur mit dem Erzieher wächst der Junge auf. Was würde man dazu sagen? Ich bin ziemlich sicher, dass das eine Sache für den Psychiater oder den Staatsanwalt wäre. Es kommt ja auch heute vor, dass Eltern sich weigern, ihr Kind in die Schule zu schicken, weil sie finden, das, was dort zu lernen ist, können sie ihrem Kind besser, schneller, richtiger beibringen; im Übrigen ohne die widrige Schulluft und unverdorben durch schlechte soziale Umgebung. Schon das erscheint uns nicht unmittelbar einsichtig; Comenius hätte es entschieden missbilligt. Und was hätten Quintilian und Locke dazu gesagt? Sie hätten nur den Kopf geschüttelt. Bestenfalls Plato hätte an dieser Idee einer pädagogischen Quarantäne Gefallen finden können, aber auch nur daran; denn unser Erzieher hält nicht nur nichts von Familie und Sozialkontakten; er verschmäht auch Bücher und intellektuelle Exerzitien, wenigstens in den ersten Jahren. Wie soll ein Mensch sozialverträglich werden, wenn er in ländlicher Einsamkeit nur mit sich und mit seinem Erzieher befasst ist?

Dennoch: dies ist die Botschaft Rousseaus, und im Ganzen steht sie auch noch unter dem Titel: natürliche Erziehung. Was der gesunde Hausverstand und womöglich ein Staatsanwalt für absonderlich, bedenklich und geradezu kriminell halten, das gilt bis heute als große pädagogische Eingebung und Inspiration.

Auch lassen viele das neuere Erziehungsdenken mit Rousseau anfangen. Er zählt zu den Klassikern, ist Thema für Seminare, Qualifikationsarbeiten und Prüfungen. Die Faszination scheint nach wie vor ungebrochen. Wer seinen „Emile" nicht gelesen hat, kann nicht mitreden in der Pädagogik. Das bedarf der Erklärung, und dazu sollen die folgenden Bemerkungen dienen. Das Paradox ist: kein vernünftiger Mensch kommt auf die Idee, Rousseaus Vorschläge zu befolgen; wer es täte, muss mit einer Anzeige rechnen; und dennoch gelten Rousseau und sein Buch „Emile" als Durchbruch und Anfang der neuen Erziehung im Zeichen der modernen Emanzipation des Subjekts; Rousseau selber als Muster des modernen Selbstbewusstseins und produktiver Provokateur *par excellence.*

Als Bürger Genfs, der Brutstätte des Calvinismus, hat er sich bezeichnet, auch wenn er hauptsächlich in Frankreich gelebt und gewirkt hat. Er verkörpert den neuen Typ des freischwebenden Intellektuellen in vollkommener Weise; einmal durch seinen Lebensweg und zum anderen durch die Vielfalt und Reichweite seiner Gedanken. Es gibt in der neueren Geistesgeschichte keinen, der es an Wirkung und Ansehen, an Gefolgschaft und Widerspruch mit ihm aufnehmen könnte. Es ist, als erscheine in seiner Person der Geist einer neuen Epoche biographisch verdichtet. Er ist Musiktheoretiker und Romancier, Kultur- und Sozialkritiker, Pädagoge und Politiker in einer Person, radikal und ungebunden, provokant und ohne Tabu, durch keine Rücksichten auf Amt und sozialen Status gehemmt. Sein Leben von 1712 bis 1776 fällt in die vorrevolutionäre Aufbruchsphase und versammelt die Motive, die dann in der Revolution Gestalt finden. Er ist gleichermaßen ehrgeizig und hochempfindlich; was er anfasst, soll ohne Beispiel sein, „interessant", wie Friedrich Schlegel das später für die romantische Existenz gefordert hat. Konventionen sind als Konventionen verdächtig, also geht es darum, aufzufallen und originell zu sein. So in den beiden Preisschriften von 1750 und 1755, die ihn berühmt gemacht haben, dann im „Emile" (1762) und in seiner Lebensbeichte, den „Confessions" von 1770. Er sagt da eingangs, damit ihn ja keiner unterschätzt und verkennt: was er niederschreibe und vorhabe, das habe vor ihm noch keiner gewagt und ausgeführt, nämlich ein Totalbekenntnis, Selbstdarstellung ohne Schleier, Selbstentblößung wie noch niemals zuvor. Hochnarzisstisch das Ganze; in vielem Nietzsche vorwegnehmend, wenn man an dessen „Ecce homo“ denkt.

Für uns Pädagogen steht an erster Stelle sein 1762 erschienener Erziehungsroman, eine fiktive Biographie, der „Emile“. Er erscheint im gleichen Jahr wie die staatspolitische Schrift über den „Gesellschaftsvertrag“ (*Contrat Social*). Im „Emile“ wird die Lehre vom neuen Menschen und seiner naturgemäßen Erziehung vorgestellt; im Gesellschaftsvertrag wird der vernunftgemäße Staat entworfen, auf Vertrag und auf den sozialen Kontrakt freier Subjekte gegründet, die gemeinschaftlich eine verfasste Ordnung beschließen, einen gemeinsamen Willen ermitteln, die „*volonté générale*“, statt den Staat als vorgeordnete, göttlich gestiftete Ordnung anzunehmen und sich ihm zu unterwerfen. Beides gehört zusammen: die neue Ordnung des Gemeinwesens und die Erziehung eines neuen Menschen gemäß der Natur. Die bisherige Erziehung ist gegen die Natur des Menschen; ein Kunstprodukt, das ihn verformt, verkrüppelt, in Perücke und Krinoline verkümmern lässt und sein wahres Wesen verfehlt. An die Stelle dieser alten Erziehung soll die „natürliche“ Erziehung treten, vom Kinde und Heranwachsenden aus, von seinem Eigenwert und der inneren Gesetzlichkeit des Naturganges.

Das Stichwort ist hier Natur, und die Parole „zurück zur Natur“ wird ja in der Tat meist mit dem Namen Rousseau verbunden, ein Kampfruf gegen die bestehende Gesellschaft, gegen die sozialen Konventionen und Korsetts, gegen die Schablonen und Hierarchien; für das Talent, die Neigung, die Selbstbestimmung und das Glück des Menschen. Natur ist also ein Leitwort für den Fortschritt zur Freiheit, nicht der Rückkehr zur Vorzeit, nicht nur Romantik. Es ist nicht die Natur der Naturwissenschaft, die Rousseau hier meint, die Natur als Inbegriff der Gegenstände, sondern die schöpferische, gestaltende, formende Natur, die *natura naturans*, nicht die *natura naturata*. Wir selbst sind Natur, die wir leben und der wir entsprechen, wenn wir einsichtig wären; und die wir doch brechen, weil wir den Regeln der Gesellschaft folgen. Die Vernunft der Natur ist das Maß, an dem die Unvernunft unserer faktischen Lebensverhältnisse klar wird.

Rousseau hat dieses Thema mit einem Paukenschlag eingeführt, der ihn schlagartig berühmt gemacht hat. 1749 hat die Akademie von Dijon die Preisfrage ausgeschrieben, „ob die Erneuerung der Wissenschaften und Künste zur Besserung der Sitten beigetragen haben", in der stillschweigenden Annahme, dass man im Ernst dem in der Frage enthaltenen Credo des bürgerlichen Fortschrittgeistes nicht widersprechen kann. Wissenschaft und Kunst sind Garanten der Kultur; sie haben eine moralisch-politische Bedeutung. Worin sie im Einzelnen besteht und wie sie sich zeigt, das konnte füglich in der Antwort erwartet werden. Es ist, als ob Rousseau es darauf anlegt, gerade die Antwort zu geben, die am wenigsten erwartet wird, die am meisten provoziert und ihn als unabhängigen, freien Geist ausweist. Er sagt: Die Wissenschaften und die Künste haben nicht nur nicht zur Verbesserung der Sitten beigetragen, sondern sie sind die Quelle der Verderbtheit, der Künstlichkeit, der verlorenen Selbstsicherheit der Menschen; sie sind nicht Instrumente der Freiheit, sondern Fesseln und Schranken, die ihn verbiegen, verformen und sich selbst entfremden. Die Gesellschaft und ihr Wissen sind die Quelle des Unglücks, nicht des Fortschritts zum Glück. Sie bricht die gute Natur des Menschen, und eine der Formen, in der das geschieht, ist die Erziehung. In dem zweiten Discours von 1755 über den „Ursprung der Ungleichheit unter den Menschen" vertieft Rousseau diesen Gedankengang: Im Naturzustande, im vorgesellschaftlichen Stadium ist der Mensch gut, sicher und frei, wo allen alles gehört. Doch mit dem Eigentum ist das Unglück der Gesellschaft und des Sozialen, ist die kriegerische Ungleichheit gekommen. Eigentum verdirbt den Charakter, weil die Menschen sich nach dem vergleichen, was sie haben, und nicht mehr nach dem, was sie sind. Insofern ist das Eigentum die Quelle des sozialen Elends; seine Verteidigung, Vermehrung und Verteilung der Inhalt der Geschichte, die eine Geschichte des Verfalls und eine Trauergeschichte ist; Entfernung aus dem Paradies des natürlichen Daseins; Verlust der Unmittelbarkeit, der Unschuld der Empfindung und des Gefühls, Verlust der Reinheit der Sitten; und statt dessen Konvention, Wissenschaft, Spitzfindigkeit und Luxus oben, Elend, Armut und Dummheit unten.

Soweit das ideologische Gerüst. Es ist nicht schwer, von hier nach vorwärts die Linie zu neueren Theorien der Gesellschaft und des Menschen zu verlängern, und man sieht auch nach rückwärts, wie Rousseau die Motive der utopischen Literatur aufnimmt und mit einem realgeschichtlichen Zustand am Anfang der Menschheit gleichsetzt. Es hat einen Friedenszustand am Anfang gegeben; wenn wir uns darauf besinnen, so der unausdrückliche Schluss, dann können wir ihn auch wiederherstellen. Es sieht nun so aus, als ob die Gültigkeit dieses Gedankens daran hängt, ob es tatsächlich ein solches Paradies vor Urzeiten gegeben hat oder nicht, ob die Wilden tatsächlich friedselig sind oder nicht. Das ist eine empirische Frage für die geschichtliche und die völkerkundliche Forschung. In der Tat gab und gibt es solche Forschung. Sie hat diese Frage *de facto* bis heute nicht entschieden, sondern geht ihren streitbaren Forschungsgang mit Hypothese und Widerlegung weiter. Aber die Thesen Rousseaus sind weniger ein empirischer Forschungsbeitrag, sie enthalten vielmehr ein Programm und eine Handlungsorientierung, das heißt: man kann und muss sie ganz anders lesen: nicht als bestätigungsfähige Aussage über entlegene und vergangene Ereignisse, sondern als Regulativ für unser Verhalten.

Was bedeutet es, dass Rousseau einen Nullpunkt der Geschichte annimmt, einen vorgeschichtlichen Zustand des Friedens und der Natürlichkeit? Damit stellt er einen utopischen Maßstab auf, nämlich einen Maßstab, nach dem wir die Welt herstellen, die im Bild des Naturzustandes als eine fertige vorgestellt wird. Dieser Naturzustand ist ein Bild, nach dem wir handeln sollen, nicht eine Beschreibung, die wir verifizieren oder falsifizieren können. Es geht nicht um die historisch-faktische Frage, ob es wirklich edle Wilde gibt, ob es tatsächlich naturwüchsige Gesellschaften gibt, wie die Trobriand-Insulaner, in denen allgemeine Zufriedenheit und kein Wettbewerb herrscht, vielmehr ist Natur eine Metapher dessen, was erst noch werden soll und als Aufgabe vor uns liegt.

Die Funktion seiner Annahme eines Naturzustandes ist darin zu sehen, dass sie einen Maßstab für die Ordnung und Besserung der gesellschaftlichen Verhältnisse, der Herstellung einer vernünftigen Eigentumsordnung und einer vernünftigen, nämlich naturgemäßen Erziehung abgibt. Denn die Natur des Menschen ist ja nicht etwas Vergangenes, das einmal war und nicht wiederkommt, so wie das Römische Reich vergangen und vorbei ist, sie ist vielmehr verschüttet und verborgen; sie ist gegenwärtig in der Kindheit und doch verhüllt. Die Vorstellung einer reinen und unverstellten Natur ist eine Erinnerung und Mahnung daran, dass wir etwas sein könnten, was wir tatsächlich verfehlen. Insofern wird über den Sinn und den Gehalt der Rousseau-These nicht durch die historische Forschung entschieden, etwa dadurch, dass man Südseevölker ausfindig macht, die keinen Krieg und keine Besitzteilung kennen; der Sinn wird hergestellt durch ein Verhalten, das die Natur im Menschen wieder herstellt.

Wie das geschehen kann, ist nun im „Emile" dargestellt. Er beginnt mit dem lapidaren Satz: „Alles ist gut, wie es aus den Händen des Schöpfers hervorgeht, alles entartet unter den Händen der Menschen." Diese Prämisse enthält *in nuce* das Erziehungsprogramm des „Emile", es ist das Naturevangelium der Erziehung als Wachsenlassen; denn das Leben hat einen eigenen, sich vollziehenden Sinn, dem der Erzieher nur zu folgen braucht, statt in die Natur etwas anderes, das Kulturelle und Soziale, hineinzuarbeiten. Natur muss nicht gebrochen, sondern erfüllt werden: Erziehung heißt nicht Anderswerden durch pädagogisch-kulturelle Einwirkung, sondern Entwicklung, Entfaltung und Reifung dessen, was an sich schon im Menschen, gerade im Kinde und im Heranwachsenden ist. Die Vernunft der Natur bringt sich selbst ans Licht in der Vernunftnatur des Menschen.

Daraus folgt für Rousseau der Satz: „Jedes Alter, jeder Zustand des Lebens hat eine Vollkommenheit, die nur ihm entspricht, eine Art Reife, die nur ihm eigentümlich ist." Man kann sagen, dass diese Auffassung inzwischen Gemeingut der theoretischen Pädagogik geworden ist. Das Kind ist kein kleiner Erwachsener; es darf nicht mit den Maßstäben und den Begriffen der Erwachsenen begriffen und verstanden werden, sondern hat ein Recht, sozusagen ein Naturrecht darauf, als Kind verstanden und ernstgenommen zu werden. Die Eigenart des Kindes, des Jugendlichen, des Adoleszenten ist nichts Vorläufiges und Unvollkommenes, sondern hat ein eigenes Ausdrucks- und Lebensrecht; es muss ihr Gelegenheit gegeben werden, sich auszuleben und sich zu zeigen, gerade dann ist die Gewähr dafür gegeben, dass es mit seiner Reifung über sich hinauskommt und gerade dann wächst, wenn es jede Stufe altersgerecht durchlebt. Das ist ein Argument gegen die Verfrühung, gegen die unzeitgemäße Erziehung, die nicht warten kann und die Kinder mit Lehren und intellektuellen Vorwegnahmen traktiert, für die ihnen die passenden Organe noch fehlen.

Überhaupt kann die Erziehung gar nichts machen im Sinne des Herstellens; denn in Wahrheit ist sie ein Teil des Wachstums. Daran hat sich das pädagogische Handeln zu orientieren, nämlich an den naturbestimmten Formen der Auffassung und des Könnens der Heranwachsenden. Wie das im Einzelnen aussieht und von Rousseau Schritt für Schritt nachgezeichnet wird, hat Volker Kraft mit minutiöser Sorgfalt in seinem Emile-Kommentar vorgeführt (Kraft 1993). Ich gebe hier nur ein Skizze des Entwicklungsschemas der natürlichen Entfaltung und des Stufenganges der kindlich-jugendlichen Entwicklung nach Rousseau.

Die erste Phase bis zum Sprechenlernen ist eine Erziehung durch die Dinge, *par les choses*: man könnte interpretierend übersetzen: durch die je gegebenen Sachlagen und durch eine Umwelt, die reich an Eindrücken und sinnfälligen Erfahrungen sein soll. Das Kind soll schon in dieser Zeit seine Kräfte ungestört gebrauchen und durch Gebrauch ausüben. Wesentlich ist, dass Rousseau schon die frühe Phase unter die Erziehung einbezieht, sie beginnt nicht erst mit der Sprache und der Möglichkeit von Gebot und Belehrung; im Gegenteil, auch in der zweiten Phase, wenn das Kind sprechen gelernt hat und sich im symbolischen Raum bewegen kann, soll man tunlichst darauf achten, dass es das, was es erfährt, sinnhaft-leiblich erfährt; denn es sind nicht die Worte, denen die wesentliche erzieherische Bedeutung zukommt, sondern die Sachlagen, denen wir uns ausgesetzt finden und auf die wir reagieren. Rousseau macht das klar an der Strafe: die eigene Erfahrung der üblen Folgen eines falschen Verhaltens ist besser als das Verbot und die Bestrafung. Es ist gerade eine widernatürliche Erziehung, die vorwegnehmend und verfrühend über die Sprache das Verhalten prägen oder manipulieren will.

Der Leitgedanke ist die Selbsttätigkeit, der unmittelbare Umgang mit den Dingen, die praktische Auseinandersetzung mit der Welt. Erst nach dem 12. Jahre, mit der dritten Phase, beginnt das ausdrücklich-thematische Lernen, dann nämlich, wenn nach Rousseau die natürliche Wissbegierde über die unmittelbare Umwelt hinausgeht. Aber auch dieses im Wesentlichen sprachlich vermittelte Lernen soll den praktischen Gebrauch aufsuchen, die Werkstatt und das Arbeitsfeld, damit die Kenntnisse und Fertigkeiten nicht nur im übertragenen, sondern im unmittelbaren Sinne „erarbeitet“ werden. Ziel dieser Lebensphase ist ein praktisches Handwerk. Es mag mit dem 15. Jahr erreicht sein.

Bleibt die soziale und menschlich-emotionale Erziehung. Sie hat erst nach dem Einüben von Fertigkeiten und kognitiven

Standards, um es etwas moderner zu sagen, ihren Platz. Das ist in der Tat eine Eigentümlichkeit, um nicht zu sagen: eine Sonderbarkeit der Rousseau-Pädagogik, dass sie das Soziale und die religiöse Dimension erst so spät einsetzen lässt, gewissermaßen als Krönung der Erziehung. Vom 15. Jahr bis zur Heirat setzt also die soziale und affektive Erziehung ein, das Lernen im sozialen Verbande und der sozialen Bezüge, die den Zögling zu einem sozialen Wesen machen. Dieser Vorschlag ist nicht so sonderbar, wenn man Rousseaus Ausgangsprämisse bedenkt: die Quelle aller Verfehlungen, der Entfremdung und Deformation ist das Soziale, wie es in der gegenwärtigen Gesellschaft anzutreffen ist. Da erscheint es logisch, dass die sozialen Beziehungen erst dann ins Spiel gebracht werden, wenn der Einzelne hinreichend gefestigt und „fertig" ist. Die soziale Erziehung soll der individuellen folgen, zum Vorteil der Gesellschaft.

Insgesamt ist dem Erziehungsplan ein Zug gegen die Buchgelehrsamkeit, gegen das vermittelte Wissen, das Symbolisieren und Abstrahieren eigentümlich. Nahe Verhältnisse, praktische Beziehungen, direkte Erfahrungen, an denen sich der Einzelne misst, sind das Medium der Erziehung. Denn die Sinne trügen nicht, während das Weitläufige und Abstrakte des bloßen Redens und der Wortverkündigung ins Ungefähre, Unverbindliche und Künstliche führt. Lernen ist Arbeit, Realbegegnung, und Erziehung ist Entwicklung gemäß dem, was auf einer Lebensstufe möglich ist. Im Einzelnen mag man an dem Konzept Rousseaus Kritik üben. In der Tat hat die Entwicklungspsychologie ein anderes Bild des Kindes, seiner affektiven und kognitiven Entfaltung entworfen; aber das ist hier gar nicht das Entscheidende. Das empirische Detail ist Sache der Einzelforschung, die fortgeht, differenziert und neue Sichten gewinnt. Bedeutsam ist dagegen, dass Rousseau überhaupt die Eigenwelt des Kindes als Faktum erkannt und pädagogische Folgerungen daraus gezogen hat. Er hat damit eine Perspektive eröffnet, in der die empirisch-psychologische Erforschung der kindlichen Seele ihren Platz hat. Vorher gab es gewissermaßen nur *eine* Psychologie für alle Lebensalter, eine Lehre von der Seele schlechthin, jetzt besteht die Aufgabe, die seelische Besonderheit der Altersstufen noch innerhalb von Kindheit und Jugend zu erforschen und die Erziehungspläne darauf abzustellen. Das ist die psychologische Dimension der Rousseauschen Pädagogik. Sie ist fortgesetzt worden von Pestalozzi, von der Pädagogik des Kinderspiels und der Kinderwelt bei Friedrich Fröbel, dem Gründer des Kindergartens; sie ist erweitert und vertieft worden von Maria Montessori, die 1906 das Buch mit dem programmatischen Titel herausbringt: „Kinder sind anders". Diese Perspektive ist dann noch einmal radikal verschärft worden durch die Analysen von Sigmund Freud, der die Sexualität des Kindes diagnostiziert und das Drama der Primärbeziehungen in ihrer Bedeutung für die Charakterentwicklung herausgestellt hat. Damit war allerdings der Traum von der Unschuld des Kindes ausgeträumt. Es zeigte sich, dass schon in den Vorspielen des Lebens die Einstellung zum anderen Geschlecht, das Selbstwertgefühl, die Selbstachtung geprägt werden. Schließlich sei noch auf die großangelegte Struktur- und Entwicklungspsychologie eines anderen Genfer Gelehrten hingewiesen, nämlich auf Jean Piaget, sozusagen den Rousseau des 20. Jahrhunderts. Der Hinweis auf diese Namen und Forschungsrichtungen mag genügen, um zu zeigen, dass die Optik sich grundlegend gewandelt hat. Die Erforschung der Psychologie des Kindes, seiner Lernformen und Erziehbarkeit, der Selbstorganisation des Lernens im Umgang mit Dingen und dem eigenen Körper: alles dies ist Teil der Erziehungswissenschaft, und darin ist sie Rousseau und dem Pathos der natürlichen Erziehung verpflichtet, auch wenn die Ergebnisse anders aussehen und den poetischen Zauber verloren haben, der über dem „Emile" liegt.

Die zweite wichtige pädagogische Perspektive, die Rousseau vertieft und neu vermittelt hat, ist die Einbettung der Lebensgeschichte in die Geschichte der Gattung. Was die natürliche Erziehung wieder herstellen soll, ist ja der angenommene Naturzustand des Menschen, seine Fähigkeit zum Frieden und seine Bestimmung zur Selbstständigkeit. Der psychologische Blick auf den Einzelnen ist die eine Seite; die andere ist die große welt- und sozialgeschichtliche Perspektive, die den Menschen in seiner Verborgenheit zeigt, in einem faktischen Zustand, der noch der Enthüllung und Entbergung harrt. Auch das ist ein revolutionärer, neuer Gedanke gewesen. Man muss sich klar machen, wie man zuvor über den Menschen dachte und wie heute die meisten geläufigerweise über sich denken, um sich die Tragweite dessen zu vergegenwärtigen. Normalerweise nehmen wir an, dass wir uns kennen, dass wir uns durchschauen und bei uns sind.

Rousseau sagt und behauptet, dass wir im Gegenteil gar nicht wissen, wer wir eigentlich und unserer natürlichen Bestimmung nach sind. Die Annahme des historischen Nullpunktes, eines vorgesellschaftlichen Zustandes soll daran erinnern, dass der Mensch *außer sich* ist, dass er sein Wesen tatsächlich in den gegebenen Verhältnissen verfehlt: er lebt faktisch im Zustande der Fremdheit noch sich selbst gegenüber. Was er von Natur und „an sich" ist, ist er als soziales Wesen in seinem gelebten Leben gerade nicht. Erziehung ist der eine Weg, diese Fremdheit oder Entfremdung, um den Ausdruck von Hegel und Marx aufzunehmen, aufzuheben und sein wahres Wesen herauszustellen. Der andere Weg ist der der Politik. Für beide Wege gilt: Der gegenwärtig-gegebene Zustand ist nicht endgültig, er ist pathologisch und bedarf der Analyse, der Auflösung und Wiederherstellung von Gesundheit.

Diese Wendung auf das Pathologische unseres Zustands scheint mir das Bedeutsamste an der Rousseauschen Spekulation zu sein. Darin ist ein Vorgänger der maßgebenden Theorien des sozialen und des individuellen Lebens. Wir fallen nicht in den Irrtum wie in eine Grube, gelegentlich und versehentlich, sondern wir sind in der Grube. Das ist der Leitgedanke für inhaltlich so verschiedene Auffassungen vom Menschen und seiner Geschichte, wie der Sozialtheorie von Karl Marx und der tiefenpsychologischen Sicht des Menschen von Sigmund Freud. Was an Freud zunächst so irritierte, war ja gerade die Behauptung, dass wir uns nicht mit uns selbst auskennen, dass unsere Motive, welche Gründe wir auch für sie vorbringen, in Wahrheit hinterrücks und von unten wirken. Wir verfügen nicht über uns selbst, und es bedarf erst einer Analyse, um unsere Geschichte aufzuhellen und sie produktiv fortzusetzen. Das Normale ist nicht die Regel, von dem man ausgehen kann, sondern das Ziel, auf das man hinarbeiten muss. Hier hat Rousseau eine Schneise geschlagen mit seiner Lehre von der natürlichen Unverderbtheit des Menschen angesichts seiner faktischen Verdorbenheit und der unfreien Zustände, in denen er lebt, des Kriegszustandes, der ihn unglücklich macht.

Und eine dritte Perspektive ist von Rousseau artikuliert worden, die in unterschiedlicher Weise Geschichte gemacht hat und zu unserer Gegenwart gehört. Ich sagte schon, dass die moralische und religiöse Erziehung und die Einbindung in die soziale

Gegenwart am Ende des Erziehungsganges steht. Ausdrücklich erklärt Rousseau, er wolle *Menschen*, nicht *Bürger* erziehen. Erst der fertige Mensch, frei und seiner selbst gewiss, soll in soziale Beziehungen eintreten; die Erhebung zum Menschen geht der Einbürgerung, der Ausbildung einer Berufsrolle und der Brauchbarkeit, wie die Aufklärer andernorts sagten, voran. Hier wird ein Problem berührt, das bei Rousseau selbst unausgeglichen und zuletzt widersprüchlich bleibt. In seiner Staatslehre zeigt er, wie sich der richtige Staat aus dem freien Willen souveräner, fertiger Menschen ergibt; aber dieser so entstandene Staat hat dann auch das Recht, die Einzelnen nach seiner Einsicht und seinem Willen zu formen. Das widerstreitet entschieden der Individualpädagogik und Menschheitserziehung, die Rousseau im „Emile" vorträgt. Es bleibt ein Problem, wie sich der Anspruch des Individuums zur Selbstausbildung mit dem Willen des Staates verträgt, die Subjekte zu Bürgern zu machen; auch dann, wenn dieser Staat nach vollkommenen Regeln gestaltet ist. Die Wortführer der Französische Revolution haben sich auch auf Rousseau berufen, wenn sie wie Robespierre die Kinder als Besitz des Staates deklarierten, der sie nach seinem Willen formt. Gerade der totalitäre, besitzergreifende Zug des modernen Staates findet sich bei Rousseau begründet, ebenso wie auch die gegenstaatliche, individuelle Erziehung, die sich ganz aus der Rücksicht auf die Besonderheiten des Subjekts herleitet. Dieser Widerspruch ist durch den Fortgang der Revolution selbst manifest geworden; es ist die Dialektik der Freiheit, die zu ihrem Schutz sich institutionell verfestigen und sichern muss und eben dadurch die Freiheit vernichtet und aufhebt, der noch der revolutionäre Impuls sich verdankt. In der Literatur kann man deshalb Rousseau sowohl als Herold der individuellen Freiheit gefeiert sehen wie auch als Vorboten des „Terrors der Tugend", als Gründungsvater der Anti-Pädagogik wie der autoritären Staatspädagogik.

In der Erziehungswissenschaft spiegelt sich diese Zweideutigkeit in dem Schwanken zwischen dem reformatorischen oder revolutionären Motiv auf der einen und der Erziehung zum Staatsbürger auf der anderen Seite; zwischen Brauchbarkeit und Nutzen einerseits und Menschheitspathos und allgemeiner Bildung andererseits. Soll zu Berufen, nützlichen Fertigkeiten und sozialen Rollen erzogen und gebildet werden, oder gilt es, die allgemeine, abstrakte Bildung der Individuen voranzustellen, die dann im freien Verkehr eine vernünftige Gesellschaft hervorbringen? Bei Rousseau bleibt der Widerstreit dieser beiden Motive ungeschlichtet, aber das ist nicht allein das Unvermögen und die unsystematische Denkungsart eines unschlüssigen Autors, sondern ein Zug der Sache: Erziehung geht 1. sowohl auf die Forderung der Gegenwart mit ihren bestehenden Funktionen, aber dann steht die Pädagogik als das Bewusstsein, das die Erziehung begleitet, in der Gefahr, nicht mehr als die Magd der Politik zu sein, und 2. zielt das Erziehen auf die Ausbildung der idealen Individualität, dann aber enthält sie ein revolutionäres Potential und wird als Gegenpädagogik zum Sprachrohr des Protests gegen die bestehenden verfassten Ordnungen.

Lit.: J.-J. Rousseau: Emile ou de l'éducation (1762), hrsg. v. F. u. P. Richard, Paris 1964; ders.: Emile oder über die Erziehung, hrsg. v. L. Schmidt, Paderborn 1978 u.ö.; V. Kraft: Rousseaus Emile: Lehr- und Studienbuch, Bad Heilbrunn 1993

13. Wilhelm v. Humboldt: Ideen zu einem Versuch, die Grenzen der Wirksamkeit des Staates zu bestimmen

Wenn bei uns von Bildung die Rede ist, dann fällt unweigerlich auch der Name Humboldt, Wilhelm v. Humboldt wohlgemerkt (1767–1835) – nicht der des gleichfalls bedeutenden, jüngeren Bruders, des Weltreisenden und Naturforschers Alexander (1769–1859). Gymnasium – humanistisches Gymnasium oder wenigstens das Gymnasium im Geiste Humboldts – und Universität als Ort für die Einheit von Lehre und Forschung gegenüber einer bloßen Berufsoberschule – das wird unserem Humboldt zugerechnet. Es liegen auch die üblichen Zitatbrocken als feste Versatzstücke der Bildungs- und Universitätsrhetorik bereit: aus dem „Litauischen Schulplan" von 1809 die Formel von „Einsamkeit und Freiheit" für die rechte Art des Studierens, und für Bildung überhaupt ein Satz aus der Schrift, die uns jetzt beschäftigen soll: „Der wahre Zweck des Menschen – nicht der, welchen die wechselnde Neigung, sondern welchen die ewig unveränderliche Vernunft ihm vorschreibt – ist die höchste und proportionierlichste Bildung seiner Kräfte zu einem Ganzen." In der Inhaltsübersicht, die dem Text beigegeben ist, heißt es allerdings etwas anders. Da besteht „der höchste und letzte Zweck jedes Menschen (in) der höchsten und proportionierlichsten Ausbildung seiner Kräfte in ihrer individuellen Eigentümlichkeit".

Um diese beiden Sätze soll es im Folgenden gehen. Man kann den ersten Satz wie eine Formel herauslösen und für sich betrachten; aber dieser Weg soll nicht beschritten werden, sondern ich will auf seine Entstehung und den Zusammenhang mit Humboldts Lehre vom Staatszweck eingehen, um ihn von daher verständlich zu machen und dann in seiner sachlichen Bedeutung zu beurteilen. Der erste Gesichtspunkt ist historisch, der zweite systematisch. Man liest historisch, wenn man eine Quelle, ein Dokument, ein Buch in den Zusammenhang stellt, in dem sie entstanden sind, was sie benutzen und unausgesprochen voraussetzen, worauf sie reagieren und an wen sie sich wenden, und wenn man dazu die Zeitlage, aber auch seine eigene Generationslage berücksichtigt; man liest systematisch, wenn man die einfache Frage stellt: Stimmt das, was der Verfasser sagt? Ist es begründet und kann man sich das Gemeinte zu eigen machen? Mit dieser vorläufig groben Unterscheidung von historisch und systematisch will ich anfangen. Man kann vielleicht sagen, dass die Autoren des klassischen Zeitalters der deutschen Literatur so etwas wie Zeitgenossen sind, aber so richtig dann doch wieder nicht, so dass man immer auch den Abstand bedenken muss, der uns von damals trennt. Aber insgesamt ist hier die Wahrheits- und Geltungsfrage leitend: Was können wir direkt noch von Humboldt lernen? Was bleibt, wenn man die Zeitbedingungen und seine Biographie abzieht; was gehört zu seiner Wirkung? Und inwiefern ist seine Wirkung fördernd, inwieweit ist sie irreführend, vielleicht sogar, wie gesagt worden ist, verhängnisvoll?

Die erste Frage an Humboldt, eigentlich eine Vor-Frage lautet: Ist Humboldt überhaupt ein Autor der Pädagogik? „Ja", kann man sagen: er war schließlich als zuständiger Minister für die Einrichtung der Berliner Universität, der Friedrich-Wilhelm-Universität, verantwortlich oder mitverantwortlich. Heute ist es die Humboldt-Universität, seitdem wir es nicht mehr mit den Fürstlichkeiten halten, benannt nach beiden Humboldts. Deshalb finden sich die Statuen beider, Alexanders und Wilhelms, vor dem Hauptgebäude in Berlin. Unser Humboldt hat die Reform des Schulwesens in der preußischen Reformzeit eingeleitet; die Klipp- und Winkelschulen abgeräumt und damit der allgemeinen, öffentlichen Volksschule den Weg gebahnt; und er hat eben die alte Lateinschule in das damals moderne, humanistische Gymnasium transformiert. Das waren Ergebnisse seiner Amtstätigkeit von Januar 1809 bis Anfang 1811. In diesem Abschnitt war er so etwas wie der Erziehungsdiktator Preußens, eine Stellung, die man sich nur wünschen kann, wenn man den Kopf voller Ideen hat und sich von Gremien, Unterausschüssen, Elterninitiativen und sonstigen Mittelmäßigkeiten befreit sehen möchte. Aber deshalb ist man noch kein Förderer des pädagogischen Wissens, sondern gehört eher in die Soziologie der Erziehung. Das wird oft übersehen. Tatsächlich ist Humboldt erst durch die Rezeption und Interpretation Eduard Sprangers (1882–1963) und seine beiden Bücher über Humboldt zum Pädagogen geworden. Das erste von 1909 behandelt Humboldts

Humanitätsphilosophie, das zweite von 1910 den Bildungsorganisator.

Das erste Buch ist Sprangers Habilitationsschrift. Dazu muss man wissen: wenn man seine Karriereaussichten in der wilhelminischen Zeit fördern wollte, empfahl sich die Beschäftigung mit einem der Heroen der preußischen Reformzeit. Deshalb gab es Arbeiten über Gneisenau und Clausewitz, Stein und Hardenberg. Damit wurde man zwischen 1880 und 1914 was. Aber die Heroen gingen langsam aus. Humboldt war noch übrig, und Spranger marschierte ins Preußische Staatsarchiv und fand da die Schulschriften Humboldts, Amtsakten, Aide-memoires. Um die hatte sich bis dahin niemand gekümmert. Und siehe da: Spranger konnte den intellektuellen Hintergrund und die pädagogischen Überlegungen Humboldts rekonstruieren. Das zeigt etwas Charakteristisches: Humboldt ist in seiner eigenen Zeit gar nicht umfassend gelesen worden, das war gar nicht möglich. Man kannte den Sprachforscher und großen Philologen; der Pädagoge Humboldt ist eine Entdeckung aus dem Beginn des 20. Jahrhunderts. Ähnlich ist es im Übrigen Schleiermacher mit seiner Pädagogik, und dann noch einmal Dilthey ergangen. Schleiermachers „Pädagogische Vorlesungen“, erst 1808 und dann noch einmal 1826 gehalten, sind erst 1852 veröffentlicht worden, und das Oeuvre Diltheys (gest.1811) wurde umfassend erst in den zwanziger Jahren zugänglich. Fazit: Es gibt Meisterdenker ohne Hauptwerk in ihrer eigenen Zeit. Humboldt gehört dazu. Auch die Schrift über die „Grenzen der Wirksamkeit des Staates“ erschien zunächst nur in einzelnen Aufsätzen, 1792; als Buch erst 1852.

Zurück zu Sprangers Humboldt-Interpretation. Hier ist etwas merkwürdig. Es gibt sozusagen einen doppelten Humboldt. Einerseits den Humanitätsapostel und andererseits den Verwaltungsmann und Politiker. So sieht es aus, und so ist es auch. Wir haben es in der Pädagogik vor allem mit dem Bildungs- und Humanitätslehrer zu tun, der dann seinen pädagogischen Stiftungen davon sicherlich etwas hat mitgeben wollen; aber es bleibt eine Differenz zwischen Wirklichkeit und Idee. Diese Differenz ist früh angelegt; sie betrifft sowohl den Bildungsgang Humboldts wie seine öffentliche Wirksamkeit, sie betrifft aber auch das Problem der Bildung in trostloser Zeit. Es lässt sich fassen als das Problem, wie Wirklichkeit und Idee sich nach

Humboldt zueinander verhalten und wie man sie zum Ausgleich bringen kann. Das ist unser Thema für die folgenden Bemerkungen. Es geht, anders gefasst, um das Verhältnis von Staat und Individuum, oder näher an der Sprache unseres Faches: um das Verhältnis von Politik und Pädagogik.

Diese Frage, so setzen Humboldts Überlegungen ein, sei viel zu wenig behandelt worden, „die Frage nämlich, zu welchem Zweck die ganze Staatseinrichtung hin arbeiten, und welche Schranken sie ihrer Wirksamkeit setzen soll?“ Bisher habe man sich allzu sehr mit Fragen der Machtverteilung, der Verwaltung und überhaupt mit technischen Fragen befasst: 1. wer herrschen und wer dienen solle, und 2. inwieweit der Staat in das Privatleben eingreifen dürfe. Das ist ein merkwürdiger Eingang für eine Staatsschrift; bestenfalls die erste Zentralfrage: wer herrschen und wer dienen solle, gehört zum überlieferten Fragenkreis der Politik; aber dieser Frage geht Humboldt im Folgenden gar nicht weiter nach. Die zweite Frage dagegen ist von vornherein staatskritisch angelegt. Wenigstens handelt es sich um eine Kritik in dem Sinne, wie Kant seine Vernunftkritik durchgeführt hatte. Welche Grenzen hat die Vernunft, was können wir erkennen und was nicht? So auch Humboldt: Wie viel Staat brauchen wir und wo ist er schädlich und überflüssig? Nun sei es früher, insbesondere bei den Alten – gemeint sind da meist die Athener – im Staat und durch den Staat immer auch um Tugend gegangen, so dass man Platos Idealstaat geradezu als Erziehungsstaat ansehen könne; in der neueren Zeit aber stehe nicht Tugend, sondern Glückseligkeit im Vordergrund, wirtschaftliche Sicherheit und Wohlleben, Beförderung des Ackerbaus, des Handels, der Handwerke, ja selbst die Künste und Wissenschaften würden in den Dienst des Staates gestellt. Was Humboldt da beschreibt, ist in der Tat der moderne Staat der Daseinsvorsorge, der Wohlstandssicherung und der Wahrung von Eigentum. Das hatte im Übrigen schon John Locke um 1700 gelehrt. Auf ihn gehen die modernen Verfassungen zurück, wenn sie wie die amerikanische geradezu das Recht des „*pursuit of happiness*“, der Steigerung der Lebenswohlfahrt und der Garantie des Eigentums proklamieren.

Dies alles, sagt nun Humboldt, bedarf der Prüfung. Erschöpft sich der Zweck des Staates darin, Daseinsvorsorge zu betreiben? Und was ergibt sich daraus für das Individuum? Die Antwort darauf ist eingangs schon gegeben: Der wahre Zweck des Lebens ist vor- und außerstaatlich. Jetzt sehen wir, wie der Ort die Bildung in dem Gedankengang Humboldts bestimmt wird. Über dem Staatszweck steht der Zweck des Individuums, der „wahre Zweck des Menschen", welchen „die ewig unveränderliche Natur uns vorschreibt" und das ist die „höchste und proportionierlichste Bildung der Kräfte zu einem Ganzen".

Ich gehe jetzt näher auf diese Leitformel ein: Was ist mit Zweck gemeint? Wenn wir von dem Zweck einer Sache oder einer Verbindung oder überhaupt vom Zweck des menschlichen Lebens sprechen, meinen wir das, wodurch etwas als das bestimmt wird, was es in Wahrheit ist. Zweck ist nicht ohne weiteres dasselbe wie Ziel. Das Ziel einer Reise kann Amerika oder eine andere Stadt sein, aber der Zweck ist das, warum man reist. Im neueren Sprachgebrauch hat sich dafür auch das Wort „Sinn" eingebürgert. Wir könnten hier ebenso gut vom Sinn des menschlichen Lebens sprechen. Bildung ist das, was dem Leben Sinn gibt.

Das Wort „Bildung" hat in der zweiten Hälfte des 18. Jahrhunderts geradezu Karriere gemacht. Noch beim jungen Goethe kann der Satz: „Sie war gebildet" bedeuten: sie sah gut aus, so wie wir von Gesichtsbildung oder Faltenbildung sprechen. Dennoch würde es heute seltsam anmuten, der Nase Bildung zuzusprechen. Es ist immer aufschlussreich, solchen Bedeutungsveränderungen nachzugehen. Wozu brauchte man „Bildung" in der neueren Bedeutung, und was war die neue Bedeutung, wenn nicht mehr das Aussehen und die physische Erscheinung gemeint waren? Es ist klar, dass mit „Bildung" hier nicht mehr Frömmigkeit oder Gottseligkeit gemeint ist, dass nicht mehr die Heiligung des Willens der Zweck des menschlichen Daseins ist, aber eben auch nicht Nützlichkeit und Tüchtigkeit. Das hatten einige der sog. Philanthropen gesagt, darunter auch Humboldts früherer Lehrer Campe. Der wahre Zweck sei Lebenstüchtigkeit; das scheint mir auch heute ganz akzeptabel, auch wenn das sich vielleicht etwas altbacken anhört. Aber wenn wir dafür die heute üblichen Stichworte einsetzen, nämlich Effizienz und Kompetenz als Merkmale des schlüsselqualifizierten Gegenwartsmenschen, dann kommt man dem Verständnis schon recht nahe. Aber das ist nicht Humboldt. Denn was er mit Bildung zu meinen scheint, ergibt sich aus dem Rückbezug auf uns selbst. Einmal wird es gekennzeichnet als Bildung zu einem Ganzen, und das andere Mal, in der Inhaltsübersicht, als Ausbildung zur individuellen Eigentümlichkeit.

Einmal Ganzheit, dann Eigentümlichkeit. Man fragt sich: ist in den beiden Versionen dasselbe gemeint, so dass wir es nur mit einer sprachlichen Variation und zwei Wörtern für denselben Sachverhalt zu tun haben? Oder handelt es sich um unterschiedliche Ansichten desselben Sachverhalts, oder gar um eine sachliche Verschiedenheit, die aber unser Verfasser nicht bemerkt hat? Vielleicht weil er am Ende, als er das Inhaltsverzeichnis aufstellte, vergessen hatte, was er vorne geschrieben hat? Jedenfalls: solche Differenzen sind immer aufschlussreich. An ihnen sieht man oft, wo ein Problem liegt, das der Verfasser nicht vollständig aufgelöst hat. Es wäre durchaus möglich, die Bildung zur Eigentümlichkeit der Bildung zur Ganzheit oder zu einem Ganzen entgegenzusetzen. Das scheint aber gerade nicht die Ansicht Humboldts zu sein, sondern er zielt auf etwas dazwischen: Ganzheit als Eigentümlichkeit. Davon will ich wenigstens vorläufig ausgehen.

Was ist „eigentümlich“? Was nennen wir so? Nun, zum Beispiel eine Gebärde oder eine bestimmte Manier eines Menschen, manchmal auch eine Person insgesamt. Das heißt: wir bezeichnen damit das Besondere, das sich nicht wiederholt. Wie jemand den Kopf hält, sich dreht und wendet, geht und steht. Schon von weitem identifizieren wir auf diese Weise jemanden: das kann nur Gustav sein, kein anderer hat diesen beflissenen Wackelschritt. Und weiter: jeder von uns hat eine eigentümliche Handschrift, obwohl wir alle einmal die deutsche Normalschrift erlernt haben. In unserer Handschrift haben wir sogar ganz besonders die auch in Klausuren reichlich genutzte Möglichkeit, uns in unserer Besonderheit auszudrücken, in dem, was unverwechselbar nur uns angehört. Wie man leicht sieht, hat dies noch nichts mit Ganzheit oder Bildung zu einem Ganzen zu tun. Wenn Humboldt nur von Eigentümlichkeit und Bildung zur Eigentümlichkeit gesprochen hätte, könnte gemeint sein, jeder solle seine Besonderheit zur Geltung bringen, in Schrift und Sprache, in Haltung, Geschmack und Ansichten über Gott und die Welt. Wir nennen das heute auch das „Persönliche“ oder das „Selbst“, zum Beispiel wenn wir von „Selbstverwirklichung“ sprechen. Das ist ja nicht das, was alle tun und denken, wollen und tun, sondern das, was mich unverwechselbar identifiziert, sozusagen nach der Zarah-Leander-Parole: So bin ich und so bleib ich. Oft ja auch bockig und dumm auftrumpfend: so bin ich eben.

In der Tat dürfte Humboldt dem Eigentümlichen diese Bedeutung gegeben haben, aber eben doch mit einer charakteristischen Wendung: diese solle sich zur Ganzheit und zu einem Ganzen fügen. Man könnte sich ja in einem Gedankenspiel Menschen vorstellen, die aus lauter Schrullen, Marotten und Macken bestehen. Wenn man Glück hat, wird man dann für „kreativ" befunden. Was Humboldt offenbar meint, ist dagegen dies: die Einzelzüge in ihrer Besonderheit sollen zusammenpassen und aufeinander abgestimmt sein, so wie wir mehr oder minder darauf achten, dass unsere Kleidung in sich farblich und stofflich einigermaßen stimmig ist und im Übrigen auch zur Situation passt. Das ist zweifellos ein ästhetisches Ideal, keine moralische oder gar gesetzliche Vorschrift. Man kann auch im Rollkragenpullover und in Lumpenjeans in die Oper gehen oder zur Prüfung oder zum Vorstellungsgespräch erscheinen, unrasiert und ungewaschen; warum nicht? Ändert das etwas am Wesen des Menschen? So denken ja auch viele, so denkt Humboldt nicht: Die Teile sollen zusammenpassen und ein stimmiges Ganzes ergeben; die Sprechart, die Präsentation vor anderen, das Denken und Empfinden. In allen diesen Facetten und Erscheinungsformen zeigen wir uns, nicht als einfache, sondern als gegliederte Ganzheit, die insgesamt gestaltet sein sollte und in der die Einzelzüge proportionierlich aufeinander abgestimmt sind. „Proportionierlich" ist die lateinische Version dessen, was wir sonst auch griechisch „harmonisch" nennen. In der älteren Kunsttheorie wird von der *consonantia* gesprochen. Ein Kunstwerk ist dadurch ausgezeichnet, dass es als Ganzes etwas darstellt, das klar vor Augen steht oder als Ganzes gehört und erlebt werden kann, wie eine Sonate oder ein Bauwerk oder eine Ode, und das eindeutig als etwas bestimmt werden kann. Ist das erfüllt, dann ist das, was wir wahrnehmen, schön. *Claritas, consonantia* und *integritas*: das sind alte Grundbestimmungen des Schönen als des Wohlgeordneten und in sich Stimmigen.

Doch Humboldt sagt eben nicht nur, was die Tradition sagt, sondern eine solche Ganzheit soll eben auch eigentümlich, unwiederholbar sein, nicht bloß Erfüllung eines Musters oder einer Regel. Wie bringt er das zusammen? Über den Begriff der Kraft, ja gleich im Plural: es gibt Kräfte in jedem von uns auf eigentümliche Weise, so wie ja auch Begabungen etwas Besonderes sind. Die Aufgabe der Bildung besteht darin, diese Kräfte zum Ausdruck zu bringen, sie zu steigern und in ein harmonisches Verhältnis zu setzen. Die Kräfte werden gewissermaßen überformt, aber so, dass die Form von den Einzelnen selber gefunden und erzeugt werden soll. Die Abstimmung der Kräfte zu einer einheitlich-ganzheitlichen Gestalt, das ist der Bildungsprozess; er ist individuell, ästhetisch und wohl auch unabschließbar. Jeder Mensch ist ein Kunstwerk seiner selbst, indem er das, was in ihm angelegt ist, in einer fasslichen, abgestimmten Form zur Darstellung bringt. – Ich fasse vorläufig zusammen:

1. Der wahre Zweck des Menschen ist die je individuelle Selbstvervollkommnung.
2. Der Inhalt dieser Selbstvervollkommnung besteht darin, die angelegten Kräfte, Neigungen, Begabungen zur Entfaltung zu bringen und aufeinander abzustimmen.
3. Bildung als Verfahren, dieses Ideal der Selbstvervollkommnung zu realisieren, ist von dem Einzelnen selbst zu vollbringen. Sie ist kurz gefasst: Selbstformung.

Bevor ich weitergehe und die Frage behandle, warum dieses eigentlich pädagogische Programm in einer Staatsschrift zu finden ist, will ich noch etwas zum Begriff der Form sagen. In der Tradition und auch im alltäglichen Verständnis ist Form etwas Allgemeines, das dem besonderen Material aufgeprägt wird. Etwa so, wie wir beim Kuchenbacken eine Schablone benutzen, um danach immer neue, aber im Aussehen und im Umriss gleiche Figuren hervorzubringen. Es gibt den Teig, und der wird dann in eine Form gebracht, oder wie der Stempel, der dem Wachs eingeprägt wird. In dieser Weise ist früher auch das Erziehen umschrieben worden. Im 11. Jahrhundert sagt etwa der große Anselm v. Canterbury, man müsse Kinder wie Wachs ansehen; am Anfang sind sie weich und gleichsam flüssig, da kann man nicht viel erreichen und *noch nicht* richtig erziehen; die Erwachsenen hingegen gleichen hart gewordenem Wachs, da kann man *nicht mehr* erziehen. Es komme auf den Zwischenzustand an, nicht zu flüssig und noch nicht hart; da kann man die Heranwachsenden formen. Der Gedanke ist klar: Erziehen ist ein Formen, sozusagen von außen nach innen; mit dem Ziel, die außerordentliche Verschiedenheit der Menschen auszugleichen und alle gewissen Standards anzupassen. Das hat auch noch ein moderner Theoretiker um 1900 so gesehen, nämlich Emile Durkheim, der französische Soziologe und Pädagoge. Zunächst sind die Menschen amorph, eben formlos, und durch die Erziehung werden sie für die Gesellschaft in Form gebracht. Humboldt lehrt etwas ganz anderes: Form ist unser eigenes Verfahren, ist selber individuell. Dazu war in seiner Zeit ein neues Wort aufgekommen – Goethe ist der bedeutendste Zeuge dafür – nämlich das Wort und der Begriff der „inneren Form". Form nicht als äußere Schablone, als soziale Etikette, als politisch-rechtliche Vorschrift, der wir uns einfügen – und wenn nicht, werden wir gezwungen –, sondern Form als innere Gestalt und Anlage: „Geprägte Form die lebend sich entwickelt", so noch der alte Goethe in den „Urworten: Orphisch".

Dieses Konzept der inneren Form hat nun eine längere Vorgeschichte. Es ist nicht vom Himmel gefallen und plötzlich irgend jemand in den Sinn gekommen. Es stammt aus der christlichen Spekulation, nämlich aus der Annahme oder der Erfahrung, dass jede Seele unmittelbar zu Gott und vor Gott ist, etwas Einzigartiges und Unwiederholbares, aber auch Kostbares und überhaupt das Wichtigste in der Welt. Die Seele ist nach alter Auffassung die Form des Menschen, das, was ihn zum Menschen macht; „Seele" hier verstanden als Sammelausdruck für Vernunft und Gefühl, Motive und Verhaltensweisen, aus denen wir leben. Jede Seele ist etwas Besonderes, mit jedem Menschen hat Gott gleichsam etwas Besonderes vor: das ist das Innere, die innere Form, und in dieser Innerlichkeit haben wir unser wahres Leben, unseren wahren Zweck. Dieser Gedanke, der im christlichen Zusammenhang, man kann auch sagen: vor allem im protestantischen Zusammenhang eine vornehmlich moralische Bedeutung hat – jede Seele muss sich verantworten und um ihre Rettung bangen – ist im Zuge der Umprägung theologischer Konzepte in säkulare Handlungsmaximen ästhetisiert worden. Es wird Programm, sich zu finden, sich selber zu ordnen und eben so zu präsentieren, wie ich es gerade an Humboldt vorgeführt habe. Kurz gefasst: Die christlich-protestantische Innerlichkeit der Seele vor Gott wird zur selbstgewirkten Bildung als wahrer Zweck des Daseins. Das erklärt im Übrigen auch, warum wir diese Bildungsreligion, wie man sie gelegentlich auch genannt hat, eher im protestantischen Milieu antreffen. Am Anfang steht die Subjektivierung des Glaubens, darauf folgt die Erhebung des

Subjekts zum Schöpfer seiner selbst. Der nächste Schritt, den dann das 19. und 20. Jahrhundert vollzogen haben, ist der Schritt von der Ästhetisierung zur Psychologisierung: da ist dann kein Ideal der schönen Form mehr wirksam, auch nicht das Ideal, aus dem eigenen Leben eine Art Kunstwerk zu machen, sondern da wird die Sache schließlich platt und trivial: Ich will, was ich will; mich ausleben, Unlust vermeiden und Lust optimieren, um meinen Spaß zu haben.

Was ist aber nun mit dem „Staat"? Schließlich haben wir es mit einer Staatsschrift zu tun, einem Stück Politikwissenschaft, wie wir heute sagen würden. Der Staat ist die verfasste Form einer Gemeinschaft, eines Gemeinwesens, einer Gesellschaft oder mehrerer Gesellschaften in einem Verband. In der Tat handelt die Schrift vor allem davon: Wirtschaft und öffentliche Wohlfahrt, Sicherheit des Eigentums, Polizeiwesen (damals Innenpolitik und Verwaltung), Kriminalrecht, Zivilrecht usw. Das findet man heute bei den Juristen und Staatswissenschaftlern, aber nicht in der Pädagogik und der Bildungstheorie.

Was Humboldt da alles vorträgt, referiere ich nicht: nur den Leitgedanken will ich herausheben. Er steht schon im Titel: Es geht um die Grenzen des Staatshandelns. Der Staat ist nicht dazu da, die individuelle Vervollkommnung zu befördern, sondern ihm ist das „negative Wohl der Bürger für ihre Sicherheit" aufgetragen. Man hat das in der Literatur auch den Nachtwächterstaat genannt. Er passt auf, dass die Gesetze beachtet werden, aber er sagt den Menschen nicht, wie sie zu leben, was sie zu denken und wofür sie sich zu begeistern haben. Er regelt nur die äußeren Verhältnisse, und das soll er auch nur insoweit tun, als damit die Sicherheit vor den anderen gewährleistet ist. Zum Beispiel wird uns vorgeschrieben, wo wir uns auf öffentlichen Straßen zu bewegen haben, als Fußgänger, Autofahrer und Radfahrer. Das ist zwar nicht immer allen Verkehrsteilnehmern, z.B. Radfahrern, bekannt, aber es gibt sie, die Vorschriften für das Verhalten, die natürlich einen Eingriff in die Selbstbestimmung darstellen und dem Drang nach Selbstvollendung entgegenstehen. Und so viele andere Bestimmungen: es ist das Reich des Rechts, über das Politik sich realisiert. Das Recht ist gesetzlicher Zwang; hinter dem Gesetzt steht – das weiß Humboldt, er hat wie alle Gebildeten seinen Hobbes gelesen – der Henker mit dem Schwert. Diese Gewalt, *potestas* in der alten

Sprache der Politik, ist äußere Form; sie darf die innere Form nicht beschädigen; sie dient nur der bürgerlichen Sicherheit. Alles, was darüber hinausgeht, ist falsch und verfällt bei Humboldt der Kritik.

Auch hier sieht man den protestantischen und genauer: den augustinischen Hintergrund. Wir leben in zwei Welten, der *civitas terrena* und der *civitas Dei*, dem weltlichen Regiment und dem vorweggenommenen Reich der Gnade in Kirche und Gemeinde. Ohne diesen religiösen Bezug und in einer modernisierten Fassung erscheint diese Opposition als Dualismus von Innerlichkeit und gesetzestreuer Bürgerlichkeit, pädagogisch als Bildung zum wahren Menschen einerseits und Erziehung zu bloßer Brauchbarkeit und womöglich Philistertum andererseits. Das hatte sich schon bei Rousseau gefunden; als er die Erziehung zum „Menschen" der bloß nützlichen Erziehung zum Bürger gegenübergestellt hatte; und ein Echo dieser Mischung aus Menschheitspathos und Bürgerschelte konnte Humboldt 1789 Schillers Antrittsrede über die Form des richtigen Studierens entnehmen: nicht Brotstudium und für die soziale Praxis, sondern zum philosophischen Kopf sollten sich die Studenten bilden. Diese unselige Alternative klingt und wirkt nach bis heute als Opposition von bloßer Ausbildung und wahrer Bildung, von Unterricht, der bloß belehrt, und echtem Lernen, das die Beteiligten in ihrem Innersten ergreift und das sie deshalb auch im „Haus des Lernens" frohen Herzens bejahen können.

Gleichwohl wäre es verfehlt, die Differenz zwischen dem Lernen, das sich auf die Aufgaben und Erfordernisse der Gegenwart einrichtet, und dem uns selbst betreffenden, existenziellen Lernen nicht wahrhaben zu wollen. Sie gehört zur Wirklichkeit des realen Daseins und ist keine Erfindung von uns Pädagogen. Auch in anderen Bereichen bedarf es ständig einer Abwägung der Interessen und Selbstvervollkommnungswünsche des Einzelnen gegenüber den Ansprüchen der unumgänglichen Organisationen der Daseinsvorsorge. Das heißt für die Pädagogik: Je nach den Umständen und immer dann, wenn eine der beiden Seiten übermäßig betont erscheint, wird sich die Beurteilung der pädagogischen Verhältnisse dem einen oder dem anderen Pol zuneigen. Das legt es nahe, sich an eine Maxime zu erinnern, die früher auf den großen Segelschiffen galt: eine Hand für den Mann, die andere für das Boot. Das ist keine schlechte Regel, wenn es gilt, die rechte Balance zwischen der Verfolgung eigener Interessen und den Forderungen zu finden, die andere legitimerweise an uns stellen. Wir lernen für uns, aber vieles haben wir auch zu lernen, weil die anderen unser Können und Wissen brauchen, so wie wir auf sie angewiesen sind, um uns, wie Goethe einmal sagt, einigermaßen im Leben zu halten.

Lit.: W. v. Humboldt: Ideen zu einem Versuch, die Grenzen der Wirksamkeit des Staates zu bestimmen (1792). In: Werke in fünf Bänden, hrsg. v. A. Flitner u. K. Giel, Bd. 1, Darmstadt 1960; ders.: Der Königsberger und der Litauische Schulplan (1809). In: Werke …, Bd. 4, Darmstadt 1964; E. Spranger: Wilhelm v. Humboldt und die Humanitätsidee, Berlin 1909; ders.: Wilhelm v. Humboldt und die Reform des Bildungswesens, Berlin 1910

14. Friedrich Schiller: Über die ästhetische Erziehung des Menschen in einer Reihe von Briefen

Am 26. und 27. Mai 1789 hält Friedrich Schiller aus Marbach in Württemberg an der Universität Jena, der Salana, seine Antrittsvorlesung als außerordentlicher Professor der Geschichte; berufen von den vier Regierungen, die die Träger und Sponsoren der Universität Jena waren: Sachsen-Weimar, Sachsen-Gotha, Sachsen-Meiningen und Sachsen-Eisenach. Sein Förderer als Kurator der Universität war Goethe; der hatte ihn submissest empfohlen, und so war Schiller als Gelehrter und Wissenschaftler etabliert, allerdings ohne amtlich-feste Besoldung, ausgenommen die Studiengebühren für den Besuch seiner Veranstaltungen, gewissermaßen wie ein freier Mitarbeiter auf Werkvertragsbasis. Die fachliche Grundlage für die Aufnahme in die Philosophische Fakultät war seine „Geschichte des Abfalls der Niederlande", nach wie vor begeisternd zu lesen; ebenso wie seine „Geschichte des Dreißigjährigen Krieges", die dann aus seiner Lehrtätigkeit hervorgegangen ist.

Der Titel seiner Antrittsvorlesung war: „Was heißt und zu welchem Ende studiert man Weltgeschichte?" Es war ein riesiger Erfolg, ein Ereignis in Jena; mit studentischem Fackelzug und öffentlicher Beteiligung, wovon man heute nur noch träumen kann. Der Grund ist nicht schwer zu erraten: Schiller, das war doch der Autor der „Räuber", der „Luise Millerin", veröffentlicht unter dem reißerischen Buchhändlertitel „Kabale und Liebe", dann des „Fiesco", der Dichter des unsterblichen Hymnus „An die Freude", später von Beethoven genial vertont und zur Europahymne aufgestiegen, schließlich der Autor des „Don Carlos" mit dem Freiheitsmann Marquis Posa: „Sire, geben Sie Gedankenfreiheit!", und dem großen Wort an den Carlos, das ja ein Wort an die Jugend überhaupt war: „Sagen Sie ihm, dass er für die Träume seiner Jugend soll Achtung tragen, wenn er ein Mann sein wird!" Dieser Schiller also, von jungem Ruhm getragen, aber ziemlich mittellos, auch weiterhin dann immer auf Mäzene und Zuschüsse angewiesen, war der Mann der akademischen Jugend; selber ja auch erst 30 Jahre alt. Es war eine mutige, kühne Berufung an die für anderthalb Jahrzehnte neben Göttingen bedeutendste Universität im ausgehenden 18. und im Übergang zum 19. Jahrhundert: von der Bühne aufs Katheder, und er begann auch mit einem unerhörten, konzessionslosen Schwung. Er sagte den Studenten das Schwere und Großartige: Studieren Sie nicht für Beruf, Amt und Versorgung, werden Sie keine Brotgelehrten, sondern studieren Sie philosophisch, als freie, selbstbestimmte Köpfe; akademisch wie einst in der Zeit Platos, „humanistisch" nannte man das bald; nicht bürgerlich-praktisch, „pragmatisch", wie man heute sagt. Unversehens wurde das Kolleg zur moralischen Anstalt, ähnlich wie Schiller es ja schon 1784 in seiner Schrift über die „Schaubühne als moralische Anstalt" für das Theater entworfen und gefordert hatte. Jetzt war die Universität seine Bühne und sein Wirkungsfeld, nicht das allgemeine bürgerliche Publikum, das sich einen schönen künstlerisch erhabenen Abend verschafft, sondern die akademische Jugend, die Juristen und Lehrer, Theologen und Regierungsräte von morgen, die Gestalter des öffentlichen Lebens, Teilhaber der Macht und „Multiplikatoren" großer Gedanken und Aspirationen.

Welche Gelegenheit, den Traum von einem besseren Staat zu verwirklichen! Zwar nicht direkt in der Politik, aber auch nicht mehr nur über das schwache Mittel der Bühne, sondern über die Formung der Jugend. Man versteht nichts von Schiller, wenn man nicht den politischen Redner in ihm erkennt, den Mann der Polis und der öffentlichen Rede, und jetzt an einer Stelle, die ihm Resonanz und Fortwirken verspricht. Der sich da präsentierte, war kein selbstvergessener Beobachter, kein gelehrter Arbeiter und Quellenwächter, sondern ein akademischer Lehrer in erzieherischer Absicht und nicht mehr bloß der Dichter und Theatermann. Allerdings auch kein Professor, der nur Folien auflegt und Gruppen organisiert, die sich dann selbstgesteuert etwas bei den vorliegenden Impulstexten denken und darüber diskutieren sollen, vielmehr ein Lehrer mit einer Botschaft, nämlich mit der Botschaft der Freiheit, im Kern der politischen Freiheit, die freie Menschen verlangt, die philosophisch studieren. So hat Schiller seine Aufgabe verstanden und dann auch, wie es von ihm erwartet und erhofft wurde, Geschichte gelesen, und zwar Weltgeschichte in großen Zügen, von der Antike bis in die Gegenwart. Bald blieb es indes bei den Ankündigungen, weil er krank wurde und Schonung brauchte, bis er schließlich 1799 entpflichtet wurde, wenn auch mit vollen akademischen Rechten in der Fakultät, die er auch trotz Krankheit und Kränklichkeit bis zu seinem frühen Tode 1805 gewissenhaft wahrgenommen hat.

Warum erzähle ich das? Weil wir im Allgemeinen, sozusagen auf der Grundlage unseres Schulwissens, Schiller ganz anders sehen: da ist er nur der Dichter, von den „Räubern“ bis zum „Tell“ und „Maria Stuart“, dem nebenbei ein Amt und Einkommen verschafft wurde (was, wie eben gesagt, ja nicht stimmt); eine Sinekure und universitärer Ehrenplatz, eine Titel- und Würdestelle, während die Hauptsache doch eigentlich seine dichterische Produktivität gewesen sei. Man kann auch gelegentlich lesen, eben diese Produktivität sei in den 90er-Jahren in eine kritische Phase geraten, also habe er sich in das Professorenasyl begeben, eine Art Moratorium, aus dem er sich glücklicherweise durch die letzte große Schaffensperiode wieder befreit habe. Dazu ist zweierlei zu sagen: (1) Es gibt überhaupt, abgesehen von der Landwirtschaft, kaum etwas Produktiveres als Wissenschaft; (2) man unterschätzt das theoretische Format Schillers, die weit ausgreifende Bedeutung seiner historischen und philosophisch-ästhetischen Arbeiten. Es wäre immerhin möglich gewesen, dass er nach einer künstlerisch aktiven Jugend wie viele andere, die auch in jungen Jahren Gedichte, Theaterstücke und Romane schreiben, dann ins ruhigere Fahrwasser der Reflexion und Forschung einlenkte. Das ist keine Krise, sondern das kann man ebenso gut als Reifungsprozess ansehen. Immer ist es das Freiheitsthema, das ihn umtreibt, Freiheit in der Rebellion, erst des anarchischen Karl Moor, in der sich auch seine Rebellion gegen den Herzog v. Württemberg und die Flucht aus Stuttgart nach Mannheim spiegelt – nach Oggersheim übrigens, einem inzwischen weltpolitisch bekannten Nest –, dann die Rebellion der Niederländer gegen die spanische Okkupation, dramatisiert im „Don Carlos“, die Rebellion der Schweizer im „Tell“, die Selbstbehauptung einer starken Natur und ihr Untergang im „Wallenstein“, Freundschaft und moralische Selbstbehauptung in den dramatischen Gedichten des berühmten Balladenjahres 1797, und um Freiheit geht es auch in den „Briefen über die ästhetische Erziehung“; begonnen 1791/92, abgeschlossen und veröffentlicht 1795, von denen endlich die Rede sein soll.

Welche Freiheit ist gemeint? Eindeutig die politische Freiheit, nicht bloß Gedanken- und Urteilsfreiheit im Privaten. Es geht um den Staat, in dem alle König sind, wie es im „Carlos" heißt, und genauer auf die Zeit gesehen: es geht um die Freiheit und das Freiheitsthema, wie sie mit den Ereignissen in Paris und Frankreich allen vor Augen stand und wovon jeder tief bewegt war, der überhaupt nur etwas sah und dachte. Die Revolution in Frankreich war das Epochenthema, das sieht man bei Kant, bei Humboldt, Goethe, Fichte, Hegel, Hölderlin, bei allen, an die wir uns noch erinnern. Es ist die „Staatsverwandelung", wie es im dritten Brief heißt, die den gesamten Gedanken- und Motivkreis der 90er-Jahre in Bewegung hält: etwas zu Großes, aber auch Ungeheueres, als dass die junge wie die mittlere und auch die ältere Generation darauf nicht reagieren konnte. Frankreich ist mit dem „vollkommensten aller Kunstwerke, mit dem Bau einer wahren politischen Verfassung beschäftigt" (2. Brief). Dieses Thema ergibt sich nicht aus seinem Lebenslauf, aus seinen Anlagen und Talenten; es ist einfach da und sammelt, bannt und treibt alle gedanklichen und moralischen Bemühungen voran, und beschäftigt ganz selbstverständlich auch Schiller, den Experten für Rebellion, Freiheit und Menschenwürde. Jetzt war sie da, die große Revolution, nicht bloß als individueller Akt der Befreiung, sondern als öffentliches Programm und als politische Tat. Da konnte er nicht fortfahren, Freiheitsdramen zu schreiben; denn die wahre Bühne war nun die Weltgeschichte selbst; es genügte nicht, bloß über den abgelaufenen Welt- und Geschichtsverlauf zu räsonnieren, eine andere Ebene und ein anderes Medium mussten gefunden werden, um die Wucht der Ereignisse zu bewältigen.

Fragte sich nur, wo und wie die Freiheitsfanfare in Deutschland anzustimmen war. Revolution auch in Deutschland, in den Dutzenden von Staaten, in Sachsen-Meiningen oder Mecklenburg-Strelitz, in Reuß jüngere Linie oder lieber Reuß ältere Linie? In Wien oder Berlin? Robespierre in der reichsunmittelbaren geistlichen Herrschaft Zwiefalten und Danton in Sachsen-Weimar, zu dem Jena gehörte, oder gar in Tübingen? Da umtanzten Hegel, Hölderlin und andere Sympathisanten den Freiheitsbaum; aber Revolution, Umsturz, Staatsverwandlung: nicht dran zu denken. Außerdem: die französischen Verhältnisse nahmen nach einem begeisterten Anfang einen beunruhigenden und dann erschreckenden Verlauf: „Freiheit rief die Vernunft", aber „Freiheit rief auch die Begierde, Frauen wurden zu Hyänen“, so in dem „Lied von der Glocke“. Es ging etwas schief mit der Revolution; sie wurde, anders als erhofft, terroristisch, erst in den fürchterlichen Septembermorden von 1792, dann im Terror der Jakobiner. Die Revolution begann ihre Kinder zu fressen, bis ihr schließlich Napoleon mit dem 18. Brumaire des Jahres 7 nach dem Revolutionskalender, des Jahres 1799 alter und wieder eingesetzter Zeitrechnung, ein Ende setzte.

Von alledem findet sich ein Reflex in den deutschen Schriften; ein Hinweis darauf, dass es nicht nur nützlich, sondern unentbehrlich ist, die Realdaten im Kopfe zu haben. Ein Gedicht oder Theaterstück oder Roman aus dem Jahre 1780 liest sich anders als aus dem Jahre 91 oder 92 oder 95. Deshalb die Frage: Wie reagiert Schiller auf die Französische Revolution in ihren Etappen und wie verwandelt sich im Blick darauf seine Lehre von der Freiheit? Und zwar der Freiheit *für* und *in* den deutschen Verhältnissen? Vor der Revolution spricht er der Bühne eine erzieherisch-vorbereitende Funktion zu: Aufklärung als Prolog für künftig bessere Verhältnisse, und dazu die Bühne als Ort der öffentlichen Verständigung. Das ist der Gedanke in dem Aufsatz von 1784 über die „Schaubühne als moralische Anstalt“. So hatte schon Lessing gedacht und mit dem „Nathan“ seine „alte Kanzel“ betreten. Ein geläufiger Gedanke, auch später vielfach benutzt. So hat George Bernard Shaw seine Bühnenwirksamkeit inszeniert, so ist das politische Theater der 20er-Jahre in Berlin zu verstehen, mit Brecht als dem bekanntesten Polit-Dramatiker und Agitator. Kunst als Instrument für politische und moralische Botschaften; so fängt auch Schiller an. Dann wendet er sich im Fortgang der Revolution der historischen Reflexion zu, um schließlich wieder die ästhetische Sphäre, die Kunst in den Mittelpunkt zu rücken. Man sieht es auch an seinen Vorlesungsankündigungen: erst Themen der Weltgeschichte, dann aber, seit 1793, kündigt er Themen zur Kunsttheorie, zur Ästhetik an. In diesen Zusammenhang gehören die „Briefe“, entstanden aus äußerem Anlass, um ein Stipendium des dänischen Thronfolgers zu verdienen, aber mit einem ästhetisch-politischen und staatspädagogischen Thema. Warum diese Rückwendung zur ästhetischen Sphäre, wenn auch, wie wir gleich sehen, mit einer völlig verwandelten Auffassung davon, wodurch das Kunstschöne uns zum Guten bewegt?

Die Antwort findet sich im 2. Brief: Es ist „die Schönheit, durch welche man zur Freiheit wandelt", und zwar zur richtigen, vernünftigen Freiheit, nicht der Freiheit der Begierde mit der Wut des Zerstörens. Ich lasse jetzt beiseite, wie der Text entstanden ist und all das philologische Drum und Dran – das kann man den gängigen Ausgaben entnehmen –, und gehe auf den Hauptgedanken ein. Vom Wahren zum Guten über das Schöne: das ist der leitende Gedanke. Nun ist die Rede vom Wahren, Guten, Schönen etwas abgeblasst, wenn nicht gar vormodern und recht „idealistisch". Sie klingt nach Schulmeisterweisheit und riecht nach Poesiealbum. Wir müssen sie abstauben, um ihren Sinn zu erkennen und sie uns zugänglich zu machen. Und dazu hilft uns Kant. Er ist eigentlich der Hauptlehrer Schillers, nicht im faktisch-persönlichen Sinne; sie sind sich nie begegnet; aber einen Intellektuellen kennen lernen, heißt ihn lesen, und das tat man in Jena. Dort und von dort her ist Kant bekannt geworden; auf die eine oder andere Weise wurden sie alle eine Zeitlang Kantianer. Schiller ist, was seine intellektuelle Kontur angeht, ein Kantianer der ersten Stunde, nicht sklavisch, sondern auf eine großartig produktive Weise.

Kant hat, wie jeder weiß, drei Kritiken vorgelegt: 1781 die „Kritik der reinen Vernunft" 1787 die „Kritik der praktischen Vernunft" und 1790 die der „Urteilskraft". Um es mit penetranter Lehrerhaftigkeit und in allem Ernst zu sagen: Wer diese drei „Kritiken" nicht liest, hat nicht studiert, und wenn man noch so viele Arbeitsgruppen bildet und Projekte initiiert. In der ersten Kritik, der Vernunftkritik, geht es um die Frage, was wir auf welche Weise und mit welcher Sicherheit erkennen können und was nicht. Kant gibt die Antwort auf die Frage: was können wir wissen und was nicht. In der zweiten Kritik, der Kritik der praktischen Vernunft, geht es um die Frage, was wir sollen, was unsere Pflichten sind und wie wir wissen können, ob wir uns moralisch richtig verhalten. Was ist gut? Allein der gute Wille, so Kant. In der Kritik der Urteilskraft geht es um das Verfahren der Einbildungskraft, und da im zweiten Teil um die Frage, was als schön gefällt, und da wieder erstens als das Naturschöne und zweitens als das Schöne, das wir in den Künsten hervorbringen.

Das sind Kants Antworten und Themen, oder genauer gesagt: seine neuen, kritischen Antworten auf alte Themen. Das Neuartige liegt darin, dass Kant bei allen drei Fragen auf die menschliche Ausstattung zurückgeht, auf unsere „Grundvermögen", nämlich auf Verstand in Hinsicht auf Wahrheit, auf Vernunft in Hinsicht auf das Gute, auf Einbildungskraft in Hinsicht auf das, was als schön gefällt. Wir schauen gewissermaßen aus drei Fenstern in die Welt, auf Dinge, Menschen und Gegebenheiten, je nachdem, ob wir sie erkennen, unter ihnen handeln oder sie zustimmend oder ablehnend erleben. Die große Anschlussfrage war: Wie ist der Zusammenhang dieser drei Perspektiven? Gibt es überhaupt einen Zusammenhang und womöglich eine gemeinsame Wurzel, oder zerfällt das, worin uns bewegen, in drei unverbundene Teile? Auf diese Frage hat Schiller in den „Briefen" eine Antwort gegeben.

Der Zielpunkt ist, um das noch einmal aufzunehmen, das rechte Verhalten und die soziale Ordnung in Freiheit. Im Staat, wie wir ihn vorfinden, gibt es sie bestenfalls in Ansätzen, in den deutschen Verhältnissen so gut wie gar nicht und in Frankreich zuerst nur programmatisch, um dann faktisch in der Perversion der Willkür und des Terrors unterzugehen. Aber auch die Wissenschaften sind nicht das wahre Reich der Freiheit. Sie vermessen die Welt in Abhängigkeit von den empirischen, sinnlichen Gegebenheiten. Frei sind wir bisher nur in der Kunst, oder wie der berühmte Satz aus den „Briefen" lautet: „(Der Mensch) ist nur da ganz Mensch, wo er spielt" und „er spielt nur, wo er in voller Bedeutung des Wortes Mensch ist" (15. Brief). „Nur da ganz Mensch, wo er spielt", das ist Schillers Antwort auf die Frage nach dem Zusammenhang von Verstandeserkenntnis und Handeln. Es ist die zentrale Aussage, auch im Sperrdruck von Schiller hervorgehoben. Auf ihn haben wir uns zu konzentrieren, um zu verstehen, inwiefern Erziehung im Kern „ästhetische Erziehung" ist. Auf Erziehung müssen wir ja auch noch kommen. Denn von Erziehung war bisher noch gar nicht die Rede.

Zunächst zum Spiel und zu der Behauptung, der Mensch sei eigentlich *homo ludens*. Welches Spiel und wessen Spiel ist gemeint? Nicht das der Kinder, um es gleich zu sagen. Wir müssen hier vergessen, wie und was Kinder spielen. Daran denkt Schiller überhaupt nicht, er schließt es ausdrücklich aus. Was aber dann? Das wird deutlich, wenn man die beiden anderen Varianten unseres Verhaltens mit ins Auge fasst. Das Spiel verdankt sich nach Schiller dem Spieltrieb, aber daneben gibt es den Stoffbetrieb und den Formbetrieb. Manchmal spricht er auch von „Tendenzen“. Bei Kant ist uns eben der Ausdruck „Vermögen“ begegnet. Alle diese Ausdrucksweisen sind höchst unglücklich, wie Herbart dann überzeugend gezeigt hat. Ich will das nicht erörtern, sondern vereinfache das Gemeinte wie folgt: Wenn wir irgendetwas tun, was es auch sei, dann hat das Tun 1. eine inhaltliche, stoffliche, sinnliche Komponente, und es hat 2. eine Form, in der das Inhaltliche zur Erscheinung gebracht wird. Das ist bei der Gartenarbeit so, beim Reden und Schreiben, bei politischen und wirtschaftlichen Verhandlungen usw. Alles, was ist, hat einen inhaltlichen und einen formalen Aspekt. Bei der Gartenarbeit wird nun die Form, wie wir graben, vom Boden, vom Gerät, von unserer Kraft bestimmt; wir können da nicht nach Belieben vorgehen, wie wir wollen; wir sind nicht frei. Wir unterliegen dem Naturzwang oder wie man heute vielfach auch sagt: Es gibt Sachzwänge, die die Form unseres Verhaltens bestimmen. Für die Politik bedeutet das: Der Staat ist eine große Maschine, ein Notstaat, der den Einzelnen mit mechanischer Zwangsgewalt gegenübertritt.

Das ist die eine Seite, die Stoffseite. Die andere, die reine Formseite sagt uns, wie etwas sein soll: da herrscht nicht das Naturgesetzliche, sondern das Sittengesetz. Es ist, wie Schiller mit Kant sagt, rein formal. So wie der Kategorische Imperativ, der ja nicht dies und jenes vorschreibt, sondern angibt, wie ein Vorsatz, eine Maxime beschaffen sein müsste, um moralisch in Ordnung zu sein. Wenn wir das wissen, dann sind wir aber noch nicht motiviert. Es fehlt der sinnliche Antrieb, die Neigung, das Motiv oder, wie Kant sagt, die „Triebfeder“, sozusagen der inhaltliche Anreiz, der reinen Form auch zu entsprechen. Aus bloßer Einsicht, die formal ist, entstehen noch keine Handlungen. Aus der Utopie des vollkommenen Staates entsteht kein neues Staatswesen. Auch aus der bloßen Belehrung, etwa in der Art, wie im „Nathan“ von Lessing die Toleranz gepredigt wird, gehen keine moralisch-toleranten Menschen hervor. Es bedarf eines Mittelstücks zwischen Stoff und Form. Genau da ist das Spielen platziert: es ist formal frei, wir können die Regeln selbst bestimmen. Denn anders als die Arbeit ist das Spiel nicht dem Stofflichen unterworfen, sondern schafft sich seinen Stoff selber. Der Beweis, dass es das gibt, sind die Künste. In der Kunst sind wir frei und zugleich sinnlich interessiert. Sie vereinigt Vernunft und Interesse, sie vereinigt, wie Schiller sagt, die theoretische und die praktische Kultur.

Das ist nun noch sehr allgemein, und wir fragen uns, oder besser: wir fragen unseren Verfasser, ob es dafür Beweise oder wenigstens überzeugende Beispiele gibt. Es müsste sie ja geben, schließlich gehört das künstlerische Schaffen seit je zur menschlichen Kultur, von den frühen Höhlenzeichnungen bis zu Picasso, von den Trommeln und Flöten der sog. Naturvölker bis zur seriellen Musik. Wir leben nicht vom Brot allein, nicht nur von der Arbeit im Reich materieller Notwendigkeiten, und wir erzeugen und befolgen oder missachten nicht nur Normen, die unser Zusammenleben regeln, sondern wir haben immer auch unser materielles und sittliches Dasein gedeutet, dargestellt und phantasievoll überboten. Die ästhetische Kultur gibt es; doch gibt es sie in der Funktion, die Schiller ihr zudenkt? Nämlich als Brücke zwischen Materie und Idee, als Weg vom Wahren zum Guten? Ist es nicht vielmehr so gewesen und weiter so, dass die Kunst, wie es sprichwörtlich heißt, nach Brot geht, dass sie nur dazu dient, das miserable Leben zu dekorieren, die Last zu mildern, gewissermaßen als Freizeitspaß nach des Tages Plage? Und dient sie nicht auch der Stabilisierung und ideologischen Unterfütterung von Herrschaft, gewissermaßen als Opium, das wir uns zur Erleichterung verschaffen? Warum singen wir und streichen die Geige, schreiben und lesen Romane, Gedichte und Dramen, erfinden und genießen Märchen, malen den Abendhimmel und Stillleben? Warum das alles?

Weil wir in dieser Produktivität der blanken Lebensnot enthoben sind und etwas Eigenes schaffen, das für sich steht und selbst in schlechten Verhältnissen insofern immer noch ein Zeugnis menschlicher Freiheit darstellt, auch wenn die Ergebnisse zur Herrschaftsstabilisierung und als Palliativ missbraucht werden. Ein neuerer Kulturtheoretiker, nämlich der Holländer Johan Huizinga, hat 1939 ein Buch über den Ursprung der Kultur im Spiel vorgelegt: „Homo ludus", und zwar unter direkter Berufung auf Schiller. Alles, was wir tun, hat eine Form; wir sind immer „in Form", um diesen Sportausdruck zu benutzen, und wir können die Form selber zu unserem Thema machen, so dass sie eine eigene Macht in unserem Leben wird. In der Kunst erzeugen wir gewissermaßen selber die Vorschriften und folgen nicht vorgegebenen Regeln, sondern bringen sie hervor, für dieses Werk, für dieses Bild, diese Sonate, für diese Poesie. Wir sind poetisch; das heißt nichts anderes als hervorbringend, aber nicht als Anwendung moralischer Normen, die in einer Gesellschaft immer schon vorhanden sind, und auch nicht in Abhängigkeit von unmittelbar-materiellen Nöten und Notwendigkeiten. „Was aber schön ist, selig scheint es in ihm selbst", so Mörike in dem Gedicht „Auf eine Lampe".

Selig in „sich" selbst, nämlich frei nach außen und nach innen geregelt, geordnet; Ordnung außerhalb der vorgeschriebenen Ordnungen, als Zeugnis unserer selbst. Zugleich aber auch irgendwie überflüssig, und doch notwendig aus unserem Form-, Gestaltungs- und Freiheitsbedürfnis. Im künstlerischen Prozess und in der ästhetischen Rezeption haben wir es deshalb mit uns selbst und nur damit zu tun. Deshalb habe die Kunst in der Vergangenheit, so Schiller, gerade in Zeiten der Unterdrückung, der blanken Gewalt und Entfremdung das Gedächtnis an das wachgehalten, was eigentlich unser Hauptthema ist: Freisein. „Die Menschheit hat (da) ihre Würde verloren, aber die Kunst hat sie gerettet und aufbewahrt in bedeutenden Steinen; die Wahrheit lebt in der Täuschung fort, und aus dem Nachbilde wird das Urbild wieder hergestellt" (9. Brief). Die schöne Kunst ist sozusagen das Exil und Asyl besserer, freierer Zeiten, eine Erinnerung, die zugleich als Mahnung fungiert, aber allein durch den Formimpuls, nicht als aktuell sachdienliche Mitteilung darüber, wie man eine bessere Politik betreibt.

Das müssen wir immer im Auge behalten: es geht um das größte Kunstwerk, den Staat als Zusammenleben freier Menschen; aber dieses Ideal ist nie ganz erreichbar und zu verwirklichen; deshalb schaffen wir darüber hinaus eine Wirklichkeit des Ideals in der Kunst. Sie stellt die exemplarische Präsenz dessen dar, was nicht ist, nicht mehr und noch nicht. Die gelungene Form: das ist das Menschliche. Und deshalb gilt auch hier, was ich schon mehrfach gesagt und nicht oft genug sagen kann: die Form erzieht. Sie erzeugt die Triebfeder, das Vollkommenere auch im Leben zu erstreben.

Das ist freilich hochspekulativ. Ich will versuchen, diesen Gedanken noch etwas näher zu bringen und plausibel zu machen. In der Regel verstehen wir das Lernen und die erzieherischen Bemühungen so, dass etwas Bestimmtes beigebracht wird, anständige Manieren, Kenntnisse und Grundsätze des Verhaltens.

Daran braucht auch nichts geändert zu werden. Was Schiller im Auge hat, ist das Formmoment an diesen Themen. Wir lernen ja auch in der Schule nicht nur einfach Stoffe, wie man so sagt, sondern wir lernen, wie sie organisiert sind, wie man sie behandelt und erfasst; das heißt: wir lernen „methodisch" und können dann andere Fälle und Stoffe nach einer Methode traktieren. Wir lernen Grundsätze des Verhaltens kennen, aber wir müssen auch lernen, sie auf unterschiedliche Lagen anzuwenden; also lernen wir „interpretieren". Und schließlich spielen wir nicht nur nach, sondern versuchen uns im Schreiben, Zeichnen, Komponieren und Konstruieren. Das heißt: das Formmoment im Lernprozess wird nach und nach selbstständiger und kann schließlich selber zum Zweck werden. Die Pointe der ästhetischen Erziehung besteht nun darin, dass die Organisation von Formen einer eigenen Regelhaftigkeit untersteht, die mit dem Werk sich offenbart. Das bloße Tätigsein ist noch nicht ästhetisch, sondern erst dann, wenn etwas Verständliches, eine Wohlordnung und, mit Humboldt zu reden, ein proportionierliches Ganzes entsteht. Insofern ist nicht alles, was sich Kunst nennt und dem Spieltrieb verdankt, schon schöne Kunst, nur diejenige, die sich selbst zum Zweck hat. Das können wir dann wiederum als schön aufnehmen. Diesen Gedanken hat Schiller, wie die ganze Anlage seines Gedankengangs, von Kant. Die Kunst, die Kant ins Auge gefasst und gedacht hat, ist eigentlich die moderne, die absolute Kunst, die es zu Kants Zeiten noch gar nicht gab, die erst im 19. und 20. Jahrhundert aufgekommen ist und sich durchgesetzt hat. Man kann das nur bewundern, wie Kant etwas denkt, was noch gar nicht da war.

Dass es sich mit den Künsten so verhält, wie Kant und Schiller es ihnen zutrauen, dass sie das Freiheitspotential symbolisch repräsentieren und man deshalb mit Kant „von der Schönheit als Symbol der Sittlichkeit" sprechen kann – so der berühmte § 59 der „Kritik der Urteilskraft –, kann man sich an der Reaktion der totalitären Regimes auf die moderne abstrakte Kunst verdeutlichen. Sie wurde verfolgt, unterdrückt und verboten, ihre Protagonisten als Feinde der Gesellschaft und des Staates denunziert und vertrieben. Diktaturen hätten es gern realistisch; so unter Hitler wie unter Stalin und ihren Nacheiferern. Warum eigentlich? Man sollte doch meinen, dass die abstrakte Kunst keinem schadet oder nützt. Warum sie verbieten? Die Antwort:

Ihr Skandal ist, dass es sie gibt. Die totalitären Regime wittern das Zeugnis der Freiheit, der Unbotmäßigkeit und Rebellion noch im künstlerischen Prozess. Auf diesen Zusammenhang hat Alfred Andersch unter der verschärften Erfahrung moderner Staatsgewalt in seinem Essay über die „Blindheit des Kunstwerks“ mit der Feststellung hingewiesen, „dass die abstrakte Kunst die Antwort auf die Entwürdigung des Inhalts zur Ideologie darstellt“ (Andersch 1963, S.26). Es ist, als ob die künstlerisch autonome Form einen Schuldvorwurf gegen die manifeste Gewalt darstellt und sie als inhuman disqualifiziert: „Abstrakte Kunst ist nicht Kunst ohne Inhalt, sondern Kunst des Aufstands gegen den zur Ideologie degradierten Inhalt in der Weise des Sich-Entziehens“ (ebd., S. 27).

Für uns Pädagogen gilt dieser Zusammenhang freilich in einer weniger allgemeinen, eher didaktisch herabgestimmten Weise. Wie das gemeint ist und was es mit dem Appellcharakter der Form und des Formenspiels freier Gestaltung auf sich hat, kann man sich an Schillers schulbekannter Ballade „Die Kraniche des Ibykus“ vor Augen führen. Wie kommt es dazu, dass die Mörder sich selber preisgeben? Sie werden ergriffen von dem Chor, der in feierlichem Zuge die Bühne betritt. Das wirkt wie ein Gewissensruf, zusammen mit dem Zug der Kraniche meldet sich die Reue: „Sieh da, sieh da, Timotheus, die Kraniche des Ibykus“. Die gute Form als Appell: das ist der Kerngedanke. Das ist deutlich vom Moralisieren zu unterscheiden. Dieser Gedanke ist von Herbart in seiner genialen Frühschrift über die „ästhetische Erziehung als das Hauptgeschäft der Erziehung“ (1804) aufgenommen und für die Pädagogik insgesamt ausgearbeitet worden. „Das Gewissen geht mit in die Oper!“ Ähnlich und näher an den alltäglichen Bräuchen und Sitten bemerkt Schleiermacher in seinen „Pädagogischen Vorlesungen“ über das Essen, es sei für sich genommen ein „animalischer Akt“, sozusagen dem Stofftrieb geschuldet, aber wir „humanisieren“ diesen Akt, indem wir in einer bestimmten erträglichen und geselligen Form miteinander essen. Humanität beginnt bei Tisch: wie er gerichtet ist und wie man sich verhält, auch welche Themen man anspricht, zum Beispiel keine streitigen und unangenehmen, um den anderen nicht den Appetit zu verderben. Dazu Goethe: „Es gibt kein äußeres Zeichen der Höflichkeit, das nicht einen tiefen sittlichen Grund hätte. Die rechte Erziehung wäre, welche dieses Zeichen und den Grund zugleich überlieferte“ (Maximen und Reflexionen, Nr. 38). Die Ästhetisierung unseres Umgangs macht uns wenigstens partiell zu real freien Menschen, schon unterhalb der großen Politik und des Ideals einer freien Gemeinschaft von Freunden, dessen allgemeine, politische Bedeutung damit aber nicht verschwindet.

Zusammengefasst noch einmal: Form erzieht. In den Künsten wird sie selbstständig und erinnert uns vorgreifend an das, was wir können und was wir sollen, nämlich Herstellung des größten Kunstwerks im Leben: den vollkommenen Staat, nicht nur das Individuum als Kunstwerk, wie bei Humboldt. Erziehung ist ästhetisch, formbestimmt und formorientiert, weil das Schöne der Vorschein des Guten in den Bedürftigkeiten des Daseins ist.

Lit.: F. Schiller: Über die ästhetische Erziehung des Menschen in einer Reihe von Briefen (1795). Stuttgart 2000; J. W. v. Goethe: Maximen und Reflexionen. In: Berliner Ausgabe, Bd. 18, 1972; J. Huizinga: Homo ludens. Vom Ursprung der Kultur im Spiel (zuerst 1939) Hamburg 1956; A. Andersch: Die Blindheit des Kunstwerks und andere Aufsätze. Frankfurt 1965

15. Johann Wolfgang v. Goethe: Wilhelm Meisters Lehrjahre

Wir haben im vorigen Abschnitt gesehen, dass die Französische Revolution das Epochen- und Generationenereignis war, an dem keiner vorbeigehen konnte, der nur irgend produktiv tätig und wirksam war. Das Zeitthema wurde auch persönliches Thema: Politik und Orientierungsrahmen auch für die Kunst, für Schiller in der Weise, dass er der Kunst und der Form als Form eine Bedeutung für die Herstellung menschlich würdiger, freiheitlicher Verhältnisse gegeben hat. Und Ähnliches gilt für Kant, für Fichte, für Hölderlin u.a. Wie steht es nun mit Goethe, dem weimarischen Staatsminister, dem Dichter des „Götz" und des „Werther", der ihn berühmt gemacht hatte, nicht nur in Deutschland, sondern in Europa? Als er auf dem Erfurter Dreikaisertreffen von Napoleon eine Audienz gewährt bekommt, spricht dieser ihn auf den „Werther" an, kritisch übrigens und mit einiger Kenntnis. Jedenfalls war Goethe in den neunziger Jahren schon der Vorzeigemann der deutschen Literatur, gesucht, berühmt, gefürchtet auch, Exzellenz und Hofdichter, Theatermann und Schlachtenbummler im Gefolge seines Herzogs. Im September 1792 erlebt er die Kanonade in Valmy mit, wo die alten Mächte zuerst massiv auf die neue Idee der *levée* en *masse* treffen und scheitern. Dazu Goethe: „Von hier und heute geht eine neue Epoche der Weltgeschichte aus. Und ihr könnt sagen, ihr seid dabei gewesen." Das findet sich in der Schrift über die „Kampagne in Frankreich"; es wird als Zeugnis seiner überlegenen Urteilskraft angeführt, auch wenn manche zweifeln, ob er es wirklich gesagt und nicht vielmehr später interpoliert hat. Wie dem auch sei, interessant ist auch, was Goethe dann noch weiter gesagt hat oder gesagt haben will. Neben der großen historischen Optik steht gleich ein Hinweis auf das Banale des Lagerlebens: „In diesen Augenblicken, wo niemand nichts zu essen hatte, reklamierte ich einen Bissen Brot von dem heute früh erworbenen, auch war von dem gestern reichlich verspendeten Weine noch der Inhalt eines Branntweinfläschchens übrig geblieben."

Das zeigt: das große Pathos, die Bühnenattitüde, ist nicht seine Sache, sondern das Gleichgewicht, nicht die antithetischen Zuschärfungen im Stile Schillers, der Gegensatz von Geist und Macht, Form und Stoff, kein schroffes Entweder-Oder, eher das Sowohl- Als Auch; großer Moment und kleine Sorgen. Dazu gehört die bewusste Beiläufigkeit, mit der Goethe gelegentlich wichtige Ansichten vorträgt. Neben dem Offenen das Verschwiegene, neben dem hohen Ton auch die heitere, ironische Geste. So ist es auch mit der Revolution; er erkennt durchaus, was sie bedeutet, aber sie ergreift ihn nicht mit der Wucht, mit der andere ergriffen wurden. Es ist Distanz und Teilnahme, so auch später, als Deutschland in einem Akt der Selbstbehauptung die französische Okkupation abschüttelt. Die Jugend Deutschlands geht in den Kampf, Goethe beobachtet das und fährt zur Kur nach Marienbad. Kampfgesänge zu verfassen wie Körner, aufputschende Anfeuerungsreden zu halten wie Fichte, Streitschriften und Resolutionen zu verfassen, das kam ihm nicht in den Sinn, dazu war er zu europäisch und viel zu sehr Weltbürger, und im Übrigen auch, wie er selbst bemerkte, zu sehr von der Bedeutung der Franzosen überzeugt, als sich der Franzosenhatz anzuschließen. Aber einfach nur ein Mann des *ancien régime*, der vergangenen Zeiten nachtrauerte, das war er auch nicht. Er hatte ein Gespür für das, was kam, für neue Lagen und Konstellationen; am Ende seines Lebens die Angst vor dem heraufkommenden Maschinenwesen und der vollendeten Geldwirtschaft. Ein großes Okular hat man Goethe genannt, der Bogen seiner Interessen war weit und seine Arbeitsweise gründlich; seine Ergebnisse immer auch ein bisschen besser als die der anderen. Nur ein Beispiel: Johann Heinrich Voß, der Homerübersetzer, erneuert die Idylle für die deutsche Literatur: „Luise“. Goethe folgt mit „Herrmann und Dorothea“, und das ist dann prompt die mustergültige Idylle geworden, vergessen die „Luise“. So auch in anderen Hinsichten: es ist da ein Zug zum Exemplarischen und auch – dafür wollen wir ihn loben – ein Zug zum Schulmeisterlichen mit der Gebärde: So macht man das. Das betrifft nicht nur die Form der Idylle, sondern ebenso die großen autobiographischen Schriften, vor allem dann „Dichtung und Wahrheit“, den mustergültigen Roman mit den „Wahlverwandtschaften“ und schließlich auch, uns betreffend, den Bildungsroman, den „Wilhelm Meister“. Das war wiederum etwas Maßgebendes, Maßschaffendes, ein neues Genre. Tieck und Novalis, Gottfried Keller und Adalbert Stifter gehen in seinen Spuren bis hin zur „Blechtrommel“ von Günter Grass als einer Art gehemmter Bildungsgeschichte des Oskar Matzerath, der sich dreijährig entschließt, nicht mehr zu wachsen.

Gewiss: Lebensgeschichten gab es schon vor dem „Wilhelm Meister“, erfundene und autobiographische mit Authentizitätsanspruch; es gab aus dem 17. Jahrhundert den „Simplizissimus“ von Grimmelshausen und aus dem 13. Jahrhundert den „Parzival“ von Wolfram: große Bücher, kein Zweifel, aber dennoch keine Bildungsromane. Sie zeigten den Gang des Menschen durch die Welt, und zwar als Lebensweg eines bestimmten Charakters mit einer bestimmten Aufgabe durch Konstellationen und Schicksale. Was es nicht gab, war das Thema der Entwicklung eines Charakters in seinen Lebensumständen, sein Wachstum und Reifen in der Auseinandersetzung mit anderen. Veränderung und Steigerung des Charakters selber als Thema: das verlangte einen ganz anderen Blick, den Blick für allmähliche, zunächst ganz unmerkliche Veränderungen, bis schließlich ein anderer Mensch dasteht, der nicht nur älter geworden ist und der dies und jenes erreicht oder verfehlt hat, sondern der als derselbe anders geworden ist, gewachsen und gebildet durch das, was man so das Leben nennt. Pestalozzi macht in seinen Lebenserinnerungen, dem „Schwanengesang“, die Bemerkung: „Das Leben bildet“. Das ist durchaus goethisch. Als Behauptung und Satz lässt sich das bequem nachsprechen, und es ist auch oft nachgesprochen worden. Goethes Leistung besteht darin, diesen Bildungsprozess eines Einzelnen auch vorzuführen und wirklich zu zeigen, als Roman im „Meister“, für sich selbst in „Dichtung und Wahrheit“.

Wie ist der Roman entstanden und was liegt vor? Es gibt die „Lehrjahre“, ab 1794 in mehreren Bänden erschienen. 1796 liegt das ganze Buch vor. Und dann hat Goethe noch als zweiten Band die „Wanderjahre“ zugefügt, auch wieder in mehreren Abteilungen. Da findet sich auch die Darstellung der pädagogischen Provinz, die meist benutzt wird, um Goethes pädagogische Ansichten zu ermitteln. Darauf werde ich aber nicht eingehen, ausdrücklich nicht: die Pädagogik der „Lehrjahre“ ist ergiebiger, gerade weil sie nicht lehrhaft vorgetragen wird, sondern weil sie den Bildungsgang selber zeigt. Im Übrigen enthalten die „Wanderjahre“ noch vieles andere: Novellen, Reflexionen, Fragmente aller Art. Die „Lehrjahre“ stehen insofern für sich. Und sie haben eine interessante Vorgeschichte, wie überhaupt Goethes Schaffen selber gleichermaßen von direkten Absichten und langen Reifungsprozessen gekennzeichnet ist. Früher nannte man das gern organisch, so wie Bäume wachsen, während Häuser geplant und nach diesem Plan gebaut werden. Das „Faustthema“ hat Goethe lebenslang beschäftigt, vom Puppenspiel über den „Ur-Faust“ bis zu „Faust II“, von dem Goethe verfügt hat, dass er erst nach seinem Tode zur Gänze aufgeführt werde. Ähnlich sind auch die „Lehrjahre“ entstanden. Vorauf geht die „Theatralische Sendung“, ein Roman, mit dem Goethe im Jahre 1777 anfängt, dann sporadisch weiterführt und schließlich liegen lässt. Das ist der sog. „Ur-Meister“, lange unbekannt, bis Abschriften auftauchten, und so liegt seit dem Anfang des 20. Jahrhunderts auch die „Sendung“ vor.

Worum geht es da? Goethe nahm das Thema des Nationaltheaters auf. Das lag in der Luft, darauf habe ich schon bei Schiller hingewiesen. Er wollte dieses Programm mit einem Einzelschicksal verbinden. Eigentlich handelt es sich um einen Gesellschaftsroman. Dazu braucht man ein charakteristisches Milieu und ein bewegendes Zeitthema, sozusagen einen symbolischen Ort, in dem sich die gesellschaftliche Lage spiegeln lässt, so wie Ende des 19. Jahrhunderts und zu Beginn des 20. Jahrhunderts für viele Autoren die Schule zum symbolischen Ort einer erstarrten Gesellschaft wird. Aber um 1780: wo war da eine deutsche Gesellschaft, die ein Nationaltheater tragen und sich darin spiegeln konnte? Es gab Ansätze in Hamburg mit Lessing, in Mannheim, daran war Schiller beteiligt, dann in Wien, später in Berlin und in Weimar unter der Leitung Goethes; aber die Summe der Provinzialismen ergibt kein „deutsches“ Theater, weil es keine deutsche Gesellschaft gab und mit der Summe der Fürstentümer kein Staat zu machen war, und so fehlte auch dem Gesellschaftsroman der Resonanzboden. Im Übrigen bis weit ins 19. Jahrhundert hinein: es gibt keinen deutschen Stendhal oder Balzac oder Dickens oder Thackeray, nicht weil es an Talenten und Begabungen fehlte, die gibt es immer und gab es zuhauf, aber sie orientierten sich provinziell: an Sedwyla und Husum, oder aber historisch an anderen Zeiten. Das hat Goethe gesehen oder gemerkt, und so blieb die „Theatralische Sendung“ liegen, bis er sie unter anderen Umständen wieder aufnahm, nach der Italienreise und mit dem Ausbruch der Großen Revolution. Italien brachte die Wendung zur klassischen Form, die Revolution zeigte ihm das Gesicht seiner eigenen Zeit; und Goethe reagierte darauf nicht mit Ästhetisierung wie Schiller, sondern direkt mit Pädagogisierung. Er schrieb den Zeit- und Theaterroman um und verwandelte ihn in eine Bildungsgeschichte, wörtlich so: in Bildung als Geschichte. Wie das gemeint ist, will ich jetzt klarzumachen versuchen.

Dazu und zur Orientierung erst mal im Überblick die „*story*". Der Titel spricht von „Lehrjahren". Das hört sich planmäßig und zielführend an; das Gegenteil ist der Fall. Willhelm gleicht, wie es im letzten Satz heißt, „Saul, der auszog, seines Vaters Eselinnen zu suchen, und ein Königreich fand". Wir lernen ihn als Angestellten seines Vaters, eines Geschäftsmannes kennen, den es zum Theater zieht; eine Schauspieltruppe besucht die Stadt, Wilhelm hat eine Liaison mit einer Schauspielerin, mit Mariane, die dann aber bald zweckmäßigerweise verschwindet und stirbt, nicht ohne ein Kind zu hinterlassen, von dem Wilhelm aber nichts weiß, sondern erst viel später erfährt, und das er dann als sein Kind akzeptiert. Vor Mariane breitet er sein bisheriges Leben aus, seine Jugend, seine Sehnsucht, ins Große zu wirken und über das Theater eine Stellung zu gewinnen, wie sie sonst nur dem Adeligen von Geburt möglich ist. Novalis, der als Mitglied der Hardenbergfamilie wirklich zum Adel gehörte, hat von der Nobilitierung Wilhelms gesprochen. Tatsächlich löst Wilhelm sich auch aus dem Geschäftsleben, schließt sich einer bankrotten Schauspielertruppe an, rettet sie geschäftlich und spielt den „Hamlet", dem in seinem Werdegang eine bedeutende Rolle zukommt. Er gibt den Hamlet eigentlich nicht professionell, sondern als Gegenbild seines eigenen Strebens, seiner Suche nach Sinn und Zusammenhang in einer verworrenen Welt. Da sieht man den Wandel gegenüber der „Theatralischen Sendung": dort ging es darum, das Publikum aufzuklären; jetzt dient das Schauspiel der Selbstfindung. Über das Theater lernt Wilhelm immer neue Lebenskreise kennen, so seltsame Figuren wie Mignon, die er freikauft, den Harfner und die bunt gewürfelte Schauspielertruppe. Schließlich gewinnt er auch Zugang zu adeligen Kreisen, die ihn aufnehmen, und wie sich am Ende herausstellt, hat sich da ein Kreis wohlgesinnter Menschenfreunde, nach Art der Freimaurer oder der Illuminaten schon des Längeren um Wilhelm gekümmert; eine geheime Loge, die sich in dem Maße zu erkennen gibt, wie Wilhelm sich vom Theaterdasein trennt und wieder praktische Aufgaben übernimmt, deren Inhalt allerdings reichlich unbestimmt bleibt, bis er schließlich vollends aufgeklärt und in die Turmgesellschaft aufgenommen wird. Was er ursprünglich wollte, hat er nicht erreicht, sondern überschritten; aber der Irrtum ist heilsam, allerdings vor dem Hintergrund einer unsichtbaren Hand, die ihn berät und seine Kontakte arrangiert, um nicht zu sagen: manipuliert. Am Ende steht eine Heirat, sozusagen als Symbol für die Versöhnung mit der gesellschaftlichen Realität.

Eine etwas seltsame Geschichte ist das schon. Vieles wirkt konstruiert, der Zufall im Dienst der pädagogischen Notwendigkeit; und doch wieder kein Zufall, weil ja im Hintergrund die Dirigenten der Turmgesellschaft stehen, von denen auch die Leser nicht früher etwas ahnen als Wilhelm selbst. Manches erinnert an die elend langen Barockromane: am Ende löst sich alles in Heirat und Harmonie auf. Aber das ist nicht das Wichtige, sondern etwas anderes ist wichtig: die Form, in der sich die Menschen begegnen, was Wilhelm aus seiner Umwelt aufnimmt, wie er sich an der Welt bildet; erst an der Welt des Theaters, dann im Kreise der Turmgesellschaft. Darum geht es; doch nicht nur objektiv, sondern das ist auch das eigene Motiv, das Wilhelm selber bewegt: nämlich sich selbst ganz auszubilden, so wie er da ist. Im 5. Buch spricht er dieses Motiv in einem Brief an den Jugendfreund Werner aus, der bürgerlich geblieben und verspießert ist. Man kann diesen Brief als eine der Schlüsselstellen des Romans benutzen. Sie lautet vollständig: „Daß ich Dir's mit *einem* Worte sage: mich selbst, ganz wie ich da bin, auszubilden, das war dunkel von Jugend auf mein Wunsch und meine Absicht." Und etwas später: „Ich habe nun einmal gerade zu jener harmonischen Ausbildung meiner Natur, die mir meine Geburt versagt hat, eine unwiderstehliche Neigung. Ich habe, seit ich Dich verlassen, durch Leibesübung viel gewonnen; ich habe viel von meiner gewöhnlichen Verlegenheit abgelegt und stelle mich so ziemlich (= geziemend K.P.) dar. Ebenso habe ich meine Sprache und Stimme gebildet, und ich darf ohne Eitelkeit sagen, dass ich in Gesellschaften nicht missfalle. Nun leugne ich dir nicht, dass mein Trieb täglich unüberwindlicher wird, eine öffentliche Person zu sein, und in einem weiten Kreise zu gefallen und zu wirken." So geht es noch eine Weile fort; jedenfalls wird sichtbar, dass Wilhelm selbst schon sieht, dass das Theater nur eine Durchgangsstation ist. Es vermittelt ihm die gesellschaftliche Bildung, fast könnte man sagen: den gesellschaftlichen Schliff, den die Kinder von Stand gleichsam von Geburt an und mit der Geburt erhalten. Das Theater als Schule des Bürgertums: das ist also das eine; es liegt nahe an Schillers Gedanken der ästhetischen Erziehung. Aber bei Goethe ist doch alles etwas anders. Es gibt einen anderen Bezugspunkt, nicht große Politik und das Freiheitsthema, sondern Entwicklung als Auswicklung einer eingehüllten Anlage. Kurz: nicht Freiheit, sondern Natur ist der Bezugspunkt des Bildungsprozesses. Wir sind zuerst Natur. Wir finden in uns Neigungen, Sehnsüchte, Wünsche, aber auch Besorgnisse und vor allem: Dunkelheiten und Unbegreiflichkeiten, die wir weder hervorgebracht und gewollt haben, noch können wir sie beliebig ändern.

Dazu noch einmal der Hauptsatz: „Mich selbst, ganz wie ich da bin, auszubilden, das war dunkel von Jugend auf mein Wunsch und meine Absicht." Ich will diesen Satz, wie man so sagt, „interpretieren", zerlegen und dekomponieren, also das tun, was Schüler in der Schule so innig lieben, wenn ein Gedicht durchgenommen und der erste Eindruck aufgehoben wird. Es geht aber nicht anders; denn der Satz sieht viel unscheinbarer und selbstverständlicher aus, als er tatsächlich ist. – Zunächst zur Redesituation: Wilhelm markiert mit dem Brief seine Lage und seine Differenz zur bürgerlich-geschäftlichen Sphäre. Der Brief ist beides: eine Botschaft an den Freund und ihre gemeinsame Herkunft, und zugleich Abschluss dieser Epoche. Darüber hinaus ist er eine Standortbestimmung, die nur der Schreiber selbst vollziehen kann. Es ist kein Zufall, dass der Brief im 18. Jahrhundert zu einer bevorzugten Gattung geworden ist. Sie zeigt den Grad, den der moderne Zug zur Individualisierung inzwischen erreicht hat. Richardson, Rousseau, Goethe selbst im „Werther" haben Briefromane geschrieben. Das Bedürfnis, sich zu erklären, über sich nachzudenken, sich zu bespiegeln und in Szene zu setzen, findet im Brief seine Form. Die nächste Steigerungsform ist dann die Autobiographie und schließlich das Tagebuch, das nicht mehr dialogisch ist, sondern monologisch wird. Der Brief ist die angemessene Form der erlebnisgebundenen, individuellen

Standortreflexion und wird so selber zu einem Element in dem Prozess der Bildung und Selbstfindung. Selbsterforschung oder, wie man in der Goethezeit auch sagte: Selbstverständigung vor Zuschauern, ähnlich dem Monolog im Theater. Der „Hamlet" gab dazu das bedeutende Beispiel.

Nun zum Inhaltlichen. Ich beginne mit dem ersten Element, der Formel: „Ganz wie ich da bin". Eine wunderbare, aber auch etwas merkwürdige Formulierung. Nichts scheint leichter, als das zu erfassen und zu beschreiben, wie wir „da sind". Über uns selbst wissen wir Bescheid; was wir können und was nicht, was wir vorhaben, unsere Präferenzen und Neigungen, Ansichten und Programme; und wenn wir ehrlich sind: auch unsere Defizite, Defekte und kleineren und größeren Geheimnisse. Doch stimmt das? Sind wir wirklich der Mensch, über den wir mehr und Genaueres wissen als über jeden anderen Menschen? Ja und nein. Ja: weil wir uns schließlich seit langem kennen und an vieles uns erinnern, was andere nicht wissen; auch weil wir an uns interessiert sind. Aber auch nein: wir kennen uns gerade deshalb nicht besonders gut, weil wir uns so nah sind. Es gibt Dunkelheiten und Unverständliches, Unaufgelöstes, Seltsames. Eben das meint Goethe-Wilhelm, wenn er davon spricht: Wunsch und Absicht der Selbstausbildung – das sei dunkel da gewesen von Jugend auf, eben nicht gewollt und schon gar nicht durchschaut, eher ein Richtungssinn und eine Bewegungstendenz, nicht etwas, was sich besonnener Überlegung und dem verdankt, was man heute „Lebensentwurf" nennt. Und das ist nicht nur in der Jugend so, es bleibt auch so: keiner kennt sich endgültig und vollständig. Wir wollen dies und jenes, und darin erleben wir uns auch in unterschiedlichen Graden als frei, aber wir können nicht auch noch unser Wollen wollen, wie Schopenhauer bemerkt hat. Es bleibt verborgen, unbestimmt, man könnte geradezu sagen: unser Wollen ist ungewollt. Das Wollen ist eben da, stärker und schwächer, aber nicht gemacht. Wilhelm will über das Theater seine Selbstausbildung voranbringen, das weiß und schreibt er; aber warum will er das? Warum das dunkle Streben, bei dem sich am Ende herausstellt, dass das Theater gar nicht sein Ziel, sondern Etappe eines Weges war? Woher die Neigung zur „harmonischen Ausbildung seiner Natur"?

Man mag dies vielleicht für eine der üblichen Über-Interpretationen halten, die dem Text mehr einlegen als er enthält. Deshalb zur Stützung einige Bemerkungen Goethes über sich selbst und über den Zusammenhang von Selbsterkenntnis und Handeln. In dem Brief, mit dem Goethe auf den großartigen und wahrhaft kühnen Geburtstagsbrief Schillers zum 28. August 1794 geantwortet und der ihre Freundschaft erst recht begründet hat, weist Goethe hin „auf eine Art Dunkelheit und Zaudern (...), über die ich nicht Herr werden kann, wenn ich mich ihrer gleich mehr deutlich bin. Doch dergleichen Phänomene finden sich mehr in unserer Natur, von der wir uns denn doch gerne regieren lassen, wenn sie nur nicht gerade zu tyrannisch ist". Da findet sich etwas von dem leichten, fast ironischen Ton, den ich schon erwähnt habe, als gehe es nur um eine persönliche Marotte. Doch es ist ein ganz wichtiger Punkt seiner Lebensauffassung, den Goethe da berührt: die innerste Natur ist unaussprechlich, gegeben und verhüllt; sowohl die Natur um uns, die uns anschaulich vorliegt, wie die Natur, die wir selber sind. Sie ist in beiden Hinsichten ein „offenbares Geheimnis", um eine der wiederkehrenden Lieblingswendungen des späten Goethe aufzunehmen.

Wie ist das zu verstehen: „offenbares Geheimnis"? Ersichtlich ein Paradox, und wie andere Paradoxa hat es eine Auflösung. – Dazu eine Bemerkung aus der Einleitung zu dem zweiten Teil der Farbenlehre. Goethe sagt da zur Naturforschung: „Denn eigentlich unternehmen wir umsonst, das Wesen eines Dinges auszudrücken." Also Geheimnis; aber dann weiter: „Wirkungen werden wir gewahr, und eine vollständige Geschichte dieser Wirkungen umfaßte wohl allenfalls das Wesen jenes Dinges." Also doch offenbar in den sichtbaren Wirkungen. Und dann fährt Goethe übergangslos fort: „Vergebens bemühen wir uns, den Charakter eines Menschen zu schildern; man stelle dagegen seine Handlungen, seine Taten zusammen, und das Bild des Charakters wird uns entgegentreten (Werke Bd.13, S. 315). Ich denke, das ist klar und braucht nicht mehr erläutert zu werden. In diesem Sinne lässt Goethe in den „Lehrjahren" Wilhelms Freundin Therese sagen: „Die Geschichte des Menschen ist sein Charakter." Deshalb erzählt sie ihre Lebensgeschichte, wie wir überhaupt nach und nach von fast allen Figuren ihre Lebensgeschichte erfahren. So lernen wir sie kennen und verstehen, warum sie so sind, wie sie sind, nämlich daraus, wie sie sich in ihren Taten und Handlungen zeigen. Das mag noch nichts Besonderes sein, so dass man denkt: Darauf wäre ich zur Not auch gekommen. Ganz so ist es nicht. Tatsächlich gehört Goethe in die Reihe der Begründer der Geschichtswissenschaft in dem Sinne, dass wir die Menschen aus ihrer Geschichte zu verstehen haben. Doch das ist heute Gemeingut, und es trifft auch noch nicht die wesentliche Pointe, durch die der Gedanke der Geschichtlichkeit des Menschen mit dem Gedanken der Bildung zusammengeführt wird. Worum es dabei geht, kann man einem kleinen Aufsatz aus dem Jahr 1823 entnehmen, der den seltsamen Titel trägt: „Bedeutende Fördernis durch ein einziges geistreiches Wort" (Werke Bd. 13). Das geistreiche Wort stammte von dem Arzt und Naturforscher Heinroth, der Goethes Denkungsart als „gegenständlich" bezeichnet hatte. Das gefiel Goethe; er sah sich verstanden. „Gegenständliche Denkungsart", das sei in der Tat seine Sache. In diesem Zusammenhang geht er kritisch auf den bekannten Satz der griechischen Sphinx ein: „Erkenne dich selbst!" *Gnothi seauton.* Dieser Satz sei verwirrend, eine Irreführung geradezu, die den Menschen zur falschen, untätigen Beschaulichkeit verleite. Denn „der Mensch kennt nur sich selbst, insofern er die Welt kennt, die er nur in sich und sich in ihr gewahr wird". Und zuletzt kommt sententiös der Satz: „Jeder neue Gegenstand, wohl beschaut, schließt ein neues Organ in uns auf."

Wenn wir Goethes Pädagogik als Bildungslehre verstehen wollen, müssen wir uns diese Sätze zu eigen machen. Auch uns selbst kennen wir nicht anders als wir sonst Menschen kennen oder nicht kennen. Wir erkennen uns aus unseren Handlungen, aus der Begegnung mit Sachverhalten und Sachlagen, mit den Geschichten anderer, in die wir verstrickt sind. Aber keiner kennt sich absolut, abschließend und vollständig. Wir haben uns kennen zu lernen, und eben darin besteht eine der Lebensaufgaben für ein bewusst geführtes Leben. Darin gibt es auch Wollen und erfüllte und versagte Neigungen, das, was Goethe sonst auch das Dämonische nennt, über das wir nicht umstandslos verfügen. Denn „keine Macht und keine Zeit zerstückelt/geprägte Form, die lebend sich entwickelt"; so in den „Urworten: orphisch".

Zu diesem Prozess der Selbstverständigung gehört deshalb auch für Wilhelm, um endlich auf den Roman zurückzukommen, nicht nur, dass die Ereignisse ausgebreitet werden, die ihn betreffen, sondern er wird immer auch als Reflektierender, Rückblickender gezeigt, als jemand, der beschreibt, was ihm zugestoßen ist und was er will, und eben dadurch gewinnt er ein

Bild seiner selbst; heute würden manche sagen: dadurch etabliert er seine Identität. Sie besteht ebenso sehr in dem, was ihm geschieht, als auch darin, wie er sich seiner Geschichte vergewissert, erst in dem Gespräch mit Mariane, die übrigens bei der Beschreibung seiner Jugend einschläft, wie in dem Brief an Werner, aus dem das Schlüsselzitat stammt, und in anderen Situationen. Wieder und wieder hält er inne, besinnt und prüft sich, um Klarheit über sich zu gewinnen. Das ist der pädagogische Kern dessen, was der Satz meint: „Mich selbst auszubilden, ganz wie ich da bin." Das kann man auch nur selbst, zwar durch andere gestützt, gefördert und natürlich auch behindert, aber das Entscheidende ist: Bildung ist, um es ganz pädagogisch zu sagen, Selbsterziehung im Medium dessen, was wir vorfinden in uns und außer uns. Dazu gehört, dass wir uns, um eine Wortprägung des späten Goethe zu benutzen, selber historisch werden. Und genau dieses Bemühen ist ein bildendes Element. Um noch einmal eine allgemeinere Bemerkung Goethes aus dem Jahre 1815 beizuziehen – sie bezieht sich auf Schiller, aber sie gilt für uns alle: „Jeder Mensch in seiner Beschränktheit muss sich nach und nach eine Methode bilden, um nur zu leben. Er lernt sich allmählich kennen, auch die Zustände der Außenwelt." Hinzuzufügen ist: Über die Außenwelt uns selbst.

Dazu noch einmal ein Blick auf den Satz: „Jeder Gegenstand, wohl beschaut, ruft ein neues Organ in uns hervor." Er erinnert an eine alte Vorstellung aus dem Umkreis der aristotelisch-neuplatonischen Tradition: Wir werden zu dem, was wir betrachten. Und wir betrachten, was uns entspricht. Gleiches erzeugt Gleiches. Um aber wirklich den eigenen Fundus auszuschöpfen, die angelegten Organe zu entfalten, bedarf es einer besonderen Einstellung, der Hingabe an das Objekt, die gegenständliche Verfahrensart, und darauf weist die Wendung: „Jeder Gegenstand wohl beschaut." Der Ton liegt auf „wohl". Wie Goethe das gemeint hat, zeigt eine interessante Bemerkung aus seinen Aufzeichnungen über die „Italienische Reise". Er ist in Florenz und nimmt sich vor, die Uffizien, die berühmte Galerie, zu besuchen, doch er merkt, dass er sich in einer aufgereizten, unruhigen Stimmung befindet, kehrt um und verschiebt den Besuch. Es komme, sagt er dann durchaus lehrhaft, auf einen Zustand ohne Prätention an. Warum? Weil ein solcher Zustand die Hinwendung, das Hören und Sehen, die Aufnahme dessen, was ist, erst in der rechten

Weise ermöglicht und die Begegnung mit Kunstwerken, Menschen und Sachlagen produktiv werden lässt. Anders gefasst: zum Lernen gehört Entäußerung, um sich auf das einzulassen, was noch fremd ist; dann entstehen auch neue Organe, Gesichtspunkte, Wahrnehmungsdispositionen.

In der neueren Didaktik ist unter dem Titel der „kategorialen Bildung" dieser Zusammenhang von Wolfgang Klafki als „wechselseitige Erschließung" beschrieben und methodisch gefasst worden: „Bildung ist *kategoriale Bildung* in dem Doppelsinn, dass sich dem Menschen eine Wirklichkeit ‚kategorial' erschlossen hat und dass eben damit er selbst – dank der selbstvollzogenen ‚kategorialen' Einsichten, Erfahrungen, Erlebnisse – für diese Wirklichkeit erschlossen worden ist" (Klafki 1963, S. 44). Wir verstehen uns, indem wir auf andere und auf uns selbst wie auf einen anderen blicken, und wir verstehen Sachverhalte, indem wir sie auf uns beziehen, zum Beispiel dadurch, dass wir zu neuen Tätigkeiten kommen, eigenen Mal- und Kunstversuchen, aber auch eigenen Untersuchungsaufgaben und Problemstellungen.

Ich will diesen Anschluss nicht weiter vertiefen und es mit diesem Hinweis auf die bildungstheoretische Didaktik bewenden lassen. Denn es gibt noch eine ganz andere Fortsetzung und weniger harmonische Auffassung des Zusammenspiels von Objekt und Subjekt in der Ausbildung dessen, was wir Person oder Identität oder Selbst nennen. Wir lernen uns kennen aus dem Rückblick auf das, was wir getan, erlebt und erfahren haben, doch wir leben nach vorwärts. Darin gleichen wir jener Figur aus der „Göttlichen Komödie" Dantes, die im Dunkeln voranschreitet, mit einer Lampe auf dem Rücken: die Nachfolgenden sind im Licht, die Handelnden im Dunkel. Das sogenannte Existenzdenken hat diese Lage zugeschärft ausgedrückt. So findet sich bei Sören Kierkegaard der Satz und der Gedanke: das Leben wird rückwärts gedeutet, aber vorwärts gelebt. Darin liegt: es gibt keine bleibende Gewissheit, auch durch noch so vielseitige, offene Bildung nicht. Für Wilhelm Meister geht am Ende alles gut aus; alle Irrtümer und Umwege führen schließlich doch zum Ziel. Aber darauf kann man nicht setzen. Im Übrigen ist es ja auch so, dass Wilhelm, ohne dass er es weiß, durch Rat und – sagen wir es offen – durch Manipulation der Turmgesellschafter geheim gelenkt und so auch vor Schaden bewahrt wird. Diese

Konstruktion ist wenig befriedigend. Sie trägt ersichtlich dem Umstand Rechnung, dass die Idee einer gelingenden Erziehung immer irgendwie mit einer allumfassenden Fürsorge und Vormacht verbunden ist, auch die Idee der Bildung, so sehr sie das Subjekt in die Mitte rückt und von daher den Lernprozess auslegt. Selbstausbildung unter geheimer Aufsicht – das kommt einer Erziehung gleich, die ihre Wirksamkeit steigert, indem sie sich nicht als Erziehung zeigt. Wie bedenklich das ist, wird klar, wenn an die Stelle vornehmer, wohlgesinnter Turmgesellschafter der ganz und gar nicht vornehme, allgegenwärtige *big brother* tritt, der dafür sorgt, dass der Gedanke der Selbstausbildung zur nützlichen Illusion wird, um die Subjekte umso gründlicher zu lenken, je mehr sie glauben, nur sich selbst zu gehorchen.

Lit.: J. W. v. Goethe: Wilhelm Meister Lehrjahre. In: Werke, Hamburger Ausgabe, Bd. 7, Hamburg 1962; ders.: Bedeutende Fördernis durch ein einziges geistreiches Wort. In: Werke, Hamburger Ausgabe, Bd. 13, Hamburg 1955; W. Klafki: Kategoriale Bildung (1959). In: Studien zur Bildungstheorie und Didaktik. Weinheim 1963

16. Johann Heinrich Pestalozzi: Brief an einen Freund über seinen Aufenthalt in Stans

In früheren Zeiten hatten die Gewerbe und Künste jeweils ihre Schutzheiligen, denen sie Altäre einrichteten und an deren Andachtsstätten sie sich versammelten, um ihre Angelegenheiten zu erörtern und zu entscheiden. Die Seeleute hatten den Heiligen Nikolaus, die Schuster den Bartholomäus, weil ihm das Fell abgezogen worden war; die Heilige Barbara war für die Bergleute zuständig, Lukas für die Maler, und so durch die Berufe. Wenn die Pädagogik nun auch einen Schutzheiligen brauchte, der ihren Geist und ihre Gesinnung recht zur Erscheinung bringt, dann wäre für viele ohne Frage Johann Heinrich Pestalozzi ein erfolgversprechender annehmbarer Kandidat: er bringt die Eigenschaften mit, die dazu gehören, Gemeinschaft, ja sogar Gemeinde zu stiften und als Anrufungsgröße zu dienen. Er hat gelitten und er hat nicht aufgegeben; viel besiegt und nie geschlagen; ein Märtyrer der Erziehung, wenn auch nicht im ursprünglichen, dann doch in dem späteren Sinne des unblutigen Martyriums für eine gute Sache. Es sind nicht die siegreichen Helden, die sich der Verehrung aufdrängen, nicht die plumpen Gewinner und Karriereleute, die schlicht Erfolgreichen, sondern diejenigen, in deren Leben das Bittere, Enttäuschende, Schmerzliche eingemischt ist: das Göttliche in der Gestalt des Leidens, der Triumph im Untergang, der Sieg in der Schmach. Für die griechische Sagenwelt war das Herakles, zum Teil auch Sysiphos, den ja manche neuere Pädagogen zu ihrem Genius gewählt haben, und zwar der leidende Herakles und der vergeblich tätige Sysiphos. In diesen Geschichten steckt das Bild des sterbenden Gottes oder Halbgotts, und etwas davon ist in Pestalozzi gegenwärtig. Er hat sich nie richtig durchgesetzt, war auch nie recht zufrieden und glücklich. Was er anpackt, geht immer irgendwie daneben; es erscheint groß angelegt, ist dann aber doch nicht stabil genug organisiert. Er löst Begeisterung aus, wird eine europäische Berühmtheit und hat doch in seinem Internat infernalischen, niederträchtigen Streit mit den Mitarbeitern. Zuletzt, über achtzigjährig, will er noch einmal ganz neu anfangen und eine Waisenanstalt gründen.

Dieser Pestalozzi, der sich selbst mit einer gewissen Kokette-rie, wenn man das von einem Mann sagen darf, den „Heiri Wunderlich von Thorliken“ nennt, das Kind mit dem großen Auge in einer fremden Welt, dieser Pestalozzi hat ein ungebrochenes Ansehen bis heute, auch wenn im Einzelnen so gut wie nichts von seinen Taten und Werken geblieben ist. Seine Romane, damals viel gelesen, finden kaum noch Leser; dazu müsste man erst Schweizerdeutsch lernen. Seine Unterrichtsmethode, speziell die Elementarmethode, ist ziemlich abstrus, auch wenn man im 19. Jahrhundert davon schwärmt und es dann doch anders macht. Ein besonders guter Lehrer scheint er auch nicht gewesen zu sein, eher ein hastiger, leicht erregbarer, wenig disziplinierter Unterrichtsmonarch. Seinen eigenen Sohn hat er mit einer völlig absurden Methode der Belehrung „durch die Dinge“ buchstäblich verrückt gemacht. Der ist dann früh gestorben. Die Pestalozzi-Hagiographie stellt ihn als Epileptiker dar; die nicht unbegründete Vermutung ist, dass diese Epilepsie nicht endogen, sondern Resultat einer verfehlten Erziehung war. Und weiter: richtig Deutsch, orthographisch rein, hat er nie schreiben gelernt; überhaupt bleibt etwas Ungeregeltes, Ungeordnetes, Unerwachsenes um ihn, bis zum Waschen übrigens: ein Zug von Schmuddeligkeit und zugleich die prätentiöse Selbstpräsentation als Kind, das eben nicht recht erwachsen sei. Dennoch: eben dieser Pestalozzi gewinnt ein Ansehen und Ruhm ohnegleichen. Selbst im entfernten Preußen, im Stammland des herben Pflichtgedankens, wird er gerühmt und dann von Schulbeamten in der Schweiz aufgesucht, um bei ihm zu lernen. Er wird angerufen von Diesterweg, von Ziller, von Dörpfeld, von Paul Natorp, dem Neukantianer und Verfasser der „Sozialpädagogik“. Eduard Spranger, der pädagogische Präzeptor, sieht in ihm den pädagogischen Genius verkörpert, ebenso Kerschensteiner, dann wieder Bollnow, und heute kann man getrost sagen, dass die Sozialpädagogen ihn zu einem ihrer Klassiker erkoren haben. Angesichts der Aufgabe, neuen Fächern eine Legendenstützung zu geben, scheint sich Pestalozzi als unstreitiger Kandidat für die Funktion demonstrativer Motivpräsentation anzubieten.

Geboren wurde Johann Heinrich Pestalozzi 1746 in Zürich und ist 81 Jahre alt geworden. Der Vater, den er schon im Alter von fünf Jahren verloren hat, war Chirurgus, eine etwas schmeichelhafte Bezeichnung für einen Arzt ohne medizinische Ausbildung. In der Familie der Mutter finden sich vor allem Landpastoren. Pestalozzi hat es in seinem Lebensrückblick, im „Schwanengesang" von 1826, als sein persönliches Verhängnis angesehen, dass er nur von Frauen erzogen worden ist, seiner Mutter und einer Bediensteten, der Babeli, die dem Vater auf dem Sterbebett das Versprechen gegeben hatte, die Familie nicht zu verlassen. An seiner Neigung zu Zärtlichkeit und Weichheit hat Pestalozzi offenbar gelitten, wenn er sie der weiblichen Fürsorge zuschreibt. Die Schulen, die er besucht hat, sind die üblichen für einen Bürgersohn. Er zeichnet sich weder aus, noch kann man ihn als Versager charakterisieren, wie es gelegentlich in der Pestalozziliteratur geschieht. Richtig ist, dass seine Ausbildung ungeregelt und ungleichmäßig ist; wichtig und bedeutsam, dass er die Schule kurz vor dem Abschluss abbricht. Auf dem Collegium Carolinum, einer bedeutenden Schule mit berühmten Lehrern, darunter Bodmer und Breitinger, hatte er sich einem politischen Zirkel angeschlossen, der den schwärmerischen Idealen einer republikanischen Eidgenossenschaft verpflichtet ist. Auf die besonderen Umstände gehe ich nicht ein. Bemerkenswert ist, dass Pestalozzis erste erkennbare Motive einer größeren Wirksamkeit zunächst politisch sind, mit der Folge, dass er Bespitzelung und Verdächtigungen leiden muss und sich durch Fasten und körperliche Übungen auf das Martyrium einer Gefangenschaft einrichtet. Dazu ist es nicht gekommen, aber die politischen Umtriebe reichen doch aus, ihn als suspekt zu brandmarken, so dass eine öffentliche Laufbahn, die er wohl ins Auge gefasst hatte, für ihn nicht erreichbar ist. Es ist auffällig, dass die Wendung zur Erziehung und Pädagogik bei Pestalozzi ein politisches Vorspiel hat. Der gescheiterte Reformator des Staates und der Gesellschaft nimmt seine Zuflucht bei der Erziehung, damit auf dem langen Weg der allmählichen Besserung und Belehrung das verwirklicht werden kann, was sich direkt und politisch nicht durchsetzen lässt. Das erinnert, um ein großes Beispiel heranzuziehen, an die Gründung der Akademie durch Plato, der sich ja auch zuerst als Arzt der Gesellschaft, als Reformator und Retter der Polis versucht hatte, der dabei scheitert, um dann in der Akademie dem Gedanken einer idealen Staatsform eine Heimstatt zu verschaffen. Pädagogik tritt ein und bewahrt eine Praxis, die noch nicht allgemein ist, gleichsam als Asyl einer besseren und verständigeren Zukunft. Nun, der abgebrochene Student Pestalozzi versucht sich in verschiedenen Experimenten, bis er auf die Landwirtschaft verfällt als der Stelle, von wo aus ein neues Leben entworfen werden kann. Darin folgt er den Motiven Rousseaus und den Lehren der Physiokraten, die den Wohlstand eines Landes der Landwirtschaft zuschrieben, von dem aller gesellschaftliche Wohlstand nur abgeleitet ist.

Pestalozzi schwebt eine Musterwirtschaft vor, aber wenn irgend jemand für ein solches ehrgeiziges Vorhaben ungeeignet war, was die organisatorischen und technischen Fertigkeiten angeht, dann Pestalozzi. Der Neuhof macht pleite; er wird noch einmal reaktiviert, indem es ihm gelingt, Freunde und Gönner für ein weitergehendes Projekt zu finden, indem er die Landwirtschaft mit einem Waisenhaus verbindet. Die Aufgabe der Neuorganisation der Landwirtschaft soll mit der Erziehungsaufgabe kombiniert werden, aber auch dieser Versuch scheitert endgültig 1780; Pestalozzi steht vor den Trümmern seiner Träume. Aber dann zeigt sich bei aller Nähe zur Katastrophe und zum Misslingen doch die beträchtliche Vitalität Pestalozzis, der nie aufgibt und immer wieder einen Anfang findet. Man kann sagen, er sei der exemplarische Anfänger gewesen. In äußerster Bedrängnis, und inzwischen für eine kleine Familie verantwortlich, setzt er seine Ansichten und Erfahrungen in Literatur um: sie wird das Organ seiner Vorstellungen, und wie sich zeigt, hat er zum erstenmal in seinem Leben einen durchschlagenden Erfolg. Erst erscheint die „Abendstunde eines Einsiedlers“, eine Art pädagogisches Andachtsbuch, dann ab 1781 der Roman „Lienhard und Gertrud“, der ein außerordentlicher literarischer Erfolg wird. Dieser Roman liegt auf der Linie der pädagogischen Fiktionen, für die der „Emile“ Rousseaus das Vorbild war. Doch Pestalozzi denkt an ein anderes Publikum; er denkt an die bäuerliche Bevölkerung, an die Armen, Benachteiligten und Unterprivilegierten, wie wir heute sagen würden: er will ihnen zeigen, wie sie wirklich leben und wie sie leben könnten. Es ist ein Volks- und Lehrbuch, eine Pädagogik in Exempeln, mit mustergültigen Menschen wie Gertrud und Lienhard und verabscheuungswürdigen Schurken. Er will zeigen, wie im unmittelbaren Umgang, in der Ordentlichkeit und häuslichen Sauberkeit ein anständiges und kenntnisreiches Leben möglich ist. Heute kann man die Begeisterung nur schwer nachvollziehen, die dem Erziehungsroman entgegengebracht wurde, aber Pestalozzi war als pädagogischer Volksschriftsteller etabliert. Man könnte sich vorstellen, dass er sich endlich am Ziel glaubte und eine Linie gefunden hätte, um ins Allgemeine zu wirken und sich einen Namen zu machen. Aber seine Neigung ging zum Tun und Anpacken, die Literatur war nur Prolog seiner Praxis.

Die Gelegenheit dazu bot sich, als er im Jahre 1798 den Auftrag erhält, in Stans eine Waisenanstalt zu betreuen. Es handelte sich um Kinder, die im Zuge der revolutionären Wirren, insbesondere der französischen Invasion, Elternhaus und Heimat verloren hatten, die auf der untersten Stufe der Verwahrlosung einen sozialen Notstand schlimmster Art darstellten. Das Experiment Stans hat nur ein gutes halbes Jahr gedauert, bis zum Juni 1799; aber es hat auf Dauer den Namen Pestalozzis als Pädagogen begründet. Das Dokument der Stanser Praxis ist der „Bericht über seinen Stanser Aufenthalt" als Bekenntnis und Rechtfertigung, Programm und Klage; er ist ein Zeugnis seines erzieherischen Ethos. Sichtbar wird der didaktische Plan, nach dem die verwahrlosten und verwaisten Kinder aus dem „Schlamm der Rohigkeit" zur Menschlichkeit und zur Lebenstüchtigkeit zurückgebracht werden. Pestalozzi geht an die Aufgabe mit den Auffassungen, die er in Neuhof zuerst vergeblich versucht und in „Lienhard und Gertrud" literarisch dargestellt hat. Man muss „die Armen zur Armut auferziehen": So hatte Pestalozzi sein Programm der Kombination von Kinderarbeit und Erziehung im Jahre 1777 formuliert. In dieser These kann man den theoretischen Ansatz der Sozialpädagogik von Pestalozzi sehen, der Volkserziehung, wie er es im Geist der Zeit nannte. Heute, im Zeitalter der soziologischen Aufklärung, bietet sich dafür vielleicht der Titel der Prekariatserziehung an. Erziehung der Armen zur Armut: das ist allerdings eine missverständliche Formel. Sie kann dahin ausgelegt werden, dass es ihm nur darum ging, die Armen und Leidenden mit ihrem Zustand zu versöhnen, damit sie sich mit ihrem Los abfinden und sich darein ergeben. Doch Pestalozzi hat etwas anderes im Auge. Es ist falsch, sagt er, die Kinder der unteren Volksklassen in Heime und Häuser zu stecken, die sie vor der Not ihrer Eltern bewahren, ohne sie mit den Fertigkeiten auszustatten, die sie in ihrer bedrängten Lage brauchen. Alle Erziehung muss ansetzen bei den Bedürfnissen, die die Menschen faktisch haben. Das Fundament der Erziehung ist die Bedürfnislage, sind die tatsächlichen Verhältnisse, nicht ein Ideal, das man ihnen auf- und gegenüberstellt. Der Anfang der Erziehung wird bestimmt durch die praktische Ausgangslage der Heranwachsenden und ihrer Eltern. Sie ist das Maß der Erziehung, der Probierstein für die erzieherischen Handlungen und den Unterricht. Nur dann können die Kinder die Armut bestehen und überwinden. Schont man sie auf Zeit, fallen sie nachher, wenn sie in ihr Milieu zurückkehren, nur desto tiefer, werden kriminell und bleiben ausgeliefert an die Verhältnisse, statt sie zu meistern. Aus der Stimmung dieses Gedankens hat Pestalozzi im Übrigen auch Front gemacht gegen den olympischen Geist Goethes, die „Fürsten- und Majestätsperspektive", die die Menschen zum Material höherer Zwecke mache. Erziehungswissenschaftlich, also unter dem systematischen Aspekt der Pädagogik, erscheint mir wichtig und wesentlich, dass Pestalozzi der Knappheit einen konstitutiven Rang für die Erziehung zuspricht. Not macht erzieherisch.

Was findet er vor? Er hat zunächst etwa sechzig und schließlich noch mehr Kinder zu versorgen, Verwaiste, Verwahrloste, die frech, misstrauisch, lieblos und furchtsam sind, Kinder ohne Vertrauen und soziale Bindungen, schulisch ungebildet. Dazu sagt Pestalozzi: „Der gänzliche Mangel an Schulbildung war indessen gerade das, was mich am wenigsten beunruhigte." Nicht Unterricht und Belehrung, nicht äußere Disziplin und Ermahnung führt die Kinder aus dem Schlamm der Rohigkeit, sondern in der Not selbst liegt ein *paedagogicum*. Und die Aufgabe des Erziehers? Die Kinder sind zuerst einmal für das Leben zu gewinnen, und zwar dadurch, dass er sich ihnen ganz, ungeteilt, ohne Einschränkung zuwendet. Darin liegt zugleich: er duldet keine anderen Erzieher neben sich, obschon ihm dazu Mittel zur Verfügung standen. Vor allem Schulleute sind ihm suspekt und können nicht helfen. Etwas ganz anderes ist gefordert: er will den Kindern alles sein, ihre Gefühle und Kräfte anregen durch allseitige Besorgung. „Ich war von Morgen bis Abend so viel als allein in ihrer Mitte. Alles, was ihnen an Leib und Seele Gutes geschah, ging aus meiner Hand. Jede Hilfe, jede Handbietung in der Not, jede Lehre, die sie erhielten, ging unmittelbar von mir aus. Meine Hand lag in ihrer Hand, meine Auge ruhte auf ihrem Auge. Sie waren außer der Welt, sie waren bei mir, und ich war bei ihnen. Ihre Suppe war die meinige, ihr Trank war der meinige."

Diese Stelle ist zu Recht berühmt und wird immer wieder angeführt, um das Ethos der Liebe in Pestalozzis pädagogischem Verhalten zu belegen. Nur wäre es ein Missverständnis, diese Liebe allzu sentimental zu fassen: für Pestalozzi verband sich damit auch sein sehr handfester Umgang mit den Kindern. Aus seiner späteren Zeit in Ifferten wird zuverlässig berichtet, dass er durch die Reihen ging und freigebig Ohrfeigen austeilte, dass er schnell wütend und zornig werden konnte, und dann wieder ebenso schnell in Tränen ausbrach, wenn sich sein Mitleid rührte. Dass er auch in Stans kräftig zugelangt hat, sagt er in seinem Bericht selber. Er nennt das Vater- und Mutterstrafen oder auch: Hausstrafen. Sie seien durchaus anders als die mechanischen Strafen in Schule und Staat. Denn „diesen mangelt das Fundament von tausend das Herz anziehenden und festhaltenden Umständen". Bei ihm sei das ganz anders gewesen: „Keine meiner Strafen erregte Starrsinn; ach, sie freuten sich, wenn ich ihnen einen Augenblick darauf die Hand bot und sie wieder küsste. Wonnevoll zeigten sie mir, dass sie zufrieden und über meine Ohrfeigen froh waren." Es scheint, dass unter den Kindern eine Tendenz zu masochistischen Dispositionen besonders verbreitet war. Und was Pestalozzi selber angeht, so ist es bei solchen Textstellen üblich, auf die Zeit und die historischen Umstände zu verweisen. Damals sei eben noch mit großer Selbstverständlichkeit von Körperstrafen Gebrauch gemacht worden. Das mag ja sein. Es lässt sich aber nicht übersehen, dass Pestalozzi alles, was er tut und unterlässt, mit dem Mantel der Liebe bedeckt. Damit legitimiert er sein Verhalten; sie ist der Anfang und die Grundlage der erzieherischen Beziehung. Präsentiert wird sie nach dem Modell der Mutter-Kind-Beziehung, in der durch Lebenserfahrung gestützten Annahme, dass Mütter in aller Regel ihre Kinder lieben, alles für sie tun und dafür die größten Opfer auf sich nehmen. Diese Beziehung ist dem Lernen und vollends der absichtlichen Belehrung vorgeordnet. Mutter und Kind bilden eine Affektgemeinschaft; sie ist die Basis für den Erwerb von Fertigkeiten und Kenntnissen.

Auf dieser Grundlage modelliert Pestalozzi den Gang des Lernens: erst das Herz, dann die Hand und zuletzt der Kopf; erst gegenseitiges Vertrauen, dann Einübung von Fertigkeiten, wie sie im Umgang miteinander und zur Lebensfristung erforderlich sind, am Ende dann Reflexion und sittliche Belehrung. Das sieht für sich genommen auch ganz überzeugend aus, wenigstens für die Eltern- und Hauserziehung. Sie soll von der Haltung der Übereinstimmung und gegenseitigen Liebe getragen sein; sie verlangt von den Eltern den „ganzen" Menschen, und das ist etwas, das man nicht spielen und bloß vorgeben kann; das muss man sein. Pestalozzi spricht da nach, was Paulus im 2. Brief an die Korinther sagt: allen alles sein. Heute begegnet uns diese Wendung in der Auffassung, es komme in der pädagogischen Kommunikation zuerst und vor allem auf authentisches Verhalten an und nicht bloß auf sozialtechnische Professionalität. Sagen, was man denkt; aussprechen, was man fühlt. Und das alles im Geist der Liebe; sie ist der affektive Grund der Erziehung. Das ist die Botschaft Pestalozzis, von der immer wieder bis heute für viele eine große Faszination ausgegangen ist.

Zu den Folgerungen, die sich aus diesem Ethos der Liebe für Pestalozzi ergeben, gehört das methodische Prinzip der Anschauung. Damit ist viel mehr gemeint als bloß dies, dass wir uns beim Unterweisen und Erklären bemühen sollen, das Gemeinte auch recht vor Augen zu führen und anschaulich zu machen. Das auch, aber die Bedeutung der Anschauung ergibt sich daraus, dass wir nach dieser Auffassung nur dann richtig und erfolgreich lernen, wenn wir uns engagieren, wenn wir betroffen und angerührt sind, wenn wir uns existenziell auf Situationen und Menschen einlassen, statt oberhalb des Herzens und ohne Interesse lernen zu müssen. Man könnte es das Pestalozzi-Prinzip nennen: wir lernen nur, was uns interessiert, und das heißt ja wörtlich, wenn wir dabei und in die Sache verstrickt sind. Das entspricht der alten, christlich geprägten Auffassung, dass wir nur verstehen, was wir lieben. Noch in der abgeblassten Fassung des pädagogischen Alltagswissens meldet sich dieser Gedanke: ohne Interesse und Motivation keine erfolgreiche Erziehung. Deshalb die Betonung von Zuwendung und Bekräftigung, affektiver Unterstützung und persönlicher Teilnahme am Lernprozess der Schutzbefohlenen. So gesehen ist das Ethos der Liebe nicht etwas Rührseliges, womöglich etwas, was nur für weiche und romantische Naturen gilt, sondern gemeint ist der Sache nach: der erzieherische Umgang setzt Gleichheit in der Situation voraus, so dass sich die Menschen zeigen, wie sie sind; eben authentisch, unverstellt und ohne didaktische Listen und Tricks. Erziehung als Ganzhingabe, um es mit einem alten Wort aus der pastoralen Ethik zu bezeichnen.

Ich glaube oder bilde mir ein, dass dies eine einigermaßen faire, den Motiven des Meisters angemessene Darstellung ist. Es scheint mir aber auch angebracht, einige Fragen anzuschließen, die sich auf das erzieherische Ethos beziehen, das Ethos der Liebe in der Erziehung, und zwar der Erziehung nicht der eigenen, sondern fremder Kinder und Kinder in großer Zahl. Man kann sich fragen: wozu brauchte dieser in die Jahre gekommene, von der missglückten Entwicklung seines einzigen Kindes enttäuschte Mann die Kinder in Stans? Wie viel Eigenliebe ist in der Liebe zu den Kindern enthalten, die er da betreut? Kinder, die bei *ihm* sind, außer der Welt? Er lässt ja niemand sonst heran; er monopolisiert seine Stellung, nutzt z.B. nicht die Möglichkeiten aus, noch andere Mitarbeiter heranzuziehen. Er macht alles allein und will es auch; offenbar braucht er das. Dieses „Opfer", so sieht es aus, befriedigt ein persönliches Motiv. Wenn man von dieser Vermutung ausgeht, liest sich der Stanser Brief etwas anders.

Das erste, was dann auffällt, ist dies: Pestalozzi macht erstaunlich wenig Mitteilungen über die Kinder; wie viele es sind, wie viele Mädchen, wie viele Jungen. Ferner: wie sind sie untergebracht? Wie und was essen sie? Gehen einige nicht abends nach Hause zu den Eltern? Also bloß Ganztagsbetreuung? Stattdessen erfahren wir viel über Pestalozzi selber, über seine Erlebnisse, Gedanken, Gefühle, „Erfahrungen". Es ist, als ginge es bei der Erziehung im Pestalozzi-Stil vor allem um die Seelenlage des Erziehers. Allgemeiner gesprochen: dominant ist die Selbstreferenz des Pädagogen, als ob das das Maßgebende bei der Erziehung sei.

Der zweite Punkt und die zweite Frage ist: Was geschieht eigentlich, wenn die exklusive Liebe des Erziehers nicht erwidert wird? Liebe mag ja eine lobenswerte Angelegenheit sein, aber sie ist zunächst einmal einseitig. Auch gibt es, wie man weiß, schon seit dem Alten Testament, auch eine herrische, eitle, in Rache umschlagende Liebe, wenn ihr nicht entsprochen wird: Ich tue alles für dich, aber du! Es gibt, mit anderen Worten, eine erdrückende, besitzergeifende, hemmende Liebe. Abstrakter: Hier läuft Erziehung über Identifikation, initiiert vom Erzieher, der darin etwas findet, was ihm hilft, um ein Problem, das er selber hat, zu lösen. So gesehen stellt sich die Frage: Warum macht Pestalozzi die Liebe in dieser Weise zum Angelpunkt der pädagogischen Einwirkung? Und zwar nicht nur in der Erziehung der eigenen Kinder, sondern auch für die Fremderziehung? Um das zu beantworten, scheint mir eine weiter gehende Bemerkung angebracht. Auf den ersten Blick mag es sonderbar oder erziehungsfremd erscheinen, dass das Ethos der Liebe als Grundlage der Erziehung in Frage gestellt wird. Ist es nicht das, was wir Kindern schulden? Außerdem gilt die Elternliebe als natürlicher Affekt, aber eben die Elternliebe, nicht die angestellter, professioneller Erzieher. Und die Eltern erziehen nicht nur, sie haben auch für das leibliche und seelische Wohl zu sorgen; sie lieben ihr Kind, indem sie es so nehmen, wie es ist. In der erzieherischen Absicht liegt jedoch noch etwas anderes: sie will die Lernenden anders als sie sind, sie will etwas aus ihnen machen, sie verändern und stellt sie damit unvermeidlich unter Veränderungsdruck. Sie will nicht nur herzliches Einvernehmen, sondern sie markiert Differenzen: die Differenz von Können und Nicht-Können, Wissen und Nicht-Wissen, Wollen und Sollen. Aus dieser Sicht kann man sogar zu der Auffassung kommen, dass die Eltern und die Elternliebe der Erziehung im Wege sind. Die Identifikation mit *ihrem* Kind, um den Ausdruck „Liebe" zu umgehen, hindert den Austrag und die Behandlung der Differenzen, die ich eben benannt habe. In der Geschichte des pädagogischen Handelns hat es daher immer auch eine eltern- und familienkritische Variante gegeben und Fürsprecher einer früh einsetzenden Fremderziehung gegeben. Plato ist das bekannteste Beispiel. Erziehungspraktisch bekundet sich diese Tradition in der weitverbreiteten Sitte, die Kinder früh einem Institut, einem Internat und fremden Erziehern zu übergeben. Darin zeigt sich die Einsicht, dass Liebe und Erziehung nicht ohne Weiteres zusammenpassen.

In seinem Buch über „Wesen und Formen der Sympathie" hat Max Scheler den Erziehungswillen geradezu dem Ethos der Liebe entgegengestellt und darauf hingewiesen, „dass sich Liebe und pädagogische Einstellung als gleichaktuelle gleichzeitige Phänomene ausschließen"; mehr noch, „dass überhaupt ein Verändernwollen des geliebten Gegenstandes gar nicht in der Liebe liegt" (Scheler 1948, S.171): Wenn ich liebe, nehme ich den Anderen so, wie er ist; „*warts and all*“, könnte man mit Cromwell sagen, als er gemalt werden sollte. Es ist für diese Form der menschlichen Beziehung schädlich, ja zerstörerisch, wenn sie unter Prämissen der Personveränderung gestellt werden. Denn es liegt etwas Kränkendes darin, wenn man sich erst noch ändern soll und erst dann der Mensch ist, der richtig liebenswert ist. Erziehung kränkt; sie kränkt unvermeidlich, weil sie ihren Ausgang bei Differenzen nimmt, weil sie Asymmetrie artikuliert und sie auch braucht. Das vergeben wir unseren Erziehern auch oft genug nicht; es bleibt ein Ressentiment gegen die, die uns unwissend, ungeschickt und unfertig erlebt haben. Deshalb ist Dankbarkeit, sozusagen als auf Dauer gestellte Gegenliebe, eine falsche Erwartung, wenigstens als Regelvermutung innerhalb erzieherischer Beziehungen.

Vor diesem Hintergrund drängt sich die Frage auf, warum eben doch das Ethos der Liebe mit solcher Beharrlichkeit und Insistenz immer wieder von Pädagogen in Anspruch genommen und von vielen als die genuin pädagogische Grundeinstellung gefordert wird. Gerade der „Stanser Brief“ hat in der Lehrerausbildung als Medium zur Erzeugung der rechten pädagogischen Einstellung gedient, als Hohelied der pädagogischen Liebe und Pestalozzi als ihr Prophet. Das ist auch insofern eine Merkwürdigkeit, als Pestalozzi sich ja gar nicht als Lehrer, sondern als Totalerzieher, als Mutter- und Vaterersatz in einem präsentiert. Es ist überhaupt erklärungsbedürftig, dass die betont „pädagogisch“ motivierte Lehrerschaft damals wie heute ihre Vorbilder gar nicht im eigenen Beruf, gewissermaßen im Kernbereich fachlicher Kompetenz aufsucht, sondern sich auf Außenseiter und engagierte Amateure, auf Außenseiter wie Alexander Neill oder Janusz Korczak beruft, auf Heimerzieher und Internatsleiter, als ob es keine Könner und Meister des Unterrichtsgeschäfts gäbe oder als ob das bloße Unterrichten eine Kunst minderen Ranges sei, das an die Höhe pädagogischer Inspiration nicht heranreicht.

Die Pestalozzilegende oder wie Fritz Osterwalder formuliert hat: der „pädagogische Kult“ um Pestalozzi ist im 19. Jahrhundert entstanden und für die reformpädagogischen Initiativen geradezu kanonisch geworden. Ob Natorp oder Spranger, Nohl oder Flitner: immer wieder wird Pestalozzi als Vorbild hingestellt und über die Defizite und Lücken hinweggesehen, die seiner

Praxis eigentümlich waren und die seine Selbstdarstellung kennzeichnen. Die Eigenpropaganda wird für das Ergebnis genommen, so dass die Vermutung nicht abwegig ist, dass sie einem tiefen Bedürfnis des pädagogischen Selbst entspricht, und zwar dem Bedürfnis, in der Erziehung anderer etwas nachzuholen und ins Reine zu bringen, was in ihrer eigenen Kindheit unerfüllt geblieben ist. Diese Deutung hat Volker Kraft in seiner Pestalozzi-Analyse in überzeugender Weise nahegelegt und im manifesten Text die latente Botschaft des ungeliebten Kindes sichtbar gemacht, nicht weil die Mutter es so wollte, sondern weil, um es abgekürzt anzudeuten, sie in einer dichten Folge von Schwangerschaften, von Kindstod und neuerlicher Niederkunft, nie nur für den kleinen Heinrich da sein konnte. Pestalozzi ist das unbeachtete, allein gelassene Kind; und er bleibt das große Kind, das um Gegenliebe kämpft und ringt: ein Streben nach Wiedergutmachung mit der Prämie, endlich geliebt und das Wunschkind zu werden, das er real nicht war. Auch ohne diese Deutung bleibt richtig, was Gustav Hartenstein, ein Schüler Herbarts, gegen die Überspannung des pädagogischen Ethos angemerkt hat: „Das gute Herz ist freilich oft nichts weiter, als ein hinter der Sympathie sich versteckender Egoismus der Empfindung“ (Hartenstein 1844, S. 188).

Aufs Ganze gesehen bleibt ein Fazit schwierig. Pestalozzis Botschaft, dass Kinder Zuwendung brauchen, sagen wir: in der gemäßigten und erfüllbaren Form des Wohlwollens, bleibt richtig, egal wie der biographische Hintergrund sein mag; ebenso die Einsicht in die Bedeutung „naher Verhältnisse“ als affektive Grundierung der frühen Stufen der Erziehung. Aber als Schutzpatron für die Pädagogik dürfte Pestalozzi nicht geeignet sein, und wenn er so gesehen wird, dann deutet das auf Defekte, die dem Selbstverständnis der Erzieherinnen und Erzieher von Beruf noch anhaften.

Lit.: J. H. Pestalozzi: Brief an einen Freund über seinen Aufenthalt in Stans (1799). In: Ausgewählte Schriften, hrsg. v. W. Flitner, Düsseldorf/München 1949 u.ö.; G. Hartenstein: Die Grundbegriffe der ethischen Wissenschaften. Leipzig 1844; M. Scheler: Wesen und Formen der Sympathie (zuerst 1913: Zur Phänomenologie der Sympathiegefühle und Theorie von Liebe und Hass) Frankfurt/M. 1948, 5. Aufl.; V. Kraft: Pestalozzi oder das pädagogische Selbst. Ein Studie zur Psychoanalyse pädagogischen Denkens. Bad Heilbrunn 1996; F. Osterwalder: Pestalozzi – ein pädagogischer Kult. Weinheim 1996

17. Johann Michael Sailer: Über Erziehung für Erzieher

Mit siebzig Jahren, im Jahre 1821, wurde der Theologieprofessor Johann Michael Sailer von der Universität Landshut in allen Ehren entpflichtet und erst zum Domkapitular, dann zum Koadjutor und präsumptiven Nachfolger des Bischofs von Regensburg bestellt. 1829 wurde er auch wirklich Bischof und hat das Amt noch drei Jahre ausgeübt. 1832 ist er im Alter von 81 Jahren gestorben. In seinem Tagebuch vermerkt er beim Übergang von Landshut nach Regensburg: „Ihr lieben Flüsse Bayerns, Lech, Isar, Donau – ich kann es nicht beschreiben, wie lieb ihr mir geworden seid und wie reich an Erinnerungen. An der Isar, in München, hab ich meine Gymnasialausbildung vollendet in 10 und 1/2 Jahren. In Landsberg am Lech ward ich im Jesuiten-Kollegium eingeweiht in die geistige Bildung, in die Wissenschaft der Heiligen – zwei Jahre dauerte dieses Noviziat der Gottseligkeit. In Ingolstadt an der Donau erhielt ich meine philosophische und theologische Ausbildung in einem Zeitraum von 5 Jahren. Wie meine gelehrte Bildung sich und mich an die zwei Flüsse Isar und Donau kettete, so geschah es auch mit meiner Wirksamkeit. Das theologische Lehramt hielt mich vier Jahre an der Universität Ingolstadt. Dann wanderte es mit mir, nach einer Pause von drei Jahren, von Ingolstadt zurück – weilte da, kein ganzes Jahr, und wallte dann im Jahre 1800 am Pfingstsonntage mit der ganzen Universität nach Landshut an der Isar. Hier währte es am längsten, 22 Jahre – und heute, am 12. Oktober 1821, lege ich mein vierfaches Lehramt der Pastoraltheologie, der christkatholischen Moral, der Religionslehre für alle Akademiker und der Erziehungslehre in die Hände des Königs Maximilian und eile nach Regensburg an der Donau (…). Selig, dass ich hoffen kann, – derselbe Gott, der mein Wort in den Hörsälen der Schule an den Tausenden meiner Zuhörer so reichlich gesegnet hat, werde es auch in der Führung des Kirchenamtes zum Heile der Gläubigen in der Diözese Regensburg wirksam werden lassen. In diesem Glauben gehe ich getrost von der Isar an die Donau – denn die Erde ist überall des Herrn."

Dieser Tagebucheintrag, von dem er wohl wusste, dass er eines Tages auch öffentlich werden würde, zeigt den ganzen Mann und seinen Aufstieg aus ärmlichen Verhältnissen – der Vater war Schuster, die Familie ohne Vermögen, das Milieu alternativlos katholisch, in kirchlicher Sitte und Brauch gefestigt. Die katholische Kirche hat es immer verstanden, hier ihren Nachwuchs zu finden und zu formen. Das Pfarramt bot begabten und lernwilligen Jungen aus einfachen, meist ländlichen Verhältnissen und zudem kinderreichen Familien den Aufstieg in eine öffentliche Ehrenstellung als Hochwürden, wenn sie nur fleißig, fügsam und loyal waren. Sailers Laufbahn vom Jesuitenzögling zum Priester und zum erfolgreichen akademischen Lehrer in verschiedenen Ämtern bis zum Bischof einer bayerischen Diözese ist insofern typisch, nichts Besonderes. Nicht ohne die Genugtuung, die Erwartungen seiner Oberen erfüllt und die Hoffnungen seiner Jugend eingelöst zu haben, überschaut er sein Leben: eine kirchlich-katholische Karriere, heimatnah, auch volksnah, typisch eben: Seelsorger und Gelehrter, am Ende gar noch Bischof, der unter seinen vielen Schriften auch eine Erziehungslehre verfasst hat, die „Erziehung für Erzieher", 1807 zuerst vorgelegt, und dann noch zweimal in überarbeiteter Form, zuletzt 1822. Diese Pädagogik hat er in Landshut 1800–1820 regelmäßig vorgetragen; sie ist dann im 19. Jahrhundert das Grundbuch für die katholische Lehrerschaft geworden, so wie etwas später Adolph Diesterweg mit seinem „Wegweiser für Lehrer" für das protestantische Deutschland.

Doch dieses Gesamtbild Sailers, wie es von ihm selbst in der Tagebuchnotiz entworfen wird, ist zu glatt, zu harmonisch, ich bin versucht zu sagen: es ist zu katholisch, um gänzlich wahr zu sein. Sailer zeigt und er verbirgt sich. Er tritt hinter die objektiven Aufgaben zurück, denen er sein Leben gewidmet hat. Sowohl die Konflikte, die er innerhalb seines Kreises auszufechten hatte, wie auch die Spannungen und Herausforderungen, die sich aus der Zeitlage für Glauben, Kirche und kirchliches Amt und Wirken ergaben, bleiben unerwähnt. Bei Sailer kommt beides zusammen: die Reaktion auf die großen Tendenzen und Umbrüche der Epoche einerseits und die innerkirchlichen Auseinandersetzungen mit Oberen, Amtsgenossen und Kollegen andererseits. Darauf will ich eingehen, bevor ich seine Pädagogik behandle, weil man diese Pädagogik in ihrer Bedeutung ohne diesen Hintergrund nicht versteht oder sie als schlichte Kleriker-Pädagogik missversteht und sachlich unterbietet.

Was war das maßgebende Lebensthema Sailers? Was die Leit- und Schlüsselfrage, die man wie einen Titel über sein Werk und sein Wirken setzen könnte? Die Angabe der Stationen eines bemerkenswert erfolgreichen Priesterlebens genügt dazu nicht, auch nicht der Hinweis auf eine außerordentliche intellektuelle Begabung und das erzieherische und pastorale Charisma des Mannes. Er war zu seiner Zeit in der Tat nicht *einer* der akademischen Lehrer im Fach Theologie, sondern geradezu *der* Lehrer. Erst in Dillingen, dann in Ingolstadt und danach in Landshut hat er einen imponierenden Schülerkreis gewonnen. Was im Klerus seit 1800 Rang und Namen hatte, nicht nur in Bayern und im süddeutschen Raum, geht auf Sailer zurück: er war ein Genie der Freundschaft und ein Spezialist für Konversionen. Nicht ohne Grund hat man ihn im 19. Jahrhundert den Kirchenvater des katholischen Deutschland genannt. Das verdankt sich eben nicht allein seinem Charakter und pastoralen Geschick, sondern es verdankt sich seiner Leitfrage: Wie kann man in der modernen Zeit, angesichts von Aufklärung und politischer Revolution, bei nachlassender Kirchlichkeit und aufkommender Gottesferne noch als Christ existieren, ohne anachronistisch zu sein? Nämlich so, dass man das Neue in sich aufnimmt und verarbeitet, ohne das Alte und die Tradition zu verwerfen, aufgeschlossen für das Positive von Wissenschaft und Aufklärung, aber doch fest im hergebrachten Glauben und in den kirchlichen Bräuchen mit Fronleichnamprozession und Wallfahrten, Messe und Beichtpraxis. Vor allem: wie kann man Priester sein, mit wissenschaftlich-akademischer Ausbildung, ohne den Obskuranten oder Zynikern zugerechnet oder schizophren zu werden? Aufgeklärt in der Studierstube, aber am Altar und auf der Kanzel Teilhaber eines naiven Gemeindeglaubens, wie er auf dem weithin unbeschulten und vom Aberglauben einer reichlich naiven Volksfrömmigkeit geprägten Lande gerade noch durchgehen mochte: wie geht das zusammen?

Im 19. Jahrhundert wurde für diesen Gegensatz die Formel von dem Verhältnis des Glaubens zum Wissen gefunden, aber da bereits und bis heute im Großen und Ganzen unter der Prämisse, dass es möglich sei, die Antworten den Glaubens in einer Weise zu fassen, dass sie mit den Befunden der Wissenschaft entweder vereinbar sind oder von ihnen nicht berührt werden. Das war schon ein Resultat der Selbstbehauptung des Christentums in gewandelter Zeit. Aber im 18. Jahrhundert, in dem Sailer seine Ausbildung erfahren hat, sah die Lage noch ganz anders aus; viel bedrohlicher und hoffnungsloser aus christlicher Sicht. Musste man nicht annehmen, dass mit dem Fortschreiten der Aufklärung, mit mehr Schulen und vor allem: mit Schulen für alle, mit mehr Wissenschaft und rationaler Lebensgestaltung in der Wirtschaft, in der Medizin und in der Politik, mit Meinungs- und Pressefreiheit, überhaupt mit den Menschenrechten und der Einsicht, dass jeder für sein Leben selbst verantwortlich und zuständig ist, – musste man da nicht damit rechnen, dass dieses ganze „Projekt der Moderne" nicht nur dem absoluten Staat, sondern auch seiner ideologischen Hauptstütze, der Kirche und dem schlichten Gottesglauben den Garaus macht? Was jetzt noch – sagen wir um 1775 – Sache der Intellektuellen und der Philosophen war, würde es nicht in wenigen Jahren Allgemeingut sein? Endgültig Ende des Mittelalters, Ende des Reiches von Gottes Gnaden und Aufgang des Reichs der Freiheit? Hinweise dazu gab es genug. Die Zeitstimmung stand gegen die Kirche, Kirchenglauben und Priesterherrschaft. Das galt vor allem für Frankreich, mit dem Erzkritiker Voltaire an vorderster Stelle. Berühmt sein Kampfruf *„écrasez l'infame"*, gemeint war die Kirche, und zu allem Überfluss gab es allzu viele Abbés, die sich an Voltaires Spott und Stilkunst erfreuten. Aber nicht nur diese Freigeister waren eine Gefahr; damit war man seit je bekannt: der neue, den Bürgerrechten verpflichtete Staat schob die kirchlichen Einrichtungen und Ansprüche beiseite.

Sailer war 1770 nach den Gymnasialjahren gerade noch bei den Jesuiten eingetreten, als 1773 der Orden aufgelöst wurde. In Österreich wurden seit 1780 die Klöster geschleift, das Kirchengut vom Staat übernommen und die Ordensleute in Rente geschickt. Bischofsstühle blieben im Reich reihum unbesetzt, die Domkapitel verwaisten, schließlich erlaubte sich Napoleon, den Papst festzusetzen. Das Ende des römischen Kirchenstaates kündigte sich an. Der hohe, weiterhin aristokratische Klerus verödete, und von unten kam kein Nachwuchs für die Leutepriester nach. Nur Sailers Bayern war eine gewisse Ausnahme, aber auch in der Weise, dass der Kurfürst faktisch das Kirchenregiment übernahm. So gesehen, war es keine abwegige Annahme, dass es mit der Freiheit der Kirche endgültig vorbei war. Sie mochte noch eine gewisse Zeit als eine Art Sozialagentur für Unterricht, Schule und Akademien gebraucht werden, ehe der Staat sein eigenes Personal dafür ausbilden und einsetzen würde. Sailers Stellungen nach 1773 waren deshalb auch bis zur Berufung nach Regensburg Staatsstellungen. Es gab den Orden nicht mehr, aber immer noch Jesuiten. Sie wurden in Schulen eingesetzt und untergebracht; sie erhielten Professuren, doch unter dem Verdacht, „jesuitisch" zu sein, ein geläufiges Schimpfwort in der Zeit. Sailer war durchgängig der „Ex-Jesuit" und galt gleich von zwei Seiten als unsicherer Kantonist; von Seiten der regierenden Staatsverwaltung als Obskurant und von Seiten derjenigen ehemaligen Ordensmitglieder, die offen und verdeckt an der Wiederzulassung des Ordens arbeiteten, als Apostat. Die Folge war, dass er zweimal, wie er in dem Tagebuch sagt, eine „Pause" einlegen musste; eine Zwangspause mit Entlassung und Degradierung, um dann mit fürstlicher Protektion zurückzukehren. Er wurde innerkirchlich als zu „liberal", wie wir heute sagen würden, denunziert, und außerkirchlich als verkappter Exjesuit. Was ihn erhielt und rettete, waren seine Schüler und Hörer, darunter der bayerische Kronprinz und spätere König Ludwig Nr. 1.

Warum? Weil Sailer für sich selbst und für die junge Generation einen Weg fand, aus der alten Feudalkirche und aus der unfruchtbaren Opposition von Zeitgeist und Glaubenstradition herauszukommen. Die Wiederherstellung des Jesuitenordens, das hat ihn nicht interessiert; das haben andere besorgt. Aber dessen Philosophie hat er festgehalten; nämlich: sich dem Gegner öffnen, in seine Kraft eintreten, gewissermaßen nach der Devise: den Tiger, den man nicht zähmen kann, muss man reiten. Mitgehen, soweit es sich irgend vertreten lässt, um dann innerhalb dieser Bewegung das Eigene und die bleibende Substanz zur Geltung zu bringen, in zeitgemäßem Gewande, aber im Kern der Herkunft verpflichtet. Der andere Weg stand eher unter der Parole: *ad catacumbas*, zurück zu den Katakomben; das eigene Lager stärken und abschirmen, um es von den Giften der Aufklärung, der modernen Wissenschaften, der Hybris eines Lebensverständnisses freizuhalten, das alles auf das Individuum und seine Selbstermächtigung setzt. Tatsächlich ist das dann nach 1830 der Weg der römischen Kirche im 19. Jahrhundert geworden. Das *aggiornamento* und die Öffnung zur Ökumene kamen erst viel später, nach 130 Jahren mit dem Vaticanum II. Eben diese Variante hat Sailer ins Auge gefasst, gelebt und gelehrt; mit Vorsicht, gewiss; aber doch klar erkennbar, vorbildlich und prägend im Übrigen auch für die so genannte Tübinger Schule der katholischen Theologie, und zwar über den Sailerschüler Hirscher. Doch diese Position wurde schließlich in den Auseinandersetzungen um die Abgrenzungstheologie und das Vatikanum I von 1870 mit dem unsäglichen Unfehlbarkeitsdogma zermürbt.

Sailers, wie wir heute sagen würden, ökumenische Orientierung und seine wahrhaft katholische Gesinnung – denn allumfassend, einbeziehend, das meint ja der griechische Ausdruck „katholisch", dem das lateinische „universal" entspricht –, diese Gesinnung hat er gelebt. Er befasst sich eingehend mit der führenden, nicht-katholischen Literatur und Philosophie, auch gegen die internen Verbote und Bedenken, vor allem studiert er den „Königsberger", wie er ihn nennt, nämlich Kant und die Philosophie der Autonomie des Subjekts, allerdings mit den Vorbehalten, wie die ersten Jesuiten den Erzketzer Luther studiert hatten. Mehr noch: er pflegt Umgang und kultiviert Freundschaften mit der Gegenseite, mit protestantischen Theologen und Freigeistern, höchst verdächtig für einen Kirchenmann; er zeigt Entgegenkommen und findet Gesprächsbereitschaft und Anerkennung, wird eine gesuchte Adresse für die junge Generation der Romantiker, die von den Antworten einer schematisierten Aufklärung und eines blanken Rationalismus unbefriedigt ist und das christliche Mittelalter neu für sich entdeckt. Die Einzelheiten finden sich in der zweibändigen Biographie und Dokumentensammlung von Hubert Schiel und in der Sailer-Monographie von Aloysius Regenbrecht.

Das alles zeigt sich in seiner Pädagogik. Sie ist, kurz gefasst, zeitgemäß; und sie ist katholisch. Wie das zusammengeht oder von Sailer zusammengebracht wird, will ich zu zeigen versuchen. Der Titel lautet: „Über Erziehung für Erzieher oder Pädagogik". Das ist in dieser Allgemeinheit noch wenig aussagekräftig, unprätentiös. Der Duktus der Schrift ist lehrhaft und pastoral; die Sprache der objektiven Wahrheit und zugleich des eigenen Erlebens, wenngleich ohne den aufgeregten Alarmton, wie er vielen pädagogischen Schriften bis heute eigen ist, ohne die Weckrufattitüde, die in letzter Stunde noch zur Umkehr aufrufen will und dazu irgendeine fixe Idee als Rettungsmittel anbietet. Nichts davon bei Sailer. Nur im Widmungsvorwort – interessanter- und merkwürdigerweise wendet er sich an die Nachwelt – geht er auf die Zeitverhältnisse und die schwankende Diskussionslage ein: alles Mögliche werde in dieser „Epoche des Wandels“ vorgeschlagen, so „regierten ehemals in der Erziehungsstube die Dressierpeitsche und die Willkür des Schlagens, jetzt sollten die Knaben sich selbst erziehen“; die Elterngewalt löst sich bei den einen auf, bei den anderen würde sie neu befestigt, so dass man nicht wisse, ob die Kinder den Eltern oder die Eltern den Kindern gehorchen sollten. Auch sei die Verwirrung unter den Pädagogen so groß, dass viele Unerzogene und Verzogene Erziehungsaufgaben übertragen bekämen, und nicht selten die Kinder sich in den Instituten von erziehungsbedürftigen Erziehern behandeln lassen müssten; von Ärzten, die selber krank seien. Er beschließt sein Vorwort mit einem „züchtigen Wunsch“: „Möge es mir gelingen, die verhüllenden Kunstgewebe von dem Antlitz der heiligen Wahrheit wegzuheben, und ich weiß im voraus, dass die enthüllte Wahrheit sich selber Zutrauen und Sieg verschaffen wird.“ Das ist alles, was sich der Verfasser an Emphase gestattet, dann geht es erst mal schulmäßig, gegliedert, sachlich zu.

Das Buch hat drei Teile: Vorangestellt sind begriffliche Klärungen und eine Zielangabe in zwölf Punkten, dann geht es im ersten Teil um die „Idee des Erziehers“, danach um die „Idee des Erziehers in der Wirklichkeit“, im zweiten Teil geht erst um die „Realisierung der Idee des Erziehers“ und schließlich um die „Realisierung der Idee der Erziehung nach den Unterschieden des Geschlechtes und des politischen Daseins“. Man pflegt einen solchen Aufbau „deduktiv“ zu nennen. Zuerst allgemeine Bestimmungen und Definitionen, dann die Ableitungen, die sich aus den Definitionen ergeben, zuletzt die Anwendung in besonderen, wechselnden Lagen. Erst das gedankliche Fundament, dann die Ausgestaltung. Das sorgt für Klarheit und macht das Erziehungswissen lehrbar. Es steckt darin aber auch die Überzeugung, dass man das Wesentliche für sich erfassen und aussprechen kann; das Substanzielle, das für alle Zeiten und Räume gilt, für alle und jeden, überall. Die besonderen geschichtlichen, kulturellen und sozialen Umstände haben sich dem anzumessen. Klarheit also, unmissverständliche Klarheit: das will unser Verfasser; also sagt er in der Einleitung erst mal, wie es sich für eine Schrift gehört, die sich „Pädagogik" nennt, was im Folgenden und überhaupt unter „Erziehung" zu verstehen ist. Es gibt erstens einen weiten, unbestimmten Begriff der Erziehung, wenn etwa gesagt wird, die Natur und die Sitte erziehen, der Staat erzieht, die Gesellschaft, die Sprache usw., und es gibt einen engeren, bestimmten und wissenschaftlich brauchbaren Begriff. Nämlich: erziehen heißt, „der unentwickelten, ungebildeten Menschennatur in ihrem Entwicklungs- und Fortbildungsprozesse beistehen, diesen Entwicklungsprozess so leiten, dass der Zögling der leitenden Hand entbehren und seine Selbstführung dem Ideal der Menschheit entsprechen kann". Kurz: Hinführung zur Selbstführung. Davon handelt nach Sailer die Lehre von der Erziehung. Doch diese Bestimmung bleibt leer, wenn nicht angegeben wird, wer der Urheber der Hinführung ist. Also ist das erste Hauptstück der Pädagogik als Wissenschaft die Lehre vom Erzieher als dem Subjekt der Erziehung. Sailer: „Die Idee des Erziehers und die Darstellung derselben in der wirklichen Bildung des Menschen werden den ganzen Inhalt und die zwei Teile der Pädagogik ausmachen." Erst die Idee, dann die Wirklichkeit.

Angelpunkt der Pädagogik als Lehre und als Wirklichkeit sind demnach die Erzieher; zuerst die Eltern, und da auch ganz entschieden der Vater, dann die Lehrer und Informatoren, schließlich das Personal der pädagogischen Institute. Sailers Pädagogik ist personal und ethisch orientiert; sozusagen von der Stellgröße aus, die sich am ehesten bedienen und bestimmen lässt. Darin ist sie durchaus konventionell von der erzieherischen Aufgabe und vom Erziehungswillen her konzipiert; und sie erscheint ganz zeitgemäß, wenn als Zielpunkt die Selbstführung der Heranwachsenden fixiert wird. „Selbstführung": das ist zunächst nichts anderes als eine Übersetzung des Wortes „Autonomie", das uns der Sache nach bei den Protagonisten der Bildungsidee als Selbstentfaltung, Selbstbestimmung, Selbstverständigung begegnet und das dann von Kant scharf konturiert worden ist. Das nimmt Sailer auf.

Auch Sailers Wendung: erziehen heiße, dem natürlichen Entwicklungsgedanken „beizustehen", nimmt ein zeitgemäßes Motiv auf. „Beistand" ist kein Machen, ist nicht Hervorbringen; er bezieht sich auf etwas, was sich schon von sich aus organisiert.

Das hatte Rousseau gelehrt und das kehrte dann als Lehre von der Erziehung als Erregungskunst wieder, als Weckung und schließlich als Lernhilfe. Hier also „Beistand“; ein Begriff, in dem die katholische Auffassung von der Gnade durchscheint, nämlich als Assistenz des Heiligen Geistes bei der wünschenswerten Vervollkommnung des Menschen; wohlgemerkt Assistenz, nicht einfach blanke Erwählung, die im Übrigen auch eingreift, wenn man gar nicht erwählt werden will, sozusagen im Gestus einer herrscherlichen Liebe, die auch dann noch liebt, wenn man sich ihr entziehen möchte oder keine Gegenliebe aufbringen kann. Bei Pestalozzi ist uns diese besitzergreifende Liebe ja begegnet, und dieses Gedankenkonzept steht in der Gedankenlinie calvinisch-protestantischer Gnadenwahl. Anders Sailer und die katholisch-jesuitische Tradition: Man muss schon selbst einiges tun, dann greift auch der gnädige Wille assistierend ein und steht uns bei. Ohne Eigenleistung kein Kredit, das ist die eine Seite; die andere ist: wer sich müht und etwas leistet, der darf auch darauf vertrauen, dass ihm das, was er selbst nicht mehr aus eigener Kraft erreicht, umsonst dazugegeben wird. Etwas theologischer gesprochen: ohne Gnade kommen wir nicht zurecht; jeder braucht Beistand, als Kind und Heranwachsender sowieso, aber Gnade allein tut's auch nicht, wir müssen uns schon durch Werke, soweit wir können, beistandswürdig machen. Wer immer strebend sich bemüht, den können wir erziehen.

Wie ist das nun mit diesem Bemühen, das uns beistandswürdig macht? Wie weit kommen wir damit? Oder sind wir nicht vielmehr so verdorben, dass es ganz auf Hilfe und Gnade, auf die Erziehungsgnade überschwänglich liebender Erzieher ankommt? Damit bin ich bei dem zweiten Hauptstück der Pädagogik Sailers, seiner Lehre von der Entwicklung und den Möglichkeiten des Kindes, des jungen und schließlich des erwachsenen Menschen. Es macht einen großen Unterschied, ob wir annehmen, dass die Menschen schlechthin verdorben sind, ein krummes Holz, wie Kant in seiner Religionsschrift gesagt hat, oder ob wir davon ausgehen, dass Selbsterlösung aus eigener Kraft möglich ist – dahin zielt die moderne Auffassung, oder ob wir mit Sailer und der christkatholischen Tradition annehmen, dass die menschliche Natur im Sündenfall zwar beschädigt, aber nicht hoffnungslos korrumpiert ist. In diesem dritten Fall gibt es eine Art kooperativen Zusammenwirkens und ein Ergänzungsverhältnis von natürlicher Anlage und ethischem Anspruch, der sowohl die Lernenden wie die Erzieher zu einem gemäßigten Optimismus berechtigt.

Das Gebiet, in dem wir uns jetzt bewegen, ist das der pädagogischen Anthropologie, der Lehre von der menschlichen Verfassung. Heute suchen wir die erforderlichen Antworten vornehmlich in der Psychologie. Sie soll uns sagen, wie das Lernen funktioniert, damit wir einigermaßen erfolgreich das Lernen fördern, steuern und begrenzen können. Das finden wir nun bei Sailer ebenso wenig wie sonst bei seinen Zeitkollegen. Die Lernpsychologie kam erst später auf den Weg. Maßgebend war noch die überlieferte Anthropologie des Menschenbildes. Sie enthielt die Menschenkenntnis, ohne die man nicht erziehen kann. Man muss schließlich das Material kennen, auf das man seine guten Absichten richtet, sonst bewegt man sich bloß in Parolen und Programmen, in ehrenwerten Postulaten ohne Bodenhaftung.

Was sich dazu bei Sailer findet, ist zunächst wieder durchaus konventionell; eine Paraphrase der Bestimmung des Menschen als *animal rationale*, als redendes und denkendes Tier, wie man im Barock sagte. Danach gehören wir zwei Reichen an, als animalische Wesen dem Reich der Natur, als denkende dem Reich der Erkenntnis und eigener Stellungnahmen. Das ergibt drei Schichten und Stufen: (1) Sinnlichkeit, (2) Denken, insoweit wir uns beobachtend und erkennend verhalten, und (3) Moral, insoweit wir Entscheidungen treffen und handeln. Wenn man sich von dem Herrschaftsgebaren und den Überlegenheitsattitüden moderner Psychologie nicht allzu sehr imponieren lässt, ist das ja auch gar nicht so abwegig. Jedenfalls ist in der Tradition, sozusagen von Plato bis Hegel, immer wieder mit dieser Trias von Sinnlichkeit und Affekt, objektivem Verstand und moralischer Vernunft operiert worden. Unter dem Titel der Sinnlichkeit wird dann in der Regel das verstanden, was unsere Befindlichkeiten, unsere Anlagen, unsere Affekte und Neigungen betrifft, unsere erste Natur. Mit der haben wir es auch in der Erziehung zuerst zu tun: Kinder müssen gepflegt, behütet und versorgt werden; dabei lernen sie aber auch schon Regeln und Gewohnheiten kennen. Sie werden diszipliniert, wie Sailer im Anschluss an Kant sagt. Darauf kommt die Stufe der intellektuellen Ausbildung, das nennt er wieder mit Kant Kultivierung und Zivilisierung, und drittens ist es nötig, sich in die normativen Voraussetzungen des gemeinsamen Lebens zu finden. Das ist die Moralisierung. So Kant (1803) und ebenso Sailer.

Ich halte vorläufig fest: was im Einzelnen als Schichten nebeneinander oder gegeneinander da ist, wird als Stufenfolge in den Erziehungsgang eingebracht: erst physische Bildung, dann intellektuelle und moralische Erziehung bis zum Punkt der Selbstführung. So weit so gut, und auch einigermaßen einsichtig und darüber hinaus mit den allgemeinen Auffassungen übereinstimmend, die Sailer vorfand und berücksichtigen wollte. Es ist ein Schema, mit dem man auch heute noch operieren kann, aber das liegt eben auch daran, dass diesem Schema noch der genauere Inhalt fehlt. Denn wie ist nun das Verhältnis von intellektueller und moralischer Bildung? Schließlich: wie gewinnen wir die Normen, die für die Erziehung maßgebend sind? Hier beginnen die Differenzen. Sie stecken im Detail, und dazu ist noch etwas zu sagen, vor allem zu der Frage: Wo bleibt das Religiöse, das wir doch bei einem Geistlichen und Bischof vermuten dürfen, der uns beisteht, die Erziehung als Hinführung zu einem vollen Verständnis des christlich geführten Lebens zu verstehen? Auf diese Punkte will ich mich beschränken, statt nun alles zu referieren, was Sailer zur praktischen Erziehung vorträgt, und zwar in der Absicht, so einen Gesamteindruck von der Struktur dieser Pädagogik zu geben.

Erster Punkt: Sinnlichkeit. Das hört sich ja immer etwas zweideutig an. Sinnlich ist das Begehren, das Triebhafte und der blinde Affekt; Peinlichkeiten, die uns hindern, vernünftig zu sein. Deshalb, so Kant, muss die Wildheit des Kindes gebremst, eben diszipliniert werden. Schon das sieht Sailer etwas anders. Im Sinnlichen ist schon das Vernünftige angelegt, verschüttet vielleicht, „angefressen", aber nicht ganz verdorben. Von Sailer stammt deshalb auch die Rede von der „schönen Kindlichkeit." Es ist falsch, den Kindern etwas aufzudrängen, was ihnen nach ihrer Anlage nicht gemäß ist. Wir treffen hier daher auch nicht auf eine Pädagogik der Gegenwirkung, sondern des Entgegenkommens, soweit es eben geht; nicht der Opposition von Gefühl und Vernunft, sondern der Steigerung und Verfeinerung unserer Anlagen, Befindlichkeiten und Neigungen, wie wir sie zunächst vorfinden. Für die ersten Erzieher kommt es darauf an, an die vorfindlichen Dispositionen anzuknüpfen, z.B. das Vertrauen der

Kinder in ihre Eltern zu vertiefen und so das rechte Gottvertrauen vorzubilden.

Ebenso verhält es sich auch mit dem zweiten Punkt, der intellektuellen Bildung. Sailer hat keine Angst davor, dass der geschulte Verstand unsere tiefen Gefühle und die Glaubensgewissheiten, aus denen wir leben, zersetzt und gefährdet. Er plädiert nicht für Bildungsbeschränkung zum Zwecke der Konsolidierung einer naiven Religiosität. Also spricht er sich für Schule und Wissenschaft aus. Damit kommt er dem Aufklärungsthema entgegen und entgeht dem aussichtslosen Kampf der Glaubenswächter gegen das moderne Wissen. Im Gegenteil: das Wissen vertieft den Glauben, so wie nach der Lehre des Heiligen Thomas die Gnade die Natur nicht aufhebt, sondern vollendet. Das steht bei Sailer immer im Hintergrund: es ist eine Art Gradualismus, der die scharfen Gegensätze vermeidet und auf eine Milderung der Unterschiede hinarbeitet. Es ist das, was ich die ignatianische Methode nennen möchte: man darf und braucht den Weltkindern nichts zu nehmen, sondern kann da anfangen, heute würden manche sagen, sie da abholen, wo sie sind, allerdings immer mit dem Zusatz, sie dann weiterzuführen und hinzuführen zur Gottseligkeit. In dem, was schon da ist, in Sinnlichkeit und Verstand, lässt sich das aufweisen, was über Sinnlichkeit und Verstand hinausführt, ohne sie zu vernichten. Einer der bedeutendsten katholischen Theologen des 20. Jahrhunderts, der Jesuit Karl Rahner, hat seinem wichtigsten Buch den Titel gegeben: „Geist in Welt“, und die ihm gewidmete Festschrift hieß: „Gott in Welt“. Das trifft diesen von Thomas über Ignatius und Sailer in die Gegenwart reichenden Gedanken auf hervorragende Weise: die Großzügigkeit des Geltenlassens, doch überboten von dem Hinblick auf das, was die Welt, die Sinnlichkeit und die menschliche Vernunft überschreitet. Das ist zugleich eine hervorragende Kombination für Mission und geistliche Umstimmung, um aus Weltkindern und verzweifelten Protestanten gute Katholiken zu machen, wenn man es taktisch sieht; aber es ist eben nicht nur Taktik, sondern die tiefe Überzeugung, dass Natur, menschliche Vernunft und Kultur nicht gott- und geistverlassen sind, sondern durchzogen von den verdeckten und verschütteten Spuren der Transzendenz, die es aufzudecken und freizulegen gilt. Darauf dürften auch Sailers Erfolge als geistlicher Berater, als Beistand und Interpret der

Glaubensinhalte zurückzuführen sein, nicht etwa nur auf die Suggestionswirkung seiner Person als Person oder auf psychagogische Tricks.

Bleibt als vorletzter Punkt die moralische Bildung, auf die in dieser Pädagogik zunächst alles hinauszulaufen scheint. Doch da hört allerdings das *aggiornamento* und alles Entgegenkommen auf: Gesetze und Regeln können und sollen gelehrt und dem Lernen nicht etwa vorenthalten werden, aber Moralität selber und das Moralisch-Sein kommen nicht wie das Ergebnis einer Rechnung zustande. Hier sind wir auf eine andere Qualität angewiesen, auf das freie Entgegenkommen der Gnade, so Sailer, nicht die Selbstbestimmung des freien Willens, so Kant. Diese Positionen sind nicht vereinbar. Das zeigt sich darin, dass für Kant Moralisierung als Eigenleistung des Subjekts die höchste und letzte Stufe der Erziehung ist, während Sailer noch eine weitere Stufe annimmt, für die er ein damals neues Wort einführt: Divinisierung. Das Wort ist neu, das Gemeinte natürlich nicht. Divinität, zu deutsch: Gottseligkeit, ist der Endpunkt alles Lernens und das Maß der Erziehung, und zwar von Anfang an, zuerst eingehüllt, dann aufgedeckt und bewusst. Der Grund dafür lässt sich einfach angeben: Moralität ist nicht in der menschlichen Vernunft, sondern sie ist religiös gegründet. Direkt gesprochen: wir sollen das Gute, weil Gott es will, nicht etwa deshalb, weil wir es einsehen oder wie wir es uns individuell oder in kollektiver Vereinbarung zurechtlegen. Denn wir können das Gute dann und deshalb, weil wir auf den Beistand Gottes vertrauen dürfen. Diesen Beistand wiederholen und ahmen die Eltern, Lehrer und Erzieher aller Art nach, wenn sie erziehen.

Das ist das Gesamtbild, und da liegt auch der große Unterschied, ja Gegensatz zu Kant. Der hatte gezeigt oder aus der Sicht Sailers irrtümlich behauptet, man brauche für die Begründung von Moral keinen Bezug auf Offenbarung, Religion und Glaubenstradition zu nehmen. Damit war der Himmel des Glaubens eingestürzt und Kant zum „Alleszermalmer" geworden. Dagegen galt es Front zu machen, und so war Kant für Sailer eben doch der lebenslange Kontrahent wegen dieser alles entscheidenden Frage. Ethik ist für ihn wie für jeden Christen religiös begründet und begründbar. Das aber bedeutet für die Pädagogik: wenn sie, wie ich eingangs gesagt habe, ethisch begründet wird, dann ist klar, dass auch das maßgebende Fundament im Ganzen religiös-ethisch ist, bei allen Konzessionen an Frau Welt, an Vernunft und Sinnlichkeit.

Wie immer wir diese Frage für uns beurteilen und entscheiden: ignatianisch-christlich oder kantisch, protestantisch-diastatisch oder dezisionistisch, konsenstheoretisch oder in Abhängigkeit von repräsentativen Umfragen: das will ich hier nicht mehr zu erörtern. Aber ich hoffe, deutlich gemacht zu haben, dass hier überhaupt eine Frage ist, und zwar eine für die Erziehung wesentliche Frage.

Lit.: J. M. Sailer: Über Erziehung für Erzieher oder Pädagogik (zuerst 1807) Paderborn 1962 (hrsg. v. E. Schoelen); H. Schiel: Johann Michael Sailer. Leben und Briefe, Bd. 1: Leben und Persönlichkeit in Selbstzeugnissen, Gesprächen und Erinnerungen der Zeitgenossen, Regensburg 1948; A. Regenbrecht: Johann Michael Sailers „Idee der Erziehung". Freiburg 1961

18. Immanuel Kant: Vorlesung über Pädagogik

Die „Vorlesung über Pädagogik“, die ein Mitarbeiter Kants 1803 in einer bearbeiteten Fassung vorgelegt hat (Werke Bd. VI), gehört gewiss nicht zu den sorgfältig ausgearbeiteten Hauptschriften Kants. Im Rahmen seines Lehramts hat Kant mehrfach auch „Pädagogik“ vorgetragen, und zwar nach einem vorgeschriebenen Lehrbuch. So war das noch in den alten Universitäten vor ihrer Reform, die mit der Neugründung der Berliner Universität 1810 einsetzte. Auch in seinen Hauptfächern Metaphysik, Logik, Naturrecht hat Kant genehmigte Lehrbücher zugrundegelegt und zugrundelegen müssen. In gewisser Weise kann man sagen, dass er seine eigene Lehre nie geschlossen und für sich im akademischen Unterricht dargestellt hat. Seine eigenen Gesichtspunkte erscheinen in älteren Gewändern, die er in seinen Hauptschriften entschieden abgelegt hat. Kant hat das nicht unbedingt bedenklich gefunden. Auf der Universität hat der Dozent ein Lehramt wie der Pastor auf der Kanzel, der ja auch nicht nur seine eigenen Ansichten zum Besten geben soll, sondern die Antwort der Kirche, wenn auch in persönlicher Färbung, nicht anders als nach wie vor die Lehrer im öffentlichen Dienst. Im Amt sind wir, wie Kant noch sagt, „privat“; gerade umgekehrt zu unserem heutigen Wortgebrauch. Privat heißt: beraubt, eingeschränkt. Amtspersonen machen nur einen rechtlich genehmigten Gebrauch ihrer Vernunft, keinen allgemeinen, oder wie Kant sagt: keinen öffentlichen Gebrauch. Das kann ein Dozent in seinen Schriften tun. Da gelten diese Beschränkungen nicht. Da herrscht Meinungs- und Lehrfreiheit; oder da sollte sie wenigstens gelten.

Diese Lehre vom doppelten Gebrauch unserer Vernunft findet sich in einer sehr berühmten Abhandlung, von der die meisten nur den Anfangssatz kennen und zitieren: „Aufklärung ist der Ausgang des Menschen aus seiner selbstverschuldeten Unmündigkeit.“ Diese Abhandlung stellt eine Antwort auf eine Preisfrage der Berliner Akademie der Wissenschaften dar. Deshalb der

Titel: „Beantwortung der Frage: Was heißt Aufklärung?“ (1784). Der angeführte Satz: Ausgang des Menschen aus seiner selbstverschuldeten Unmündigkeit könnte als Motto über Kants Leben und Werk stehen. Er ist schlechthin der Philosoph der Freiheit und der Selbstbestimmung, eben der Mündigkeit und Emanzipation aus den ungefragten Abhängigkeiten. Doch es empfiehlt sich, die ganze Abhandlung zu lesen, um sich klarzumachen, dass Kant selber den Gebrauch der Freiheit durchaus auch Schranken unterworfen gedacht hat. Er hat zwischen Amt und Person, zwischen bürgerlicher Existenz in einem konkreten Staat und weltbürgerlicher Vernunft unterschieden, so dass man Kant nicht einfach als ungehemmten Mündigkeits- und Freiheitsapostel in Anspruch nehmen kann. Das ändert nichts daran, dass er als Gelehrter und im öffentlichen Gebrauch seiner Vernunft von radikaler Entschlossenheit gewesen ist.

Es erscheint mir voreilig, da einen Bruch oder womöglich eine moralisch-praktische Inkonsequenz des Königsbergers zu unterstellen; vielmehr will ich die Unterscheidung von privatem und öffentlichem Vernunft- und Freiheitsgebrauch als Hinweis auf die Problematik der Freiheit selber nutzen. Was ist damit gemeint? Wir können uns schnell verständigen, dass Freiheit das große Thema der Epoche war; Freiheit gegenüber den alten Autoritäten, Freiheit im Beruf, bei der Partner- und bei der Berufswahl, die Freiheit da zu kaufen, wo es am billigsten ist; und nicht da, wo die Regierung es aus beschäftigungs- und steuerpolitischen Gründen gern hätte. Merkantilismus nannte man diese Regierungspolitik damals. Dagegen stand die Freiheit des Marktes, in dessen Gefolge der Freihandel aufkommt; und zur Freiheit der Märkte gehört natürlich auch die Freiheit der Rede, der Meinung, der persönlichen Präferenzen. England ging in der Sozialtheorie, Amerika in der politischen Praxis voran; Frankreich lieferte die eindrucksvolle Inszenierung einer Revolution, wie sie die Welt nach der Meinung vieler noch nie gesehen hatte. Von da an war sie real möglich, nicht nur im Neuland, in Amerika, sondern auch in Alteuropa, nämlich als Neuanfang inmitten von Perücken, Titeln und Privilegien. So hat auch Kant die Revolution gesehen und erlebt; und er hat dem Freiheitsmotiv in der Revolution die Treue gehalten: „Ein solches Ereignis in der Weltgeschichte vergisst sich nicht“, sagt er noch 1798 in seiner Schrift über den „Streit der Fakultäten“. Darin liegt: man kann es wieder machen, aber das nächste Mal besser und ohne die Septembermorde, ohne den Terror der Tugend des Robespierre und ohne den napoleonischen Imperialismus zu wiederholen.

Soweit Kant und sein Vertrauen in den Sinn der Freiheit; aber auch seine Einsicht, dass sie sich zu begrenzen hat. Denn die Freiheit der Märkte führte und führt zu neuen Abhängigkeiten, zum Pauperismus im Industriesystem, zum Imperialismus der starken Nationen und zur Unterdrückung der Schwachen; zur Ausbeutung der vielen und zum Reichtum der wenigen. Sie führt auch zur Nivellierung des öffentlichen Bewusstseins, zu seiner Banalisierung und Infantilisierung, zur Verwilderung der Umgangsformen und Sitten, all dem, was dann am Ende des 19. Jahrhunderts zum ständigen Thema der so genannten Kulturkritik wird. Befreiung ist eine große Sache. Das intellektuelle Europa hat meist ziemlich zuverlässig mit Beifall nicht gespart, wenn es darum ging, auferlegte Zwänge abzuschütteln, ob es nun im 16. Jahrhundert um Luthers Protest gegen die Mauerkirche ging, im 17. Jahrhundert um Galileis Leiden an der Inquisition, im 18. Jahrhundert um den Kolonialkrieg der amerikanischen Siedler gegen Old England, im 19. Jahrhundert um Polens Aufstand gegen Russland oder 1830 um den Freiheitskampf der Griechen gegen das osmanische Reich. Es ist immer dasselbe Bild: Kampf um Mündigkeit, Selbstbestimmung, Freiheit, und Kant gilt dafür als einer der stärksten Fürsprecher.

Doch was kommt nach der Befreiung? Wie geht es weiter? Was machen die Staaten, die neuen Gemeinden, die Wissenschaften und schließlich die Einzelnen aus ihrer Mündigkeit? Was fangen sie damit an? Ist ein freier Mensch noch frei, wenn er sich heute an ein Versprechen bindet, das er gestern oder gar vor ein paar Jahren gegeben hat? Ja, denn er hätte das Versprechen, was es auch sei, nicht zu geben brauchen; nein: denn das Versprechen ist genauso eine Fessel wie sonst die Anordnungen und Vorschriften, Weisungen und Kommandos einer Regierung, einer Gemeinde, einer öffentlichen Institution. Das mag genügen, das Freiheitsproblem zu umschreiben, das in dem Augenblick auftaucht, wo Freiheit zur zentralen Orientierung und zum Maßstab einer menschlichen Lebensführung geworden ist.

Weiter: wie sieht eine Erziehung zur Freiheit aus? Heißt das, dass Kinder alles dürfen und wir zu Erfüllungsgehilfen ihrer Impulse, Interessen und Freiheitsaktivitäten werden? Freisetzung der Kinder ist eine große Sache; aber kann es nicht sein, dass wir dann, wenn wir das wirklich konsequent betreiben, den Kindern etwas schuldig bleiben und die brutale Freiheit eines ungehemmten Willens befördern? Diese Fragen sind geblieben, und sie stellten sich, wie wir schon gesehen haben, den pädagogischen Autoren im Umkreis von Revolution und Restauration. In Goethes „Wilhelm Meister“ geht es um die Selbstausbildung Wilhelms, doch im Hintergrund wirkt verschwiegen, geradezu *undercover,* die Turmgesellschaft, die sich ihm erst spät zu erkennen gibt; sie wacht über ihn und hat ihn indirekt behütet. Schiller bindet die Freiheit an die gute und gelungene Form, sozusagen an den zwanglosen Zwang von Sprache und Kunst; bei Pestalozzi verschwimmt die ungeformte Roheit vernachlässigter Kinder im Meer der Erzieherliebe; Sailer greift auf das Modell einer an sich zum Guten strebenden Menschennatur zurück, die durch den Beistand des göttlichen Willens besteht. Freiheit und Selbstführung ja, aber in den Grenzen der Religion. Die Reihe ließe sich fortsetzen bis heute. Im Mittelpunkt steht überall die neue Ethik der Freiheit, aber sie erzeugt das Folgeproblem, wie man wieder Verlässlichkeit, Vernunft und Ordnung in die menschlichen Verhältnisse bringt, wenn die früher von oben geführten Menschen aus ihren Gefängnissen entlassen sind oder sich in einem revolutionären Akt selbst befreit haben. Und was die Kinder angeht, heißt es dann: Grenzen setzen und ihnen moralische Hemmungen zu vermitteln. Dafür gibt es auch gute Gründe der kollektiven Interessen. Jeder ist ganz gern frei in Urteil und Entscheidung, doch die anderen mögen bitte pünktlich sein und verfügbar, dienstbereit und regelfest. Wir möchten einkaufen, wann es uns gefällt, doch die Geschäfte sind aus allgemeinen Erwägungen und mit Rücksicht auf die dort Beschäftigten geöffnet nur nach Regel und Vorschrift. Zusammengefasst: wenn nicht mehr Gott, sondern der Mensch das höchste Wesen für den Menschen ist, stellt sich das Problem der eigenen wie der gemeinsamen Ordnung auf eine neue Weise.

In diesem Rahmen will ich Kants Pädagogik erörtern. Auch deshalb, weil sie dieses Problem mit aller Schärfe ausspricht. Kant ist der Mann der Freiheit und der Aufklärung, aber er ist auch der Apostel des Ethos der Pflicht. Vernunft, um es vorwegnehmend zu sagen, macht unsere Freiheitswürde aus; sie ist zugleich aber auch die neue Gebieterin und soll die Stelle einnehmen, die vordem von Gott besetzt war. Die Moderne ist der Versuch, ohne göttliche Autorität auszukommen; es ist die Welt nach der Verabschiedung Gottes, dem zu gehorchen einmal selbstverständlich und überhaupt keine Herabwürdigung war, sondern das anerkannte Maß der Lebensführung. Jetzt war und ist die Frage: wonach richten wir uns? Die ethische Antwort gibt Kant mit dem kategorischen Imperativ, dessen Herrschaft nach Kant nicht weniger verbindlich ist als die der alten Regimes, ja nach Kant viel rigoroser, weil diese Herrschaft nicht mehr die Gnadenmittel der Religion kennt.

Zunächst noch ein Wort zu Kant selber. 1724 geboren, ist er der älteste in der Reihe der großen Autoren der deutschen Klassik, aber auch derjenige, dessen Wirksamkeit erst im Alter einsetzt, in den achtziger und neunziger Jahren des 18. Jahrhunderts, ein Spätvollendeter. Er stammte aus kleinen Verhältnissen, sein Vater war Riemermeister, eine Art Tischler und Böttcher; seine Mutter kirchlich-fromm. Sie vermittelte den Kontakt zu den kirchlichen Förderern ihres Sorgenkindes. Kant hat sein ganzes Leben in Königsberg verbracht, als Schüler, als Student, dann als hungerleidender Privatdozent, relativ spät dann auch als Professor für Philosophie (1770). Sein Leben ist eng im Umkreis, mit „wenig Peripherie", wie Ernst Bloch gesagt hat, und von einer einmaligen gedanklichen Konzentration. Das Elternhaus war christlich-pietistisch, er selbst hat sich daraus gelöst, und ist, wie Mendelssohn, der Freund Lessings, gesagt hat, zum Alleszermalmer geworden. Darin besteht seine große Lebensleistung. Man kann sie unter dem Stichwort „Kritik" fassen. Das ist sozusagen das Leitmotiv seines Denkens gewesen: Kritik, das heißt: vorurteilslose Prüfung dessen, was wir wissen können, was wir tun sollen, was wir hoffen dürfen. So hat er in der „Kritik der reinen Vernunft" die drei zentralen Fragen des philosophischen Nachdenkens formuliert:

1. Was kann ich wissen?
2. Was soll ich tun?
3. Was darf ich hoffen?

Was das Wissen angeht, zeigt Kant, dass unser Wissen immer notwendig begrenzt und endlich ist. Es bleibt deshalb immer ein Fragment; also gibt es kein Wissen von Gott, der unendlich ist, kein Wissen vom Jenseits und kein Wissen davon, ob wir eine unsterbliche Seele haben oder nicht. Seit Kant ist die alte Metaphysik, die da feste Auskünfte zu geben vermeinte, erledigt. Unser Wissen ist endlich, bedingt, aber der menschliche Wille ist frei: diese Freiheit ist das Merkmal des Menschen. Darauf beruht seine Ethik, die Lehre von dem, was wir sollen und was unseren Wert als Menschen ausmacht. Den kantischen Freiheitsbeweis führe ich nicht vor, sondern gehe gleich dazu über, wie sich die Freiheit zeigt. Wir können aus Freiheit Regeln setzen, wir finden sie also nicht nur vor als Gebote unserer Vormünder oder als offenbarte Setzungen durch den Staat oder die Gesellschaft oder Gott, sondern wir machen sie selbst. Wir erfinden Regeln, und dann sollen wir allerdings den Regeln, die unsere eigenen sind, auch folgen, sonst sind wir unvernünftig, weil wir uns dann selbst widersprechen, wenn wir eine Regel aufstellen und sie dann nicht anwenden oder anders anwenden. Einfaches Beispiel: wer verspricht, zu kommen, muss auch kommen. Man braucht es ja nicht zu versprechen, aber wenn versprochen, dann ist es auch zu halten, sonst hebt man sich als Person auf. Das sagen ja auch schon die Kinder: Versprochen ist versprochen und wird nicht gebrochen. Daraus folgt: Freiheit besteht nicht in ungeregelter Ungebundenheit, um einfach zu tun und zu lassen, was einem im Moment in den Sinn kommt, sondern darin, nach selbstgesetzten Regeln verfahren. Das ist das erste. Das zweite ist: die Regeln müssen die Freiheit anderer berücksichtigen. Alle Menschen sind frei, nicht nur einige, also sind die Regeln in Hinblick auf das zu bestimmen, was anderen zugemutet werden kann. Das eigene Verhalten aus Freiheit muss mit der Freiheit anderer verträglich sein. Das ist der Grundsatz der Kompossibilität. Genau das meint der sogenannte kategorische Imperativ. Seine übliche Form ist: „Handle so, dass die Maxime deines Handelns jederzeit Prinzip einer allgemeinen Gesetzgebung sein könnte."

Maxime ist ein individueller Vorsatz. Gesetzgebung betrifft das, was für alle gilt. Mein Verhalten ist dann moralisch vertretbar, wenn ich vernünftigerweise wollen kann, dass das, was ich will, auch das ist, was alle wollen können. In der Pädagogikvorlesung sagt Kant: „Gute Zwecke sind diejenigen, die notwendigerweise von jedermann gebilligt werden; und die auch zu gleicher Zeit jedermanns Zwecke sein können." Wohlgemerkt: Das ist nicht, wie Kant in der „Kritik der praktischen Vernunft" ausdrücklich festhält, die goldene Regel: „Was du nicht willst, das man dir tu, das füg auch keinem anderen zu.“ Wer mit Prügelei einverstanden ist, kann dieses Einverständnis nicht umstandslos zur allgemeinen Gesetzgebung erheben. Die goldene Regel, so einleuchtend sie erscheinen mag, dass sie gar, ganz unkantisch, zur Grundlage eines so genannten „Weltethos“ befördert worden ist, betrifft Tauschverhältnisse im Einzelfall, wie sie im politischen oder Geschäftsleben üblich sind, nicht aber die Frage der moralischen Begründbarkeit allgemeiner Normen. Der moralische Imperativ, wie Kant ihn versteht, gilt hingegen unbedingt, eben kategorisch. Seine Erfüllung ist Pflicht. Bei der kantischen Pflicht geht es deshalb auch nicht um die vorgeschriebenen Pflichten irgendwelcher Satzungen, sondern Pflicht ist *die* Maxime meines Verhaltens, die allgemein gelten kann. Kant hat ein Beispiel dafür gegeben: Es ist Pflicht, dem Einbrecher zu sagen, wo man sein Geld aufbewahrt; denn man muss wollen, dass jederzeit die Wahrheit gesagt wird.

Was folgt nach Kant für die Erziehung daraus? Erziehung ist Erziehung zur Freiheit und als Erziehung zur Freiheit Moralisierung. Die Heranwachsenden sollen lernen, ihre Bestimmung zur Freiheit wahrzunehmen, um für sich selber Regeln aufzustellen, allein und mit anderen, und sie sollen vor allem lernen, vernünftige Regeln zu bilden, nämlich solche, die die eigene Freiheit mit der Freiheit anderer zusammenbringt. Wenn nur das erste, würde das zu lauter Egoisten und Despoten führen. Ein Despot ist frei auf Kosten der Unfreiheit aller anderen, das ist unvernünftig. Das Prinzip der Freiheit wird damit vernichtet, andrerseits: auch die bloße Regelbefolgung allein führt zum Sklavensinn. Vernunft und Freiheit müssen zusammenkommen, damit der Mensch wirklich mündig ist. Insofern kann man Kants Konzept als Erziehung zur Mündigkeit verstehen. Wir sollen mündig werden. Das ist heute in aller Munde, aber ich hoffe zeigen zu können, dass diese Norm für die Erziehung nicht problemlos ist.

Zunächst aber ist der Gang anzugeben, den nach Kant die wirkliche Erziehung zu nehmen hat. Das Kind ist noch unmündig, aber zur Mündigkeit bestimmt, unfertig. Es muss eine Reihe von Stationen durchlaufen, in denen sich die Erziehung vollzieht. Kant gibt dazu vier Stationen an:

1. Disziplinierung als Aufhebung der Wildheit
2. Kultivierung als Aufhebung der Unwissenheit

3. Zivilisierung als Anwendung des Wissens in Situationen (Takt)
4. Moralisierung als Anwendung des kategorischen Imperativs.

In diesen vier Stationen oder Grundformen des Erziehens kommen vier Seiten des Menschen zur Geltung oder wie Kant sagt: vier „Vermögen“, nämlich nacheinander (1) Sinnlichkeit, (2) Verstand, (3) Urteilskraft und (4) Vernunft. Genau genommen handelt sich es hier um empirische Feststellungen, die auch falsch sein können. Ich diskutiere sie hier nicht, sondern will zeigen, wie Kant damit arbeitet.

Disziplinierung: Wir sind zunächst einmal sinnliche, leidendempfindliche Wesen, das ist unsere erste Natur. Sie meldet sich bei den Kindern in ihrem ungezügelten, „ungebärdigen“ Verhalten. Darin zeigt sich schon Freiheit, sagt Kant, aber die Kinder können bei dieser brutalen Freiheit nicht stehen bleiben, sie müssen gehorchen lernen, nämlich zuerst den Geboten und Erwartungen der Eltern. Kant war nicht für eine rigide Erziehung, so hat er sich gegen die damals noch üblichen Gängelwagen ausgesprochen, gegen das feste Einwickeln, überhaupt dagegen, dass den Kindern zuviel untersagt wird, aber dennoch sollten klare Regeln da sein, die sie zu befolgen haben. Denn man müsse das Gehorchen lernen, erst am fremden Gebot, um später überhaupt einer Regel, nämlich der eigenen, folgen zu können. Moderner könnte man mit Jean Piaget sagen: erst ist die Moral fremdbestimmt, heteronom, dann autonom.

Kultivierung: die Köpfe müssen geschult werden. Das geschieht durch Belehrung. Der Verstand braucht Schulung, er ist Einsicht in regelmäßige Verhältnisse. Hier ist der entscheidende Punkt, dass die Regelhaftigkeit von Gegebenheiten erkannt wird. Die Natur richtet sich nicht nach uns, nach unseren Wünschen und magischen Ritualen, sondern stellt einen gesetzmäßigen Zusammenhang dar. Wir lernen, wenn wir kultiviert werden (in diesem Sprachgebrauch), Regeln als unverbrüchliche Ordnung kennen. Das ist auch eine Form der Disziplinierung, z.B. durch Wissenschaft: man kann nicht mehr alles meinen, sondern muss beweisen und Beweise anerkennen.

Zivilisierung: Etwas erkennen ist eines, die Erkenntnis in einer besonderen Situation mit Augenmaß anwenden, ist etwas anderes. Dazu ist Urteilskraft erforderlich. Sie zeigt sich in der Klugheit, Kant sagt gelegentlich: im Mutterwitz und dem Takt, der es versteht, eine allgemein erkannte Regelmäßigkeit in der besonderen Situation richtig anzuwenden. Es ist ein Kunstwissen, wie es z.B. der Arzt braucht, der sein wissenschaftliches Wissen jetzt auf diesen besonderen Patienten bezieht. Über das allgemeine Wissen kann man belehrt werden, das Kunstwissen gewinnt man aus Übung und wiederholter Erfahrung. Klugheit ist aber auch gesellschaftlicher Takt: man weiß, wie man sich bei Trauerfällen gegenüber anderen zu verhalten hat, man „schickt sich in die Gesellschaft“, auch ohne selbst zu trauern.

Moralisierung: Das alles ist aber noch nicht die eigentliche Richtung der Erziehung. Wer bis hierhin kommt, kann Regeln, wie sie schon da sind, anwenden; er kommt durchs Leben, bezahlt seine Steuern und wirft keine Laternen ein; aber im Ganzen ist die Lebensführung fremdbestimmt, nur bedingt frei. Der letzte Schritt wird erst vollzogen, wenn die Menschen die Regeln selbst erzeugen und vereinbaren, nach denen sie sich richten wollen. Dazu sollen nach Kant die Heranwachsenden befähigt werden, gewissermaßen zu dem Mut, ihrer eigenen Einsicht zu folgen. Das ist ja auch in dem ersten Satz „Was ist Aufklärung?“ ausgesprochen. Sie ist „der Ausgang des Menschen aus seiner selbstverschuldeten Unmündigkeit“. Unmündig sind wir, wenn wir ein Gebot befolgen, weil es ein Gebot ist, weil es so angeordnet ist, weil man bei Nichtbefolgung Nachteile hat, aus Angst oder Gewinninteresse. Mündig und aufgeklärt sind wir, wenn die Regeln, denen wir folgen, unsere eigenen sind oder sie befolgen, als ob sie unsere eigenen sind. Das ist aber eine Leistung, die jeder nur selbst vollbringen kann; denn wenn er dabei einem anderen folgt, ist es ja keine eigene Regel. Deshalb sagt Kant in der Pädagogik-Vorlesung: „Maximen müssen aus dem Menschen selbst entstehen“, sonst ist er nicht frei.

Doch wie kann man dazu erziehen? Durch Gewöhnung oder Belehrung? Durch Appell? Durch Bitten oder Raten? Wenn ich einem sage: sei spontan, und der tut jetzt, was er will – ist das „spontan“, selbstgewirkt? Ja, er folgt keinem anderen mehr; nein, er folgt meinem Impuls. Genau hier liegt der Hase im Pfeffer. Kant hat dieses Problem klar gesehen und ausgesprochen: „Wie kultiviere ich die Freiheit bei dem Zwange? (…) Denn Zwang ist nötig!“ Für das hier aufgeworfene Problem hat sich der Begriff der pädagogischen Antinomie eingebürgert. Eine Antinomie ist ein Widerspruch, der sich aus der konsequenten Anwendung der

Grundsätze eines formalen Systems auf dieses selbst ergibt. Konkret: wenn die Menschen nicht erzogen werden, bleiben sie wild, dumm und ohne Urteilskraft, können also nicht frei werden; aber indem sie erzogen werden mit den Mitteln der Gewöhnung, der Einschränkung, der Belehrung, der vorgeschriebenen Übung, kurz mit Mitteln des Zwangs, wird laufend gegen die Freiheitsnorm verstoßen. Mit Freiheit kommt man nicht in die Erziehung, sondern hebt sie auf, und ohne Erziehung kommt man nicht zur Freiheit, sondern bleibt bei der anfänglichen Unfertigkeit, bestenfalls oder schlimmstenfalls bei der brutalen Freiheit des Despoten oder des Triebtäters oder eines Kerls wie Hitler.

Diese Antinomie ergibt sich vor allem dadurch, dass Kant die Idee der Freiheit so absolut und man könnte sagen: so außerhalb aller empirischen Verhältnisse fasst, dass nicht mehr zu sehen ist, wie sie vor lauter Reinheit mit dem wirklichen Leben und der realen Erziehung zusammenkommen kann. Es ist schließlich der empirische Mensch, auf den das Erziehen sich bezieht, und nicht ein transzendentales „Ich", das keine Schmerzen und keine Ermüdung, kein Wachstum und keine Alltagssorgen kennt. Deshalb hat Herbart in seinem Aufsatz über die „ästhetische Darstellung der Welt als das Hauptgeschäft der Erziehung" zu Recht bemerkt, es dürfe „kein leisester Wind von transzendentaler Freiheit (...) in das Gebiet des Erziehers durch irgendein Ritzchen hineinblasen". Mit anderen Worten: das Gebiet der Erziehung erstreckt sich auf die drei ersten Stationen; da entscheidet sich, in welchem Maße Freiheit gewährt und ermöglicht wird, während die Moralisierung im kantischen Sinne gar nicht mehr in die Erziehung fällt. Wir lernen uns frei und einigermaßen selbstständig bewegen an der Hand der Eltern; aber das ist nicht die große Freiheit der Selbstbestimmung, wie Kant sie postulativ begründet, sondern die kleinere, relative Freiheit der Wahl unter je besonderen Umständen und nach dem Grad unserer Kenntnisse und Fertigkeiten. So gesehen verliert die „pädagogische Antinomie" einiges von ihrer zugespitzten Dramatik, wenn sie sich damit nicht überhaupt auflöst.

Doch egal wie man den Begriff der Freiheit fasst, es lässt sich nicht übersehen, welches Problem sich die Erziehung aufgehalst hat, seitdem und soweit Freiheit ihr Leitwert und ihre Grundnorm ist. Sie kommt unter einen schwierigen selbsterzeugten Rechtfertigungsdruck. Ganz radikal gefasst: darf man überhaupt erziehen? Denn das Erziehen ist ja ein Eingriff in die Freiheit. Ob wir es wollen oder nicht: wir geben den Kindern vor, wie sie sich benehmen sollen, welche Sprache sie lernen, welche Bücher sie lesen, welche Filme sie sehen dürfen und welche nicht, mit wem sie umgehen dürfen und mit wem nicht. Das alles setzt Herrschaft voraus. Sie wird Schritt für Schritt gemildert und abgebaut; das Kind darf mit forschreitendem Alter wählen und eigene Wünsche realisieren, aber gleichwohl bleiben die ersten Schranken maßgebend. Nur: wenn man auf diese Schranken verzichtet, dann lernt das Kind auch nicht, sich in der sozialen Welt zu bewegen und gewinnt nicht einmal Wahlfreiheit.

Man kann dieses Dilemma auch von der anderen Seite, vom Gegenfall her betrachten: wenn das oberste Erziehungsziel nicht Freiheit und Mündigkeit ist, sondern die Erziehung zum tapferen Soldaten wie bei den Spartanern oder auch nur zum pünktlichen Steuerzahler, dann entsteht dieser Konflikt zwischen Weg und Zweck der Erziehung nicht. Gerade die totalitären Regime tun sich deshalb auch viel leichter, Erziehungsprogramme und die zugehörigen Einrichtungen bruchlos ineinander zu fügen. Ebenso steht es mit dem Zielwert: Glückseligkeit. Das ist etwa bei Trapp, Campe, Basedow anzutreffen: Steigerung des Wohlbefindens, dass es einem gut geht, bessere Chancen, mehr Sicherheit gegen Not, Gefahren, Krankheit; auch mehr Einkommen. Die englischen Utilitaristen haben diesen Leitwert griffig formuliert: *greatest happiness of the greatest number.* Die amerikanische Verfassung von 1776 hat dem „*pursuit of happiness*" Verfassungsrang gegeben. Das geht zwar nicht ohne Freiheit; aber das ist nicht die kantische Freiheit der Normfindung und Normerzeugung, sondern die Freiheit, beliebige Mittel zu wählen, um das eigene oder kollektive Wohlbefinden zu steigern. Kants Freiheitslehre hingegen ist keine Lehre von der Erreichung des Glücks. Es ist ja auch gar nicht ausgemacht, dass uns mehr Freiheit glücklicher macht. Wir sollen, so Kant jedenfalls, gut sein, das ist etwas anderes als „es gut haben". Eine Erziehung, die uns darüber belehrt, wie man glücklich wird, braucht diesen Zweck nicht erst lange zu begründen und selber zu erzeugen. Man kann davon ausgehen, dass die Menschen ihre Verhältnisse verbessern wollen, man kann aber nicht davon ausgehen, dass sie aus Pflicht handeln, z.B. auch gegen das eigene Interesse, weil Vernunftnormen das fordern.

Es ist gerade der enorm gesteigerte Anspruch an Erziehung als Freiheitserziehung, der die neuen Probleme schafft. Es geht Kant ja nicht nur um Wahlfreiheit innerhalb von gegebenen Verhältnissen, sondern um die Freiheit, selber die Verhältnisse zu schaffen, unter denen man lebt. Und das wirkt auf die Formen der Erziehung zurück. Unter diesem Leitwert müssen sich alle Erziehungsformen die Frage gefallen lassen, ob sie selber dem Ziel entsprechen oder es nicht vielmehr verhindern. Dürfen Eltern streng sein, dürfen Schulen den Lehrplan für alle vorschreiben, darf man eingreifen, wenn man merkt, dass Kinder die falschen Freunde haben? Mit der Steigerung der Erwartung an Erziehung ist auch eine große Unsicherheit in die Erziehung gekommen. Die sogenannte Antipädagogik macht sich das zunutze und sagt: Lasst die Kinder, wie sie sind, die finden sich schon zurecht, sie lernen von allein. Auch die Leitformeln der „Erziehung vom Kinde aus" oder des „Wachsenlassens" als Grundregel für den Umgang zwischen der älteren und der jüngeren Generation sind als Tribut an das Freiheitspostulat zu verstehen.

Noch in einer weiteren Hinsicht erweist sich die kantische Freiheitspädagogik als zugleich produktiv und problematisch. Es ist ein geläufiger Gedanke, dass sich das Erziehen auf die Zukunft der Lernenden bezieht. Die Jungen werden fit gemacht für ihre künftigen Aufgaben. Das versteht sich von selbst. Was sich nicht von selbst versteht, ist die Antwort auf die Frage: welche Zukunft? Bleibt man zu Hause, am Ort und im Beruf der Eltern, und ändern sich Haus und Ort und Beruf nicht, dann ist die Antwort klar. Die Gegenwart der älteren Generation ist die Zukunft der jüngeren. Anders, wenn man auszieht und sich auf anderes, Fremdes einstellen will, und schließlich ganz und gar anders, wenn man Verhältnisse nicht nur anders erwartet, sondern sie erst aus Freiheit herstellen möchte, wie es sie noch gar nicht gibt. Diesen Fall fasst Kant ins Auge und sagt: „Ein Prinzip der Erziehungskunst, das besonders solche Männer, die Pläne zur Erziehung machen, vor Augen haben sollten, ist: Kinder sollen nicht dem gegenwärtigen, sondern dem zukünftig möglich besseren Zustand des menschlichen Geschlechts, das ist: der Idee der Menschheit (= Humanität K. P.) gemäß, und deren ganzer Bestimmung angemessen, erzogen werden. Dieses Prinzip ist von großer Wichtigkeit." – Warum? – „Eltern erziehen gemeiniglich ihre Kinder nur so, dass sie in die gegenwärtige Welt, sei sie auch verderbt, passen. Sie sollten sie aber besser erziehen, damit ein zukünftiger besserer Zustand dadurch hervorgebracht werde."

Die Erziehung als Mittel für soziale und politische Reform: das scheint hier der Gedanke zu sein. Es ist ein besserer Zustand in der Zukunft möglich; und was Kant damit meint, ist klar: Leben unter oder mit einer republikanischen Verfassung, Ablösung des Kriegszustandes durch einen allgemeinen Rechtszustand, wahrscheinlich auch Bildung für jedermann, anders ist Vernunftfreiheit nicht realisierbar. In diesen Forderungen ist die Idee der Humanität ausgedrückt. Heute würden wir sagen: in den Menschenrechten, die das Prinzip der Freiheit entfalten. Und Prinzip heißt hier: eine Forderung, der man sich vernünftigerweise nicht entgegenstellen kann.

Was heißt das aber praktisch? Was heißt es in der gegenwärtigen Welt, die nicht vollkommen ist, und in jeder künftig gegenwärtigen Welt, die auch nie vollkommen sein wird? Was bedeutet es, die Kinder so zu erziehen, dass sie sich dem Ideal einer republikanischen Freiheits- und Rechtsordnung annähern? Nichts anderes, als dass die gegenwärtige Praxis der Pädagogik als vorweggenommene Praxis einer besseren Zukunft zu organisieren ist. Das mag ein verlockender Gedanke sein, und er hat manche Entwürfe und Programme der Erziehung beflügelt, aber man fragt sich doch, (1) wie er eingelöst werden kann und (2) ob er der nachwachsenden Generation zugemutet werden kann.

Die erste Frage ist didaktisch: Wie macht man das, wenn es nicht nur um allgemeine Gesinnungen, sondern um Themen und Sozialtechniken geht? Kann etwa eine Schule eine Mustergesellschaft sein, ein Modellstaat, wie er sonst in der Welt noch nicht ist, in der Erwartung, so wie jetzt schon die Erziehungsanstalt werde in Zukunft auch die ganze Gesellschaft zu organisieren sein? Das sieht sehr verlockend aus und ist immer wieder probiert worden; auch schmeichelt diese Idee dem pädagogischen Bewusstsein: Es wird zum Sinnträger einer besseren Zukunft. Aber ist das real möglich?

Die zweite Frage ist moralisch. Im Kleinen mag es ja gehen, dass bessere Menschen auch zur Verbesserung der Welt beitragen. Aber wenn die pädagogischen Pläne ins Große gehen, dann melden sich doch Bedenken: Läuft diese Strategie nicht auf die Instrumentalisierung der Jugend für eine reformierte Zukunft hinaus, bei gleichzeitiger Entfremdung gegenüber den Aufgaben, die jetzt zu lösen sind? Hier zeigt sich noch einmal in einer anderen Facette das Problem von Freiheit als Ziel für die Erziehung, und Freiheit in der Erziehung selber. Denn: gehören überhaupt Entscheidungen darüber, wie die künftig bessere Ordnung der menschlichen Dinge aussehen soll, in die Erziehung? Haben wir Pädagogen das nötige Wissen und die praktische Erfahrung, um die künftig relevanten Fragen zu erkennen, Lösungen zu entwerfen und die Methoden ihrer Realisierung zu vermitteln? Handelt es sich hier nicht um eine Einladung zur Hybris der Pädagogik, die sich dadurch nur in eine leerlaufende Opposition zum *status quo* bringt? In diesen Einwänden steckt das Dilemma der Freiheit, man könnte fast sagen, die Dialektik der Aufklärung, von der ich ausgegangen bin: einerseits Freiheit als Prinzip – das ist unantastbar und Gemeingut; andererseits aber Freiheit in der realen sozialen und pädagogischen Praxis. Für beide Seiten hat Kant Anschlusspunkte geliefert. Das mag erklären, weshalb auch die pädagogische Reflexion immer wieder auf Kant zurückkommt, um ihn zu hören, wenn es um die Fragen nach dem Verhältnis von Freiheit und Erziehung geht.

Lit.: I. Kant: Über Pädagogik, hrsg. v. F. Th. Rink, 1803. In: Kant-Studienausgabe, hrsg. v. W. Weischedel, Bd. VI, Darmstadt 1964; J. F. Herbart: Über die ästhetische Darstellung der Welt als das Hauptgeschäft der Erziehung (1804). In: Sämtliche Werke, hrsg. v. K. Kehrbach u. O. Flügel, Bd. 1, Aalen 1989

19. Johann Gottlieb Fichte: Reden an die deutsche Nation

Wir alle sprechen, ob wir es wollen oder nicht, immer auch in Zitaten vergangener Geschichten und Autoren; wir stehen in der Botmäßigkeit überlieferter oder untergründig fortwirkender Gedanken, Pläne und Hoffnungen, manchmal gerade dort, wo die Autoren selber längst vergessen sind. Damit möchte ich beginnen, wenn es jetzt um Fichte und seine „Reden an die deutsche Nation" aus dem Jahre 1808 gehen soll. Er hat keine akademische Schule hinterlassen, wie es Herbart und Hegel beschieden gewesen ist, aber er hat doch eine Art Gemeinde und Gefolgschaft gefunden, die seine politisch-pädagogischen Motive fortgeschrieben hat, offen im „Fichteverein", der vor dem Ersten Weltkrieg florierte, verdeckt und gleichsam subkutan bis heute bei allen, die der Pädagogik ein programmatisch-politisches Mandat zudenken.

Dazu zwei Belege. Der erste ist den Debatten der Frankfurter Paulskirche entnommen, jenem hochherzig-vergeblichen Versuch, aus der Mitte des bürgerlichen Deutschland der Nation auf republikanischer Basis einen Staat zu verschaffen, so wie sich England und Frankreich, Spanien und bald auch Italien organisiert hatten; England seit dem ausgehenden 16. und Frankreich endgültig im 17. Jahrhundert. Doch was sollte dieser erst zu schaffende Staat umfassen? Vor allem: sollte Habsburg-Österreich dazugehören, mit seinen ungarischen und tschechischen, serbischen und slowenischen, kroatischen und italienischen Bestandteilen? „Was ist des Deutschen Vaterland?" hatte Ernst Moritz Arndt Jahrzehnte zuvor gefragt. Und der Abgeordnete Ludwig Uhland aus Stuttgart, berühmt als Dichter und tüchtig als Beamter, gab die Antwort: der Deutsche Staat müsse so weit reichen, wie die deutsche Zunge reicht. Das war schön und im Übrigen vergeblich gesprochen, und es war ein verdecktes Zitat aus Fichtes „Reden an die Deutsche Nation". Der Gedanke war: Staaten sind die verfasste Form der Nationen, die sich durch ihre Sprache von anderen Nationen unterscheiden und darin erkennen. Unglücklich die Länder und Völker, die es nicht zum Staat bringen; deshalb das Unglück der Deutschen. Sie haben Fremdregierung und Unterdrückung zu ertragen, monarchische Systeme und keine politische Freiheit. Das alles hatte Fichte ausgesprochen, und insofern war er ungenannt gegenwärtig in den Debatten der Paulskirche.

Der zweite, politpädagogische Beleg findet sich in dem Vorwort Herman Nohls zu einer Aufsatzsammlung, die Ende 1918 unter dem Titel „Pädagogische Aufsätze" herausgekommen ist. Das Vorwort ist auf den 9. November datiert, den Tag, an dem Scheidemann in Berlin die Republik ausgerufen hat – davon dürfte Nohl allerdings nichts gewusst haben –; er saß in Antwerpen, da ist das Vorwort abgefasst. Nohl sagt da: „Ich möchte mir mit diesem Büchlein aber auch einen ersten Grund legen für die Tätigkeit, an die ich nach meiner Rückkehr in das Leben meine besten Kräfte wenden möchte, die pädagogische Arbeit." Und dann im Sperrdruck: „Es gibt kein anderes Heilmittel für das Unglück unsres Volks als die neue Erziehung seiner Jugend zu froher, tapferer, schöpferischer Leistung." Im Zusammenbruch und angesichts der schweren nationalen Niederlage erscheint die Erziehung als Rettungsmittel in der Not, ja als einziges Heilmittel. Fichte wird nicht genannt; aber genau das hatte Fichte 1808 gleich in der ersten von den insgesamt 14 Reden angesichts des Zusammenbruchs von Preußen und unter dem Erlebnis der napoleonischen Okkupation seinen Zuhörern in Berlin gesagt: „Eine gänzliche Veränderung des bisherigen Erziehungswesens ist es, was ich als das einzige Mittel, die deutsche Nation im Dasein zu erhalten, in Vorschlag bringe." Neue Erziehung, nicht subversive Politik oder Partisanenkampf, nicht etwa *résistance* und passiver Widerstand wird angeraten: Pädagogik soll das Heil bringen; die richtige Pädagogik soll einer besseren Politik vorangehen. So Fichte 1808 und so wieder Nohl 1918: Pädagogik als Prolog zur politischen Praxis, und zwar direkt, nicht auf dem Umweg über ästhetische Erziehung, wie wir das bei Schiller kennen gelernt haben, aber eben eine neue, andere, reformierte Pädagogik. Reform des öffentlichen Lebens über Reform der Erziehung: das ist der Gedanke.

Damit ist die maßgebende Orientierung angegeben, die uns hier beschäftigen soll: Pädagogik im politischen Horizont. Das ist der Gesichtskreis, den Fichte zur Erziehung mitbringt. Es ist ein Thema, das nicht verschwunden ist und fortan die pädagogische Reflexion begleitet. Es ist die Gegenstimme zu Herbarts Individualpädagogik, die sich zunächst ganz auf die individuelle Entwicklung richtet und von der Zeitlage abstrahiert und die man insofern als anthropologisch orientiert kennzeichnen kann. Die Didaktik, die Formen der Erziehung ergeben sich aus der Bildsamkeit, so in einer Kurzformel Herbart. Anders Fichte: das Fundament der Erziehung ist ihr Zweck, und der wird nicht mehr religiös, nicht konfessionell, sondern politisch begründet, ja geradezu tagespolitisch und aus der unmittelbar gegebenen Zeitlage, und auch da wiederum nicht aus der allgemeinen Zeitlage, sondern im Blick auf die deutsche Lage, wie sie sich nach der Niederlage Preußens in der Schlacht von Jena und Auerstädt darstellte.

Bevor ich näher auf diese Konstruktion der richtigen Erziehung aus der Zeitlage eingehe, will ich in einer Vorbemerkung das Problem im Verhältnis von Pädagogik und Politik kennzeichnen. Das ist ja nicht etwas, was Fichte erfunden oder neu entdeckt hätte. Es ist uns bei Humboldt begegnet, der seine Konzeption der individuellen Bildung als harmonische Ausbildung aller Kräfte zu einem Ganzen in einer Staatsschrift vorgetragen hat, mit der Pointe, dass dem Individuum absolut Vorrang gegenüber den Ansprüchen der staatlichen Gemeinschaft gebührt. Der Staats- und Kultusminister Humboldt der Jahre 1809/10 hat dann etwas anders gehandelt und uns Abitur und Lehramtsprüfung beschert. Bildung wird staatlich vermittelt garantiert: dafür stehen dann Gymnasium und Universität, aber auch da als Garanten individueller Vollkommenheit, die ausdrücklich nicht politisch motiviert ist. Ferner war das Verhältnis von Staatsverfassung und ästhetisch individueller Bildung von Schiller behandelt worden, und eben hatte Kant in seiner Pädagogik-Vorlesung auf das Nebeneinander und die Zuordnung von Regierungskunst und Erziehungskunst hingewiesen. Das seien „die beiden schweresten Künste". Das erinnert etwas an die viel spätere Bemerkung Sigmund Freuds in dem Vorwort zu August Aichhorns Buch über „Verwahrloste Jugend" (1925): es gebe drei unmögliche Berufe, den des Pädagogen, des Politikers und des Arztes. Bei Freud ist die ärztliche Kunst noch hinzugekommen. Was haben diese Praxen gemeinsam? Therapie, Regierung und Erziehung sind mit einer grundlegenden Unsicherheit ihrer Folgen belastet. Man weiß nie genau, was welche Wirkung hat und welche unerfreulichen Nebenfolgen womöglich auftreten.

Nach Kant sind Erziehung und Politik zirkulär aufeinander verwiesen: um eine bessere Staatsverfassung zu erwirken, müssten die Menschen besser erzogen sein, aber wir werden nur besser erzogen, wenn wir weiser regiert würden und die Regierung nicht nur für den unmittelbaren Nutzen – sagen wir: für den Standort Deutschland – sorgen würde. Wo also anfangen? Kant sagt das nicht direkt; aber man kann es erschließen: am besten an beiden Enden, nicht allein durch Erziehung, aber auch nicht ohne Erziehung als Aufklärung der Köpfe. Im Gegenzuge wird Herbart dann in seiner Auseinandersetzung mit seinem Lehrer Fichte lehren: die Pädagogik hat sich auf Aufklärung der Köpfe zu konzentrieren, auf ihre eigene Sache, sie hat – technisch gesprochen – didaktisch zu werden. Sie ist nützlich, wenn sie ganz für sich sorgt, und so alle anderen Wissenschaften. Ihre Aufgabe ist auf Moralität bezogen, die politischen Verhältnisse mögen sein, wie sie wollen. Jedenfalls ergeben sich aus der Politik, aus der gegebenen Zeitlage und ihren Erfordernissen keine direkten pädagogischen Imperative. Man kann diese Positionen, die ihrerseits ja schon Vorläufer haben, sehr berühmte sogar – denken wir an Platos Staatspädagogik oder an Rousseaus Doppelrolle als Staats- und als Erziehungsdenker –, man kann sie in folgendes Schema bringen: das Gemeinsame von Pädagogik und Politik ist, dass sie sich auf das Verhältnis von Personen zueinander beziehen. In der Erziehung geht es um Moralität, in der Politik der Form nach um das Recht. Beide Aspekte fallen in das Gebiet der Ethik.

Wie ist nun Fichte in unserem Schema zu platzieren? Antwort: eigentlich gar nicht, oder nicht einfach auf der einen oder anderen Seite, sondern dazwischen und mit einer ganz neuartigen Pointe, die es wert macht, sich mit ihm zu befassen. Worin besteht sie, auch wenn er, um es gleich zu sagen, sie nicht so formuliert, wie es heute aus dem Abstand und aus anderen Theoriekonzeptionen möglich ist? Der Witz der Sache, der Sache Fichtes, ist dieser: man kann Erziehung und Politik und entsprechend Moralität und Legalität nicht als abstrakt-feststehende Größen behandeln, sondern die Lage, auf die sie angewendet werden, bestimmt ihr Verhältnis zueinander. Die Zeitlage, die aktuelle Situation, ist nicht bloß ein Anwendungsfeld für das richtige Denken, sei es pädagogisch, sei es politisch oder sei es theologisch. Ihr kommt vielmehr eine den Inhalt bestimmende Qualität zu. Zeit als Argument: das ist das Neue bei Fichte, und zwar Zeit nicht einfach nur als die abgelaufene Zeit, wie sie uns in der geschichtlichen Erfahrung begegnet; das wäre gar nicht neu gewesen. Das war ein geläufiger Gedanke: *historia magistra vitae*. Die Geschichte als Lehrmeisterin des Lebens, das ist ein Gemeinplatz bis heute. Das sagen die Historiker in Schule und Universität, um ihr Fach mit Stellen und Einkommen zu erhalten. Dagegen Fichte: Es geht um Geschichte eben jetzt und mit der Ungewissheit und Unsicherheit nach vorwärts; Zeit als Gemenge aus dem, was passiert und schon da ist, und dem, was kommt, vielleicht droht oder hoffentlich eintritt, und zwar dadurch, ja in vielen Fällen nur dadurch eintritt, dass wir es tun. Fichte denkt von der Tat her, nicht der vollbrachten Tat, sondern derjenigen, die wir eben jetzt ins Ungewisse, Künftige hinein vollziehen, und deshalb hat er auch ein Wort erfunden, das genau diesen Umstand ins Auge fasst: die Tathandlung.

Tathandlung ist geradezu das Schlüsselwort für Fichtes Denken, seine Kennung, so wie Plato sich auf Idee, Kant sich auf Vernunft und Freiheit, wie Sailers Pädagogik sich auf Beistand und Humboldts und Schillers Pädagogik sich auf Form und Bildung reimen. Tathandlung – das klingt nach Drama, nach *action*, nach Trommelschlag und Attacke, fast so wie in neuerer Zeit „Entwurf" bei Heidegger und Sartres *projet*. Der Mensch als Täter, mit dem Risiko des Scheiterns; Tat nicht bloß als Reaktion auf der Grundlage der Bildsamkeit und auch nicht als künstlerische Gestaltung als Vorklang künftig harmonischer Verhältnisse. Eine Lehre vom Kunstschönen findet sich nicht bei Fichte, wohl dagegen eine Handlungslehre des Individuums und der sozialen Verbände von großer Entschiedenheit und Einseitigkeit. Allerdings muss nun doch hinzugefügt werden: er war kein Politiker, kein Täter im politischen Raum, wie wir das heute verstehen, kein Aktionist und Barrikadenmann. Das nun wieder nicht. „Tathandlung" ist zunächst ein Begriff seiner „Wissenschaftslehre", nämlich als Inbegriff der Aktivität des Bewusstseins. Das Vorstellen ist im Kern nicht Wahrnehmung, sondern Handlung, eine intellektuelle Operation, durch die wir uns gleichsam hervorbringen, ein Akt der Selbstsetzung und zugleich der Entgegensetzung zu allem, was Nicht-Ich ist. Das ist die Weiterführung und Zuspitzung des kantischen Gedankens, dass wir Wesen der Freiheit sind, aber nicht als Geschenk und nicht so, dass wir bloß in Ruhe gelassen und nicht von anderen behelligt werden, sondern Freiheit als Akt der Selbstsetzung und tatsächlich dann in der wirklichen Welt durch Entgegensetzung. Frei sind wir, wenn wir uns zur Tat befreien, nicht in der Betrachtung und Selbstreflexion. Freiheit ist eine Charakterfrage, keine Tatbestandsfrage.

Was daraus für das Erkennen und Wissen folgt, ist hier nicht unsere Sache. Die Wissenschaftslehre als theoretische Position – Wissenschaftslehre im Sinne Fichtes – interessiert uns nur insoweit, als Fichte das Innerste des Denkens als Willensakt, eben als Tathandlung fasst. Dazu muss man sich entschließen, das verlangt eine starke Seele. So hat das Fichte selbst gesehen. In seiner Zeit galt das noch als Idealismus: der Gedanke als Wille regiert die Welt. Heute hat man es nicht so gern, als Idealist oder gar als Metaphysiker gekennzeichnet zu werden. Damals war das anders; und Fichte hat auch gleich gesagt, wie die richtige Stellung zu seiner Philosophie zu gewinnen ist. Es ist zugleich ein indirektes Bekenntnis zu seiner Lebenseinstellung, ein autobiographisches Zeugnis, das auch immer wieder angeführt wird. In der sog. „Ersten Einleitung in die Wissenschaftslehre" von 1797 – es war gar nicht die erste Einleitung, Fichte hatte schon 1794 eine Schrift über den „Begriff der Wissenschaftslehre" vorgelegt, und es sollten immer neue Fassungen präsentiert werden, die Experten zählen inzwischen deren sieben – also in der „Ersten Einleitung" findet sich dies: „Was für eine Philosophie man wähle, hängt sonach davon ab, was für ein Mensch man ist: denn ein philosophisches System ist kein toter Hausrat, den man ablegen oder annehmen könnte, wie es uns beliebte, sondern es ist beseelt durch die Seele des Menschen, der es hat. Ein von Natur schlaffer oder durch Geistesknechtschaft, gelehrten Luxus und Eitelkeit erschlaffter und gekrümmter Charakter wird sich nie zum Idealismus erheben."

Starke Worte, sehr starke Worte. Der Leser möge eben jetzt seine Auffassungen und Gedanken, die ihm wesentlich sind, daraufhin prüfen – nein, er prüfe lieber die Auffassungen und Gedanken seiner Bekannten und meinetwegen auch seiner Lehrer und Dozenten, dann lässt sich ermitteln, was für Menschen das sind, welchen Charakter sie haben, ja ob sie überhaupt einen haben und nicht bloß gelehrten Luxus schätzen und in Eitelkeit gekrümmte Charaktere sind, ängstliche Datensammler des Positivismus oder noch ängstlichere Studenten der Quellenandacht und hermeneutischer Exerzitien, oder ob sie rebellionsbereite Agenten der kritischen Vernunft und bekenntnisfreudige Verteidiger der aufgeklärten Vernunft sind. In unseren Theorien sprechen wir die Wahrheit unseres Lebens aus, und ohne Lebenswahrheit auch keine selbstständigen Gedanken, ohne Freiheitspathos keine Doktrin der Freiheit. Für alle, die Leben und Theorie, Denken und Tun, Biographie und Lehre aufeinander beziehen und wechselseitig beleuchten, gehört dieser Satz Fichtes zur Standardausrüstung: „Was für Gedanken man wähle, hängt davon ab, was für ein Mensch man ist." Ganz anders dagegen wiederum Herbart, der dem hätte entgegenhalten können: was für ein Charakter man ist, hängt von den Vorstellungen und dadurch auch von den Lehrern und Dozenten ab, die die Vorstellungen gelenkt und geordnet haben.

Die Versuchung ist groß, Fichtes Gesichtspunkte auf ihn selbst anzuwenden und seinen Grundgedanken biographisch zu lesen. Tatsächlich sind die Entsprechungen von Lebensgeschichte und Theorie beträchtlich. Ich will mich auf Weniges beschränken. Der Theoretiker des Ich als Bezugspunkt aller Weltbestimmungen hat ein kämpferisches, streiterfülltes Leben geführt; ein Leben der Behauptung seines Eigenwillens. Er kommt aus ärmlichen Verhältnissen, das erste und wohl unerwünschte Kind einer Weberfamilie (1762), die Eltern müssen seinetwegen heiraten. Er fällt in der Schule auf und wird von einem Landadeligen aus der Familie genommen und kommt auf die Eliteanstalt Schulpforta. Dort macht er einen Fluchtversucht, kehrt aber aus Gewissensskrupeln zurück, studiert in Leipzig erst Theologie, dann Philosophie, ohne Abschluss, hungert sich als Hauslehrer durch, hat Glück mit seinem ersten Buch: „Versuch einer Kritik aller Offenbarung" von 1792. 1794 wird er eine Art Junior-Professor in Jena, bis 1798. In dieser Zeit gehört auch Herbart zu seinen Hörern. Er scheidet 1798 im Streit mit der Universität und Weimarer Regierung wegen des Atheismusverdachts aus, geht nach Berlin, privatisiert in kümmerlichen Verhältnissen, da hält er auch Privatvorlesungen, mit großem, öffentlichem Erfolg, u.a. auch „die Reden an die deutsche Nation". 1810 gehört er zu den Gründungsmitgliedern der Universität, wird ihr erster

Rektor, scheidet im Streit aus dem Amt, diesmal im Streit mit Studenten, denen er das Duellieren verbieten wollte. 1814 ist er an dem grassierenden Typhus gestorben. Das seine *vita* in dürftigen Stichworten. Was man sieht, ist dies: er kämpft eigentlich immer allein, ein Einzelkämpfer *par excellence*, und dabei ohne Kompromiss, aufs Ganze gehend, aber immer in der Erwartung, dass eigentlich alle anderen ihm zustimmen müssten. Er ist beileibe kein kulinarischer Egoist, sondern der Prophet, der als Einzelner für alle denken und sprechen will. Hoch individuell und zugleich entschieden öffentlich. So ist das auch bei seinen „Reden an die deutsche Nation", die er 1807/08 im besetzten Berlin hält.

Das war nicht ohne Risiko; denn es ist auch eine Rede gegen die französische Besatzungsmacht, gegen die Knechtschaft und zur Selbstbehauptung der Nation. Er spricht seine Zuhörer als Repräsentanten der Nation an, der deutschen Nation, die es als politische Größe ja noch gar nicht gab; es gab preußische Untertanen unterschiedlichster Nationalität und dazu Schwaben und Sachsen, Bayern und Franken. Demgegenüber wendet sich Fichte an seine Zuhörer, als ob sie die Repräsentanten einer Nation im Werden wären. Es dürfte diese Wendung gewesen sein, die die enorme Resonanz erklärt: das Publikum wird nicht als gelehrte Versammlung behandelt, sondern als Keimzelle und Tatgemeinschaft, die stellvertretend das Interesse der Nation wahrnehmen soll, so wie Fichte selbst in einem Akt der Selbstbehauptung dieses Interesse als Einzelner ausspricht. Er verlangt Selbstbesinnung auf die eigene Kraft und wendet sich darin zugleich an jeden Einzelnen und an die Nation im Ganzen als Zusammenschluss derer, die zusammengehören. Das ist das, was die Lage fordert; anders ist das Franzosenjoch nicht abzuschütteln. Es scheint mir nicht übertrieben, Fichte als den Katalysator des Widerstands auf nationaler Grundlage zu sehen, Luther in seiner ersten, großen Zeit vergleichbar. In der Rede, der öffentlichen Bekenntnisrede, entsteht erst diese Nation, wie einst die neue Kirche entstanden war: es ist aufklärend pädagogisch-paränetische Lehre und ihr Inhalt ist deshalb auch Erziehung. An sie ist die Hoffnung geknüpft, dass etwas Neues entsteht, das sich aber schon ankündigt und gewissermaßen in der Luft liegt. Doch diese Erziehung muss ganz anders sein als die bisherige, alte Erziehung, das heißt: nicht bloß ein paar methodisch-didaktische

Änderungen, etwas mehr Wandertage statt immer nur Klassenunterricht, oder mehr Projekte und offener Unterricht statt Belehrung und Katechese; eine Reform der Erziehung von Grund auf.

Das hatte auch vorher schon Rousseau gesagt, und es wird im 19. und 20. Jahrhundert immer wieder gesagt werden. Aber keiner hat es so scharf und unerbittlich gesagt wie Fichte. Die übliche, herkömmliche, alte Erziehung ist in einer entscheidenden Hinsicht ungenügend: sie schult „zwar das Gedächtnis mit einigen Worten und Redensarten" (1. Rede) und versteht es, „die kalte und teilnahmslose Phantasie mit einigen matten und blassen Bildern anzufüllen" (ebd.), aber es ist ihr niemals gelungen, „ihr Gemälde einer sittlichen Weltordnung bis zur Lebhaftigkeit zu steigern, dass ihr Zögling von der heißen Liebe und Sehnsucht dafür, und von dem glühenden Affecte, der zur Darstellung im Leben treibt", ergriffen wird (ebd.). Es gilt vielmehr „bis zur Wurzel der wirklichen Lebensregung und Bewegung durchzugreifen und diese zu bilden" (ebd.). Was diese Wurzel ist, wissen wir schon: Tathandlung nicht als beschauliche Reflexion, sondern als aktiv-moralischen Einsatz für die sittliche Weltordnung. Sie liegt gleichsam vorgebildet in jedem denkenden Menschen, vor allem natürlich in denen, die sich mit Fichtes Wissenschaftslehre befassen, und sie soll in das wirkliche Leben überführt werden. Aus Einsichten sollen Werke werden; die Einsicht verdankt sich der Besinnung auf sich selbst, aber sie ist auch sozial, weil das, was in der Besinnung gleichsam aufleuchtet, für alle gilt und gelten soll. Dieser Übergang ist nun, das scheint mir die Pointe bei Fichte zu sein, nicht *nach* der Erziehung zu vollziehen, sondern *in* der Erziehung selbst zu platzieren. Es genügt nicht, das, was wir gelernt haben, hinterher anzuwenden, sondern das Lernen hat selber die Form des Übergangs der Einsicht zu Werken zu gewinnen. Das scheint mir die systematische, von den Reformpädagogen selten klar gefasste, aber hier bei Fichte deutlich erkennbare Prämisse einer Pädagogik als exemplarische Tathandlung zu sein. Durch die neue Erziehung, sagt Fichte, und genauer müsste es heißen, in der Erziehung selber schon wollen wir die „Deutschen zu einer Gesamtheit bilden, die in allen ihren einzelnen Gliedern getrieben und belebt sei durch dieselbe eine Angelegenheit" (1. Rede). Nicht nur Vorbereitung auf das sog. Leben, und schon gar nicht Standeserziehung, sondern „Bildung der Nation" schlechthin, deutsche Nationalerziehung. Bildung der Nation ist die inhaltliche Seite, dazu gleich mehr; das systematisch Wichtige und auch heute noch Bedeutsame, aber auch Streitige ist dies: die Erziehung hat den Willen zu ergreifen, sie hat gewissermaßen die in uns angelegte Selbsttätigkeit, den wahren Menschen als Tathandlung anzusprechen, anzuregen, zu erwecken. Darauf beruht sittliche Notwendigkeit, das, was wir uns schuldig sind, nicht als ein Äußeres, das wir lernen wie den Satz des Pythagoras, sondern das wir ergreifen, weil wir es lieben und weil es uns ergreift. „Der Mensch" – so Fichte – „kann nur dasjenige wollen, was er liebt, seine Liebe ist der einzige, zugleich auch der unfehlbare Antrieb seines Wollens und aller seiner Lebensregung und Bewegung" (2. Rede).

Herkömmlich fällt diese Denkungsart unter den Titel des Voluntarismus als Gegenstück zum traditionellen Rationalismus. In der Tat kann man Fichtes Elan als voluntaristisch kennzeichnen, aber dieser Elan ist kein blinder, getriebener Wille, sondern in der Wurzel sind Denken und Wollen eins. Fast gleichzeitig zu Fichte sagt das Hölderlin so: „Wer das Tiefste gedacht, liebt das Lebendigste." Das ist von Fichtes Geist. Davon soll das Erziehen getragen und gewissermaßen durchtränkt sein – als Auslöser dessen, was wir eigentlich sind. Denn „nur auf Lebendiges wirkt Lebendiges" (3. Rede), Wille auf Wille, Engagement auf Engagement, aber nicht Wort und Vorstellung als solche auf den Willen. Darin steckt der alte Satz: Gleiches erzeugt Gleiches. Wer ein Feuer entzünden will, sagt Augustinus, muss selber brennen. Dabei ist, um das noch einmal zu sagen, der Affekt, ja die Leidenschaft, nicht blind und der Vernunft entgegengesetzt, sondern ihre äußere auf die Zeitlage gerichtete Seite in der Gestalt des Willens. „*Intellect is a passion*", hat George Bernard Shaw einmal gesagt. Wenn das auf jemanden zutrifft, dann auf Fichte.

Die große Frage, die eigentlich pädagogische Frage, ist allerdings: wie entzündet man diesen Funken? Wie bringt man es fertig, dass sich die Einzelnen zu Tathandlungen verstehen, zur Selbsttätigkeit und Selbstbehauptung? Diese Frage ist uns schon bei Kant begegnet; es ist die Frage, die an jede idealistische Pädagogik zu richten ist, sie schafft das Reformbedürfnis. Fichtes Antwort: In der Absonderung, nicht im verworrenen, verdorbenen Leben. Und durch welchen Impuls und Inhalt? Dafür sorgt erstens die Zeitlage, die Unterdrückung durch das fremde Regiment; und zweitens – darin liegt zunächst etwas Überraschendes – die Besinnung auf die Nation, auf die sich die neue Erziehung gründet. Das erste leuchtet eher ein: in der Not zeigt sich der wahre Charakter. Bedrängnis ist die Probe auf die moralische Substanz; aber warum soll die Antwort gemeinschaftlich ausfallen, nicht individuell? Das sagt Fichte nicht ausdrücklich, aber man kann es erschließen: das wahre Bewusstsein ist bei allen gleich. Darauf soll gemeinschaftliches Wirken beruhen. Bleibt die weitere Frage: warum die Nation und nicht etwas anderes? Gerade aus heutiger Sicht erscheint Fichtes Konzept der Nation und entsprechend das Konzept der Nationalerziehung dubios, und tatsächlich ist er dann auch im 19. Jahrhundert der Stichwortgeber für das Nationale, für Nationalbewusstsein und den bornierten Nationalismus geworden. Nun macht es einen großen Unterschied, ob man für die Einheit und die politische Formierung der Nation spricht, bevor sie realisiert ist oder dann, wenn sie etabliert ist. Ferner ist zu bedenken, dass die Rede von der „Nation" schon eingeführt war und zu den progressiven Stichworten gehörte. Man denke an das Nationaltheater, seit Lessing, an die Kulturnation und die Nationalliteratur, gewissermaßen als Insignien eines nationalen Bewusstseins, aber noch vorpolitisch. Erst die napoleonische Okkupation und überhaupt das französische Vorbild der republikanisch-nationalen Emanzipation haben dafür gesorgt, in der politisch organisierten „Nation" den sozialen Rahmen für die neue Erziehung zu sehen; Erziehung deshalb, weil es um Zukunft geht, und Nation deshalb, weil sie als Ort der Konkretisierung der Freiheitsidee erschien, nicht immer und überhaupt, sondern angesichts der Zeitlage. Das war auch damit gemeint, als ich eingangs das Zeit- und Situationsargument erwähnt habe.

In der Schrift über den „Geschlossenen Handelsstaat" von 1800 hatte Fichte dieser Nationalstaatsidee schon Profil gegeben. Die Kernidee ist kurz gefasst: der Staat auf nationaler Grundlage, auf der Grundlage gemeinsamer Sprache, Kultur und Herkunft, soll geschlossen sein, wirtschaftlich und politisch autark. Und wenn so jeder Staat für sich sorgt, dann herrscht auch Friede unter den Staaten. Der Krieg stammt aus dem volkfremden Prinzip der Dynastien. Organisieren die Nationen sich selbst, entfällt ein wesentlicher Kriegsgrund. Das hat noch der große italienische Liberale Mazzini um 1840 vertreten; es mutet heute seltsam an. Aber immerhin können wir dies auch Fichte zugute halten. Das Selbstbestimmungsrecht der Völker verdankt sich als Idee der Friedensidee und ist doch gerade bis heute, wie man allerorten sieht, ein Sprengsatz sondergleichen.

Bleibt die Frage: Was haben die Anhänger Fichtes aus seinen Gedanken nun pädagogisch gemacht? Ich erinnere noch einmal an den Ausgangspunkt: Bildung der Nation in der Erziehung als Bildung für die Zukunft. Auch dafür gibt es ein Rezept: man braucht Erziehungseinrichtungen, die diese Zukunft vorwegnehmen, und dazu eignen sich Internate und pädagogische Provinzen. So hat der Fichte-Schüler Hennings in Norddeutschland eine national intonierte Erziehungsrepublik gegründet, auch in die Berliner Universitätsgründung ist etwas von dieser Gesinnung eingegangen. Das findet sich in Fichtes Universitätsschrift: „Deduzierter Plan einer in Berlin zu errichtenden Lehranstalt" (1807), und es findet sich wieder am Ende des Jahrhunderts in der Landerziehungsheimbewegung. Konvikte für Kleriker, Kadettenanstalten für künftige Offiziere: das gab es seit langem; jetzt kommt der Gedanke auf, Erziehungseinrichtungen zu schaffen, in denen die künftige Organisation von Staat und Gesellschaft exemplarisch vorweggenommen wird. In der Erziehung der Einzelnen kommen auf diese Weise, das der Gedanke, der Geist der Selbsttätigkeit und Gemeinschaftsgeist zusammen. Jede Schule, jede Erziehungsanstalt eine Art Mustergesellschaft, eine *embryonic society*, so wird das hundert Jahre später John Dewey in dem Buch „Demokratie und Erziehung" sagen. Nach wie vor findet diese Idee Anhänger und Experimentatoren: sie verdankt sich erstens dem Primat des Engagements in Lern- und Erziehungsprozessen und zweitens ihrer politischen Fundierung. Dafür hat Fichte die Ideologie geschaffen, und das erklärt seine Bedeutung für reformpädagogische Initiativen einer grundlegend neuen Erziehung als Rettungsmittel in kritischer Zeit, auch wo der Name Fichtes nicht mehr genannt wird.

Lit.: J. G. Fichte: Reden an die deutsche Nation (1808). In: Fichtes Werke, hrsg. v. I. H. Fichte, Bd. 7, Berlin 1971; H. Nohl: Pädagogische Aufsätze, Langensalza 1919

20. Georg Wilhelm Friedrich Hegel: Die Phänomenologie des Geistes

Die „Phänomenologie des Geistes", 1807 in einer Zeit tiefsten nationalen Elends vorgelegt, ist ein gewaltiges, großartiges Werk. Hegel, 1770 geboren, war Professor der Philosophie in Jena, wurde durch die Kriegsumstände arbeitslos, schlug sich als Zeitungsmann und Gymnasialdirektor in Bamberg und Nürnberg durch, wurde 1814 dann Nachfolger Fichtes in Berlin, lehrte und lebte bis 1831. Das soll biographisch genügen, um gleich zu dem Werk zu kommen. Ich nenne die Gesichtspunkte, unter denen die Phänomenologie des Geistes von Hegel erörtert werden soll. Es sind drei Gesichtspunkte. Erstens Hegels Lehre vom Wissen, dann die Lehre vom Bildungsgang und drittens das Verhältnis von Bildung und Lernen. Die beiden ersten Punkte bewegen sich im Umkreis des Hegelschen Gedankengangs, der letzte Punkt ist darauf gerichtet, seine Bedeutung für das Problem des Lernens von heute her zu beleuchten.

Die erste Frage ist: was versteht Hegel unter „Phänomenologie" der Sache nach? Der ursprüngliche Titel des Buches lautete „System der Wissenschaft", und deren erster Teil sollte die „Phänomenologie" sein, und zwar als Lehre vom erscheinenden Wissen. Das ist das Wissen in der Form, die Kant herausgearbeitet hatte. Der hatte gezeigt, dass unser Wissen abhängt von den Bedingungen, die wir mitbringen: die Wahrheit – so nimmt Hegel das auf – ist zuerst Wahrheit für uns. Wer nach den Inhalten des Wissen fragt, fragt zugleich auch nach den Formen, in denen sich uns das Gegebene zeigt und zur Erscheinung kommt. So erklärt sich der Ausdruck Phänomenologie. Damit fängt Hegel an, sozusagen beim Stand der Diskussion; aber dabei will er nicht stehen bleiben, sondern er will dieses Wissen noch einmal überbieten und den Gang zu Ende gehen, zum absoluten Wissen, von dem Kant gelehrt hatte, das es für uns nicht erreichbar ist. Das Buch „Phänomenologie" geht insofern weit über das mit dem Ausdruck Phänomenologie Gemeinte hinaus; der Titel bezeichnet eigentlich nur die Einsatzstelle, von der aus dann der Gesamtgang des Bewusstseins vollzogen wird. Um dieses Wissen im Ganzen soll es gehen, denn nur „das Ganze ist das Wahre", und „das Ganze aber ist nur das durch seine Entwicklung sich vollendende Wesen", wie es in der Vorrede heißt.

An diesem Satz kann man sich klarmachen, was Hegel mit Kant gemeinsam hat und was ihn von Kant trennt, und nicht nur von Kant, sondern überhaupt von der Art, wie in der neueren Zeit das Wissen aufgefasst worden ist und aufgefasst wird. Deshalb will ich, wie es viele andere auch schon gemacht haben, gerade diesen Satz aufnehmen, um Hegels zentralen Gedanken zu verdeutlichen. Er enthält wie in einer Formel seine Auffassung davon, wie etwas wahr ist, und er enthält einen Hinweis darauf, dass objektive Wahrheit und Bildung des Subjekts zusammengehören. Es ist, vorwegnehmend gesprochen, ein Hinweis auf die Zusammengehörigkeit von Philosophie und Pädagogik. In der Philosophie und im Denken geht es darum festzustellen, was wahr ist; in der Erziehung und in der Pädagogik geht es darum, das, was wahr ist, zu vermitteln und in die Lebenspraxis der Heranwachsenden zu überführen. Das Entscheidende bei Hegel scheint mir nun darin zu liegen, dass er hier *eine* Antwort gibt und nicht zwei: nicht erst die Wahrheit und dann noch ihre Vermittlung an die Unwissenden, so wie man in der Mathematik Lehrsätze erklärt oder im Geschichtsunterricht vergangenes Geschehen erzählerisch und deutend vergegenwärtigt. Beides geschieht im Unterricht, kein Zweifel, aber es geschieht immer auch etwas mit uns, und darauf kommt es im Lernen wesentlich an. Wie das gemeint und zu verstehen ist, lässt sich vorgreifend an dem angeführten Satz ablesen. Er besteht aus zwei Teilen: „Das Wahre ist das Ganze", und dann erklärend der Nachsatz: „Das Ganze aber ist nur das durch seine Entwicklung sich vollendende Wesen." Der erste Teil mutet geradezu monumental an: es gibt Wahrheit nicht in Fragmenten und bloßen Teilen, sondern etwas wissen, richtig wissen, heißt, es ganz und gar wissen. Und es wird dann ja auch gesagt, wie wir uns davon überzeugen können, dass wir etwas als wahr erkennen, nämlich dadurch, dass wir uns den Vorgang der Bewahrheitung klarmachen. Das war schon die Lehre Kants, und es ist die Lehre der neueren Erkenntnistheorie und Wissenschaftstheorie geworden: die Wahrheit von Sätzen erweist sich in der Verfahrensweise ihrer Verifikation. Ob es regnet, stellen wir fest, indem wir aus dem Fenster sehen oder besser noch die Hand heraushalten; ob Schwefel brennbar ist, wissen wir dadurch und dann, dass wir ihn entzünden: die Entscheidung über wahr und falsch ist methodisch geregelt. Unser Wissen reicht soweit, wie wir Begriffe verzeitigen und in sinnlich-anschauliche Operationen transformieren können. Das scheint auch Hegel zu meinen, wenn er davon spricht, dass das Wahrsein und das Wissen, dass etwas wahr ist, darin sich aussprechen, dass wir uns seine Entwicklung vor Augen führen.

Diese Auslegung dürfte keine Schwierigkeiten bereiten, solange wir davon ausgehen, dass wir einiges wissen und anderes nicht; aber das scheint Hegel gerade nicht zu meinen. Nicht nur was wir wissen, soll klar und bestimmt sein, sondern es geht um das Wissen im Ganzen, als ob wir alles wissen könnten, eben das Ganze überhaupt. Auch wenn das Schema von Wahrheit und Beweis des Wahrseins in dem Hegel-Satz so gebaut ist, wie wir das seit Kant kennen, ist doch ein ganz anderes, viel älteres Verständnis von Wahrheit maßgebend. Das Schema, das Hegel benutzt, ist zwar modern, aber er benutzt es für einen vormodernen Begriff der Wahrheit, und das macht seinen Gegensatz zu Kant und zur neueren Wissenschaftslehre aus, überhaupt seine Sonderstellung und Eigenart. Worin das Vormoderne, man kann geradezu sagen: das Altertümliche bei Hegel besteht, lässt sich an seinem Gebrauch des Prädikats „wahr" ablesen. Wenn er von „dem" Wahren spricht, so hört sich das nicht nur viel gewichtiger und feierlicher an als die moderne Rede von der Wahrheitsfunktion. Es ist auch wirklich viel gewichtiger, ein geradezu festlicher Begriff des Wahren, nämlich Wahrheit als Bestimmung von Sachverhalten und nicht bloß als Eigenschaft von Sätzen. In der formalen Logik, wie wir sie heute lehren und lernen, ist „wahr" ein Satzprädikat; bei Hegel ein Gegenstandsprädikat. Dazu je ein Beispiel. Wenn wir sagen: „Es regnet", dann ist der Satz wahr, wenn es wirklich regnet; aber das heißt nicht, dass es ein „wahrer" Regen sei. Das wäre nach allgemeiner wissenschaftlicher Auffassung eine inkorrekte Aussage. Wahr und falsch können nur die Aussagen über Sachverhalte sein, aber nicht die Sachverhalte selber. So die neuere und gegenwärtige Logik des Wissens, so aber nicht Hegel und so auch nicht die alltägliche Rede, wenn wir z.B. sagen: „Karl ist ein wahrer Freund"; oder wenn wir von der „wahren" Liebe oder der „wahren" Gerechtigkeit sprechen. Da beziehen wir uns auf den Sachverhalt selber, also auf das, was den Freund zu einem richtigen Freund macht, sozusagen als Inkarnation der Freundschaft, oder wie Hegel sagt: zu einem Menschen, der das Wesen der Freundschaft verkörpert. Diesen Wahrheitsbegriff haben wir bei Hegel vorauszusetzen. In der Fachsprache der Philosophie ist es der „ontologische" Wahrheitsbegriff. Der Ausdruck „Ontologie" meint dabei nichts besonders Tiefes oder Geheimnisvolles, sondern schlicht: Lehre davon, wie etwas beschaffen ist, also: was das ist: Regen, Freundschaft, Leben usw. Substantiviert: das Wesen eines Sachverhalts. Und da ist die traditionelle Auffassung: die Sätze über Sachverhalte folgen dem Zug der Sache. *Veritas sequitur esse*, sagten die Scholastiker. Das Wahrsein folgt dem Sein selber. Erst nachträglich sprechen wir aus, was einem Sachverhalt wesentlich ist. Ohne Wesenserkenntnis keine wahren Sätze.

Die Anschlussfrage liegt auf der Hand: wie gewinnen wir Wesenserkenntnis und nicht nur diese und jene, sondern überhaupt und im Ganzen? Die Antwort Hegels liegt in der Formulierung von dem „durch seine Entwicklung sich vollendenden Wesen". Diese Antwort ist wiederum modern. Auch wenn es etwas allzu dramatisch klingen mag: sie ist radikal modern, geradezu revolutionär. Warum? Weil das Wesen oder wie die Tradition sagt: die Substanz nicht als fertig und vollkommen, als fest und unveränderlich *per saecula saeculorum* gedacht wird, sondern als etwas, das sich entwickelt, das Anfang hat und Ende, das also kurz gesagt, in die Zeit fällt und insofern in Bewegung und zeitlich ist. Gerade das Denken, so die alteuropäische Auffassung, hat es mit dem zu tun, was immer ist und unter allen Sonnen gleich, dagegen Hegel: auch das Denken entwickelt sich, und zwar nicht nur bei dem Einzelnen, wenn er lernt – das ist klar –; nein, auch die Formen des Denkens haben eine Geschichte, so wie es eine Entwicklung der Kulturen und Staaten gibt, der Wissenschaften und Künste in den Kulturen. Dieses Sich-Entwickeln ist nicht unwesentlich, bloße Beigabe, sondern gehört zu dem sich vollendenden Wesen.

Ich habe jetzt unter der Hand den Ausdruck Entwicklung auch durch die Ausdrücke Geschichte und Bewegung ersetzt. Damit soll nichts Neues und Anderes gesagt werden. Tatsächlich ist „Bewegung" der Schlüsselbegriff für Hegels Denken. Er eignet sich auch besser als „Entwicklung", da denken wir ja zuerst an Pflanzen und Wachstum. Das ist nicht falsch, aber zu eng.

Denn Bewegung gilt schlechthin für alles, was ist: Sein ist Bewegtsein, was es auch sei und was wir gerade in den Blick nehmen. Alles was ist, bewegt sich. Das gilt zunächst für Naturprozesse. Dann sprechen wir von Entwicklung im ersten und wörtlichen Sinn. Der Satz passt auch für die Folge der Ereignisse und Handlungen, die wir Geschichte nennen; vom Neandertaler bis zu uns, ganz egal, ob man sie nun als Fortgang oder Kreisgang auffasst oder für einen langen Niedergang hält, vom paradiesischen Anfang bis zur erwartbaren Selbstzerstörung der Menschen als Gattung. Innerhalb der Gattungsgeschichte gibt es wiederum die Geschichte der Künste, Techniken, der Organisationen, der Institutionen; es gibt den zivilisatorischen Fortschritt, der einigermaßen beschreibbar ist und womit sich die Historiker befassen. Ferner gibt es auch eine Geschichte der Gedanken, der Vorstellungen, seien sie zunächst religiös, dann freischwebend und vielfach beides nebeneinander und ineinander verschlungen. Das ist das, was wir Geistesgeschichte nennen, platt gesprochen: das, was in den Büchern steht. Schließlich gibt es die Lebensbewegung der Individuen, den großen Übergang von der Kindheit ins Erwachsenenalter und darin verwoben die vielen Übergänge zu höheren Graden des Könnens, des Wissens und des Strebens zu neuen Zielen und Willensrichtungen. Wir ändern uns und wissen, dass wir uns ändern, das ist das eine. Denn wir betreiben auch Änderungen; das ist das andere. Pädagogisch gesprochen: wir lernen und wir lassen uns auch belehren, uns etwas zeigen und vormachen. Dies alles sind Bewegungen; sie geben Zeugnis von der Bewegtheit des Daseins. In jeder Bewegung geht es um den Übergang von einem „Nicht mehr" zu einem „Noch nicht"; nicht mehr Kleinkind, sondern schon Schulkind, aber noch nicht Student; nicht mehr jung, aber noch nicht vergreist; nicht mehr ganz naiv, aber noch nicht richtig einsichtig usw. Lernen ist dieses Übergehen vom Nicht-mehr, das Abstoßen oder Verlassen oder Vertriebenwerden von einer Stufe in die Richtung auf ein Noch-Nicht; und das Erziehen ist die Unterstützung oder Nötigung zu einem solchen Übergang. Das bekommen die Kinder ja auch zu hören: „Das kannst du schon selbst!" Oder vorwurfsvoll: „Kannst du das immer noch nicht?!"

Bis hierher dürfte in der Tat nichts anzutreffen sein, was man als gänzlich neuartig oder gar revolutionär bezeichnen möchte. Es gibt Naturbewegung als Entwicklung; dafür sagen wir seit

Darwin mit größerer Genauigkeit und Kenntnis Evolution; es gibt Geschichte: das ist Bewegung im Bereich der menschlichen Verhältnisse. Die damit befassten Wissenschaften sind auch im 19. Jahrhundert breit aufgebaut worden und haben sich bis heute erhalten; und es gibt die Bewegung des Lernens, das ja nicht einfach Wachstum ist und auch nicht geschichtlich-soziale Bewegung, auch wenn das Lernen sich mit Wachstum und mit den geschichtlich sich wandelnden Umständen verschränkt, unter denen es stattfindet. Genau dies ist ein Hinweis auf das Problem, das sich stellt, wenn man sagt: „Alles, was ist, ist bewegt" oder: ist in Bewegung. Solange man bloß auf die Natur blickt und Bewegung feststellt, und auch solange man auf die Geschichte im großen und die vielen Geschichten in der Geschichte blickt, solange hat man das Bewegte gewissermaßen sich gegenüber, so wie ein Zuschauer dem Geschehen auf der Bühne oder auf dem Fußballplatz zuschaut. Der Zuschauer wird dabei als unbewegt vorgestellt oder doch wenigstens annähernd unbewegt, selbst wenn man aufgeregte Fußballfans in Betracht zieht. Sie befinden sich gegenüber dem, was sie beobachten, in relativer Ruhe. In Wahrheit aber, so kann man in diesem Modell mit Hegel sagen, bewegen wir uns auch als Zuschauer, und zwar nicht irgendwie, sondern mit der großen Bewegung und nach ihrem Maß. Wir gehören zu dem Spiel, das wir betrachten, deshalb müssen wir das Spiel betrachten und kennen lernen, um uns selbst bewegen zu können. Genau darin besteht der Gang der Bildung; er ist erst Nach-, dann Mitvollzug der Gesamtbewegung. Es gibt keinen Logenplatz der Erkenntnis, von dem aus der Beobachter von dem frei wäre, was er beobachtet. Was ergibt sich daraus, wenn man sagt: alles, was ist, ist bewegt? Es lässt sich als die Frage formulieren: wie hängen Naturprozess und Geschichte zusammen? Und wie hängt beides wiederum mit der Lebensbewegung des Individuums zusammen? Es gibt keine Stelle, die von außen alles steuert, anstößt oder nur anregt, vielmehr ist in den Bewegungen selber die Form aufzusuchen, die dafür sorgt, dass die verschiedenen Bewegungen sich arrangieren, kombinieren und ordnen. Dieses Problem und diese Frage hat Hegel nicht erfunden; er hat mit seiner Antwort, die ich gleich gebe, das Problem vielmehr vollends sichtbar gemacht.

Dazu eine kurze historische Einschaltung. Wie dachte man in der Tradition und vor der Moderne über Bewegung, und was hat sich da in der Neuzeit geändert? Die alte, manche sagen: die alteuropäische, auf Aristoteles zurückgehende Auffassung war: Alles, was sich bewegt, wird von etwas anderem bewegt (*ab alio movetur*). Weil das so ist, gibt es auch einen letzten Beweger, der sich nicht bewegt: das ist Gott, der unbewegte Beweger. Das erkläre ich jetzt nicht, sondern behaupte nur: diese alte Auffassung ist aufgegeben worden. Sie rechnete mit zwei Zuständen: Ruhe und Bewegung. Die neue, schon im 17. Jahrhundert sich durchsetzende Auffassung dagegen ist: Ruhe ist nur ein Grenzfall von Bewegung, überhaupt ist Bewegung das Grundlegende, bis schließlich sich alles um alles und jeder sich um sich selbst bewegt und nicht mehr nur von einem anderen bewegt wird.

Wie können wir in diesem Strom von Bewegungen, in diesem Chaos von Unbeständigkeit, von Unruhe etwas Festes auffinden und uns darauf stützen? Vor allem, wenn auch unsere Gedanken, unsere Ideen, unsere Wertungen und Zielsetzungen, unsere Lernziele und Erziehungsabsichten in diesen Strom der Bewegungen gerissen werden? Da greift Hegels Antwort ein: in den drei Großbewegungen, die ich angegeben habe – 1. in der Naturbewegung als Entwicklung (so wie er sie noch vor Darwin verstand), 2. in der geschichtlichen Bewegung der Völker, Staaten, Gesellschaften, aber auch der Mentalitäten und Weltbilder und Weltanschauungen, und 3. in der Bewegung des Ich, die ich als Lernen bezeichnet habe: in diesen drei Bewegungen ist ein gemeinsames Prinzip wirksam, das sie aufeinander verweist und aneinander bindet. Im Menschen, und zwar im menschlichen Dasein als einem bewegten und sich bewegenden Dasein kommen sie zusammen und sind sie präsent. Wir sind Natur, insofern wir geboren werden, wachsen, reifen, vergehen; wir sind geschichtlich, indem wir zu einer Familie, zu einem Volk, zu einem Staat gehören und die Sprache einer Kultur teilen, und wir sind Person, insofern wir unsere Zustände innerhalb dieser Bewegungen bestimmen können. Das können wir, weil wir gewissermaßen das Betriebsgeheimnis aller Bewegung durchschauen, heute wenigstens und auf der Stufe des von Hegel formulierten Bewusstseins, nicht als Kinder und auch noch nicht die schon erwähnten Neandertaler. Wir leben im Stadium der begriffenen Natur und der verstandenen Geschichte, und nur dadurch, dass wir dieses Stadium in uns auch realisieren, sind wir gebildet. Die Gesamtbewegung von Natur und Geschichte kommt im Menschen gleichsam dahin, sich zu erkennen. Wir leben nicht bloß, wir wissen auch, was leben heißt. Das ist Bildung.

Wie sieht das nun in der Durchführung aus? Eigentlich recht einfach, und dann doch sehr verwirrend. Es ist nämlich so, dass die Struktur oder Form des Ganzen in jedem Detail wiederkehrt, so wie bei den russischen Puppen oder wie bei Bildern im Bild, die das Bild noch einmal wiedergeben. Dennoch: die Grundform ist gar nicht so schwierig zu erkennen: es gibt jeweils drei Zustände: das An-sich, das Für-sich und das An- und Für-Sich. So einfach ist das. Das erste, womit immer anzufangen ist, ist die Natur; für das Erkennen ist das die sinnliche Gewissheit. Wir sind zuerst und bleibend sinnlich-leibliche Wesen. Wir haben Empfindungen; Schmerz meldet sich und die Müdigkeit, z.B. in der öden Langeweile einer Vortragsveranstaltung oder als aufgeregte Hektik in kritischen Lagen. Lebensgeschichtlich ist das die Phase der Kindheit, in der dieses Reich des Sinnlich-Gegenwärtigen dominiert. Gattungsgeschichtlich ist das die Epoche, wo die Menschen in den Horizont einer engen Lebenswelt eingeschlossen bleiben, erfüllt und umgeben von Göttern, die in Baum, Wasser, Feld und Wiese präsent sind. Denn auch die erste Stufe der sinnlichen Gewissheit ist nicht bewusstlos, ist kein dumpfes Vegetieren, sondern enthält den Vorschein für die nächsten Etappen. Wie geht's weiter?

Ich nehme ein triviales Beispiel: wir erleben einen Schmerz oder das Gefühl der Freude überwältigt uns. Wir haben ein Gefühl, aber wir haben es nicht nur, wir wissen auch, dass wir es haben. Es ist ein häufig anzutreffender Irrtum, Gefühle für verworren, dumpf, womöglich unbewusst anzusehen. Gewiss, es gibt auch dumpfe Gefühle, unbestimmte Befindlichkeiten, etwa bei depressiver Verstimmtheit. Aber zunächst sind Gefühle durchaus klar gegeben. Es gibt sinnliche Gewissheit. Ein neueres Wort dafür ist Betroffenheit, eine glückliche Übersetzung des Wortes Affekt. Jemand schüttet uns einen Eimer Wasser über den Kopf; dann werden wir ja nicht sagen: das ist nur ein Gefühl, davon weiß ich eigentlich nichts. Im Gegenteil ist es so, dass wir eben dies, was uns betrifft, für das Gewisseste des Gewissen ansehen. Was wir leibhaft erleben, scheint uns gerade dasjenige zu sein, was wir mit Wahrheit behaupten können. Jetzt kommt Hegel und belehrt uns: diese sinnliche Gewissheit ist nur auf uns bezogen. Sie gilt nur für uns, sie hat nur subjektive Geltung. Mein Schmerz ist eben mein Schmerz, meine Freude ist meine Freude. Das was „mein" daran ist, ist leere Allgemeinheit. Sie ist es auch dann, wenn wir sie ausdrücken und sagen: ich freue mich. Beim Aussagen und in der Mitteilung nehmen wir Abstand zum Schmerz, zur Freude, zum Gefühl; es verschwindet dadurch nicht, aber es wird etwas anderes. Die bloße sinnliche Gewissheit wird als Erfahrung für andere artikuliert. Wir sind immer noch nass von dem Eimer Wasser, der über uns ausgeschüttet worden ist, aber der Satz: „Ich bin nass", ist kein nasser Satz. Insofern negiert der Satz das Gefühl. Negation heißt hier: hinausgehen über das unmittelbar Gegebene, über Betroffenheit und sinnliche Gewissheit. Es ist dies der erste Übergang vom An-Sich zum Für-Sich sein. Dieses Für-Sich-Sein spricht sich in Begriffen aus. Indem wir Aussagen machen über Zustände, die uns, aber auch andere betreffen, gibt es zweierlei: einmal die Zustände selbst und zweitens die Begriffe dieser Zustände. Das ist eine Leistung des Verstandes. Er ist, wie Hegel in der „Phänomenologie" sagt, das Selbstbewusstsein. Das ist aber noch nicht das Ende der Reise, es kommt noch die Vernunft, als konkrete Vernunft, indem wir die Abstraktionen des Verstandes und des Selbstbewusstseins überwinden. Um den Überblick nicht zu verlieren, ist also festzuhalten:

1. Es gibt sinnliche Gewissheit. Sie hat eine Naturgrundlage, insofern wir zuerst und bleibend Natur sind.
2. Es gibt zweitens den Verstand als Organ des Selbstbewusstseins.
3. Es gibt drittens die Vernunft, die noch den Verstand überbietet.

Aber bevor wir vernünftig werden, ist noch beim Selbstbewusstsein zu verweilen. Über die sinnliche Gewissheit und die Anfangsstufe sagt Hegel eigentlich nicht viel in der „Phänomenologie"; die zweite Stufe dagegen ist breit ausgeführt. Das sind die Passagen, die sie berühmt gemacht haben und immer wieder als Ausgangspunkt für weitere Untersuchungen und neue Gedankengänge gedient haben. Das ergibt sich daraus, wie Hegel das Selbstbewusstsein als Fundament des objektiven Geistes ausweist; denn „das Selbstbewusstsein erreicht seine Befriedigung nur in einem anderem Selbstbewusstsein". Es ist klar, dass deshalb dieser zweiten Stufe des Selbstbewusstseins ein höherer Rang zukommt als der ersten der sinnlichen Gewissheit; sie ist reicher, entwickelter. Das bloße Gefühl und das Stehenbleiben im Gefühl ist Armut. Deshalb heißt es: „Das Bewusstsein hat erst in dem Selbstbewusstsein, als dem Begriffe des Geistes, seinen Wendepunkt, auf dem es aus dem farbigen Scheine des sinnlichen Daseins und aus der leeren Nacht des übersinnlichen Jenseits in den geistigen Tag der Gegenwart einschreitet." Das ist hervorzuheben, weil oft genug und immer wieder eben dieses Selbstbewusstsein, der erste Schritt der Reflexion, als Verarmung dargestellt und aufgefasst wird. Das ist die Position der Romantik, die Hegel nicht müde wird, in scharfen Worten anzugreifen. Die romantische Position besteht darin, die Reflexion nur als dünnen Firnis über der Tiefe des Gemüts anzusehen, ja sie als Feind und Zerstörer zu betrachten: das Denken als Todesweg des Lebens, als Entfernung und dauerhafte Entfremdung, die in der Weise aufzuheben sei, dass man zum ursprünglichen Reichtum zurückkehrt, gleichsam in der Erwartung, dass der Herr es „den Seinen im Schlafe" gebe und dass es deshalb anzuraten sei, den Schlaf der Vernunft anzutreten. Abschwächung des Selbstbewusstseins und Rückkehr statt Steigerung und Weitergehen, das ist Romantik; für Hegel wie übrigens auch für Goethe deshalb das Kranke, Verfehlte, Anti-Rationale, Gefährliche, ja das eigentlich Unmögliche; denn wenn die Unschuld der sinnlichen Gewissheit dadurch verloren ist, dass die Reflexion zu dieser Gewissheit hinzutritt und sich artikuliert, dann gibt es kein Zurück, außer um den Preis, kindisch zu werden.

Doch beim bloßen Selbstbewusstsein oder dem Selbstbewusstsein erster Stufe können wir nicht stehen bleiben. Es wäre die Fixierung der Entzweiung von sinnlicher und abstrakt-begrifflicher Gewissheit. Es ist noch ein weiterer Schritt zu vollziehen, in dem das Verhältnis der unterschiedlichen Momente festgehalten wird. Es ist ein Unterschied, ob ich eine sinnliche Gewissheit ausdrücke, oder ob ich sage, dass ich die sinnliche Gewissheit ausdrücke. Die Bewegung zur Vernunft besteht darin, den Prozess der Entzweiung zu Ende zu bringen und sich ihn klarzumachen. Vernunft ist, um es anders als im Hegelschen Jargon zu sagen: Aufklärung des Verstandesdenkens durch Denken. Das Verstandesdenken bleibt abstrakt; es arbeitet mit Abstraktionen. Darauf beruht der Reichtum der Wissenschaften; aber wir können noch einmal diese Verfahrensweise der Abstraktionen durchschauen, das Erkennen selber erkennen, und dann ist die Bewegung allerdings am Ende. Darüber hinaus gibt es nichts. Dieses Erkennen ist absolut, das heißt, nicht mehr bedingt durch diese oder jene Wahrnehmung, die sich in einem Urteil niederschlägt, sondern Bewusstsein des Bewusstseins. Im Bilde gesprochen kann man sagen: der Gang des Denkens gleicht einem dreiaktigen Drama: am Anfang steht die sinnliche Gewissheit, die Wahrnehmung dessen, was sich unmittelbar meldet und zeigt; in der Mitte steht die Erfassung der Wahrnehmung, die wir in Urteilen gemeinschaftlich betreiben, und am Ende steht das Erfassen des Erfassens.

Dieser Gang ist der Weg der Bildung, um „das Individuum von seinem ungebildeten Standpunkte aus zum Wissen zu führen". Im ersten Akt sind wir Natur, im zweiten Akt werden wir der gesellschaftlichen Umstände inne, in denen wir uns bewegen, im dritten Akt kommen wir zu uns selbst, aber sozusagen mit dem vollen Gehalt dessen, was im ersten und im zweiten Akt gespielt worden ist. Denn das ist nicht zu vergessen und nachdrücklich einzuprägen: diesen Stufen, Stadien, Akten entsprechen immer auch Gehalte, die im individuellen Bildungsgang noch einmal vorübergehend reaktiviert und durchmessen werden. „Der Einzelne muss auch dem Inhalte nach die Bildungsstufen des allgemeinen Geistes durchlaufen, aber als vom Geist schon abgelegte Gestalten, als Stufen eines Wegs, der ausgearbeitet und geebnet ist; so sehen wir in Ansehung der Kenntnisse das, was in früheren Zeitaltern den reifen Geist der Männer beschäftigte, zu Kenntnissen, Übungen und selbst Spielen des Knabenalters herabgesunken und werden in dem pädagogischen Fortschreiten die wie im Schattenrisse nachgezeichnete Geschichte der Bildung der Welt erkennen."

Zu den Gehalten dieser abgelegten Gestalten des geschichtlich gewordenen Geistes, die eigentlich erst den Reichtum des Hegelschen Denkens ausmachen, ist noch etwas zu sagen. Diesmal fange ich von oben mit der Vernunft an. Sie ist die Weise, wie wir uns über uns verständigen. Ihre Gestalten zeigen sich geschichtlich in der Abfolge der Formen des absoluten Wissens. Denn dieses Wissen ist nicht von Anfang an in einer fertigen Gestalt artikuliert. Man könnte sagen: im ersten und zweiten Akt wissen die Akteure noch nicht, was im dritten Akt kommt. Wie drücken sie also im ersten Akt ihr Wissen über sich aus, wie im zweiten Akt und wie im dritten? Hegels Antwort: die erste Gestalt des absoluten Wissens ist die Kunst, genauer: die Kunst, wie sie früher war, nicht die Kunst heute, schon gar nicht die romantische Kunst, sondern die Kunst der Griechen. Bei Plato findet sich der Satz: Homer habe den Griechen die Götter gegeben. Auf der ersten Stufe der sinnlichen Gewissheit drücken wir unser Selbstverständnis in einer Weise aus, die ihr Äquivalent in der klassischen Kunst hat. Im zweiten Akt wird die Kunst depotenziert, an ihre Stelle tritt die Religion, und diese wiederum ist das Vorspiel zur Philosophie, natürlich vorzugsweise der Hegelschen. Kunst, Religion, Philosophie als Denken des Denkens: das sind die Gestalten des absoluten Wissens.

Um immer noch die Übersicht zu behalten, ein Schaubild:

	1. Position (an sich)	2. einfache Negation (für sich)	3. Negation der Negation (an und für sich)
A. Person	Gefühl/sinnl. Gewissheit	Verstand/ Selbstbewusstsein	Vernunft/ Absolutes Wissen
B. Gesellschaft	Familie	Gesellschaft/ Ökonomie	Staat/Recht
C. Kultur	Ästhetik/ Kunst	Religion	Philosophie

Zur Erläuterung:

Die obere Reihe gibt das allgemeine Schema des Werdens, der Bewegung: Position – einfache Negation – absolute Negation; Anfang, Mitte und Ende aller Prozesse. Im Anfang ist der Fortgang enthalten, am Ende ist alles zur Erscheinung gebracht; das gilt in drei Hinsichten, soweit es Menschen betrifft: erstens als Person, zweitens im sozialen Umgang, drittens als Mitglied einer Kultur. Diese Ausdrücke sind Interpretationen und so nicht von Hegel. Sie dienen dazu, mit den Mitteln seines Systems das Bildungsproblem zu formulieren: Die Reihe A beschreibt die

Stufen der personalen Identität, die B-Reihe die soziale und die C-Reihe die kulturelle Identität. Ich könnte auch sagen: A betrifft die Lebensgeschichte als Bildungsgang, B betrifft den jeweiligen sozialen Rahmen, in dem wir uns bewegen und lernen. Wir lernen im familiären Umgang, wir lernen gesellschaftlich in der organisierten Form des schulischen Unterrichts. Da wird der Verstand ausgebildet, und wir lernen lebenslang in Hinsicht auf das, was wir vernünftigerweise wollen; die zugeordnete Sozialform ist der Staat als Darstellung des Göttlichen in der Zeit, so Hegel; als wirkliche Vernunft (das steht in der Rechtsphilosophie). Und die C-Reihe betrifft unser gemeinschaftliches Lernen im historisch-kulturellen Kontext, wie ich ihn schon angegeben habe.

Damit habe ich das Wissens- und Bildungsthema allerdings zur Lernthematik erweitert. Von Hegel her gesehen ist Folgendes festzuhalten: über die hier kompakt angegebenen Bereiche hinaus gibt es nichts; es ist das Ganze in formaler Anzeige, aber eben nicht als neutrale Methode, sondern man hat sich überall noch die Inhalte dazuzudenken. Bildung ist insofern die Realisierung dieser Stufen und Schichten, personal als Übergang von der sinnlichen Gewissheit zum Verstand und zur Vernunft, sozial als Übergang von der Familie über das Gesellschaftliche zum Staat und kulturell als Bewegung von der Ästhetik über die Religion zur Philosophie, die dieses Ganze zur Darstellung bringt. Nichts darf ausgelassen werden, und man könnte sich ein bildungsphilosophisches System vorstellen, das diesen Gang Punkt für Punkt entlang diesen Stationen nachvollzieht.

Dieses System der Pädagogik ist aber nicht geschrieben worden. Im Großen und Ganzen ist Bildungstheorie statt dessen auf das Gleis formaler Bildung geraten. Das dürfte ein Hinweis darauf sein, dass sich die Elemente des Hegelschen Systems als Stufen und Schichten des Lernens interpretieren lassen, und zwar so, dass Bildung in den Dienst des Lernens tritt; aber man kann offenbar nicht auch das Lernen inhaltlich so festlegen, wie Hegel sich das vorstellt. Es gibt positives Lernen, leiblich gebunden und pragmatisch-ästhetisch fundiert; es gibt methodisches Lernen, das den Verstand scholastisch auf die Reihe bringt, und es gibt reflexives Lernen, wo der Verstand zur Vernunft gebracht und allgemein sozialisiert wird. Aber dieses Lernen hat kein Ende, weder individuell noch kollektiv, und folglich lässt es sich auch nicht in einem *curriculum universale* darstellen, sondern immer erst im Nachhinein beschreiben. Insofern kann man Hegel nicht folgen und ist ihm auch niemand gefolgt, wohl aber darin, dass das Lernen immer an die Lage der Individuen, an die Sozialform und an die kulturellen Voraussetzungen gebunden ist, unter denen es sich vollzieht. Wir wissen nicht, was wir wissen werden. Das heißt pädagogisch gesprochen: es gibt nicht das Lernen an sich, und man kann es auch nicht eigens lernen – die Formel vom Lernen des Lernens wird heute mit allzu großer Leichtfertigkeit benutzt –; das Lernen erfolgt in Kontexten, aber noch der weiteste Kontext, den Hegel ins Auge fasst – das Ganze – können wir nicht zum Thema machen, sondern wir lernen an Themen, die durch das Lernen sich verändern, so wie ja auch das absolute Wissen der Philosophie, das Hegel zu formulieren meinte, in der Folge überholt und weitergeführt worden ist. Doch dass wir nicht wissen, was wir wissen werden, das freilich wissen wir; es ist nicht nichts und dürfte vermutlich der Grund dafür sein, dass wir nicht nur als Kinder lernen, um Anschluss an die Welt der Großen zu gewinnen, sondern dass wir weiterlernen, unermüdlich, methodisch, hoch organisiert, offenbar in der pädagogisch wohltätigen Illusion, einmal doch alles zu wissen und zu können.

Lit.: G. W. F. Hegel: Phänomenologie des Geistes (1807). In: Werke, Bd. 3, Frankfurt 1970

21. Zwischenbilanz

Überblickt man die Reihe der Werke und Autoren, die hier vorgestellt worden sind, könnte man sich vorstellen, dass die Autoren sich sehr wohl ganz gut miteinander über Fragen des Erziehens und Lernens austauschen und verständigen könnten. Die einen mehr, die anderen weniger, so wie das ja auch heute bei Fachtagungen der Fall ist. Bei allen Unterschieden ergeben sich Übereinstimmungen und Gemeinsamkeiten, zum Beispiel zwischen Roger Ascham und Quintilian oder Thomas und Ignatius, zwischen Plato und Hegel oder Comenius und Michael Sailer. Aber natürlich auch starke Gegensätze: so dürften Benedikt und Locke sich nicht viel zu sagen haben, ebenso Descartes und sein Landsmann Rousseau, eher schon Benedikt und Fichte. Aber solche Differenzen finden sich nicht nur, wenn man die Autoren weit auseinanderliegender Zeiten vergleicht, sie sind auch bei Zeitgenossen anzutreffen, heute wie auch früher. Bemerkenswert, in mancher Hinsicht sogar überraschend sind dabei eher die Gemeinsamkeiten als die Verschiedenheiten.

Das dürfte sich natürlich zunächst der Perspektive verdanken, in der die verschiedenen Autoren und ihre Werke zur Sprache gebracht worden sind, des Weiteren der ständig gleichen Aufgabe und den selben Schwierigkeiten, die Kinder und Heranwachsenden zur Teilnahme am Leben der Erwachsenen zu befähigen, und schließlich dem Umstand, dass die Lebensverhältnisse, denen unsere Autoren angehören, längst nicht so weit auseinander liegen wie sich unsere Welt von der ihren unterscheidet. Gewiss, das Aufwachsen im elisabethanischen England war anders als in der antiken Polis, und die Umwelten, mit denen Comenius oder Locke, Rousseau oder Kant zu tun hatten, hatten jeweils ihr eigenes Gepräge. Das war aber kein Hindernis, mit den Werken und Autoren der Vorzeiten im Gespräch zu bleiben und sie wie Zeitgenossen zu behandeln und bei Bedarf als Kronzeugen für bleibende Einsichten heranzuziehen, eben nicht nur als Vorläufer oder bestenfalls als Anreger für eigene Überzeugungen, sondern als Autoritäten für aktuelle Auskünfte und Antworten. Damit scheint es vorbei zu sein. Die Tradition hat ihre Vorbildfunktion eingebüßt. Das gilt nicht nur für die Pädagogik, sondern viel entschiedener für die Philosophie und insbesondere für die Vielzahl der Wissenschaften, der überlieferten wie der neu aufkommenden. Die Tradition, so könnte man sagen, wird „historisch" in dem Sinne, wie altes Mobiliar und Postkutschen, Dreschflegel und Wiegendrucke, von Handschriften ganz zu schweigen, funktionslos geworden und nur noch im Museum zu besichtigen sind.

In seiner Selbstanzeige der „Farbenlehre" macht Goethe 1810 die Bemerkung, „der menschliche Geist werde immer freier, unduldsamer, selbst gegen notwendiges und nützliches Lernen, und ein solches Bestreben geht so weit, das Baco von Verulam sich erkühnt, über alles, was bisher auf der Tafel des Wissens verzeichnet gestanden, mit dem Schwamme hinzufahren" (Werke, Bd. 13, S. 531). Inzwischen ist diese Haltung gegenüber den etablierten Wissens- und Lernbeständen kein Zeichen von Kühnheit mehr, sondern wird als Arbeitsprämisse von jedem erwartet, der sich einem Thema zuwendet, zu dem schon Antworten vorliegen. Man kann und wird das in der Regel mit Joseph Schumpeter durchaus positiv sehen, nämlich als „schöpferische Zerstörung". Was sie uns an Fortschritten auf allen Gebieten beschert hat und weiterhin verspricht, braucht hier gar nicht im Einzelnen dargestellt zu werden. Die Veränderungen betreffen nicht allein die großen Lebenskonzepte, die inzwischen auf dem „Friedhof der Ideologien" (Vilfredo Pareto) gelandet sind, sondern sie greifen tief in unsere alltägliche Lebensführung ein. Wer möchte heute auf Penicillin und die Anti-Babypille, auf Bananen aus Brasilien und frische Tomaten mitten im Winter, Auto und Flugverkehr, auf Telefon und Internet, Zeitung und Fernsehen, auf Zentralheizung, Waschmaschinen und Kühlschrank, auf Kranken-, Sozial- und Rentenversicherung verzichten; samt und sonders Produkte, die durch die Jahrhunderte alles andere als selbstverständlich waren, ja zum Teil noch völlig außerhalb des Vorstellungskreises der Reichen wie der Armen lagen? Worauf dagegen Goethe uns aufmerksam macht, sind die Kosten, die sich aus der Beschleunigung der Änderungen und der vielen Abschiede ergeben, die dazu führen, dass unsere Gewohnheiten leer laufen und wir, insgesamt betrachtet, nicht mehr nur altern, sondern veralten wie die technischen Geräte und Modelle von gestern. „Junge Leute" – so Goethe in einem Brief an Zelter aus dem Jahre 1825 – „werden viel zu früh aufgeregt und dann im Zeitstrudel fortgerissen; Reichtum und Schnelligkeit ist was die Welt bewundert und wonach jeder strebt; Eisenbahnen, Schnellposten, Dampfschiffe und alle möglichen Fazilitäten der Kommunikation sind es worauf die gebildete Welt ausgeht, sich zu überbieten, zu überbilden und dadurch in der Mittelmäßigkeit zu verharren" (Briefe, Bd. 4, S. 146). Für diesen „Zeitstrudel" hat Goethe ein eigenes Wort gebildet, zusammengesetzt aus „*velocitas*" und „Luzifer": es werde alles „veloziferisch". Und darin liegt das „größte Unheil unsrer Zeit", dass „sie nichts reif werden lässt" (ebd., S. 159).

Ob man nun dieser düsteren Bewertung zustimmt oder sie nicht vielmehr der individuellen Altersstimmung Goethes zuschreibt, es lässt sich nicht übersehen, dass sich eine grundlegende Wandlung in den Lebensverhältnissen vollzogen hat und weiter vollzieht, durch die das so genannte Kulturerbe – gar als Weltkulturerbe – seine direkte und direktive Bedeutung für die Lebensführung und die maßgebenden Orientierungen weithin verloren hat. Gelegentlich wird der Übergang zur Moderne in allen ihren Gestalten geradezu mit der neolithischen Revolution und dem Übergang vom Hirtenleben der Nomaden zur Sesshaftigkeit gleichgesetzt. Das mögen die Kulturhistoriker besser beurteilen als ein Pädagoge; was aber nicht zu bezweifeln ist, ist die Tatsache, dass die Erziehung heute mit ganz anderen Verhältnissen zu rechnen hat als noch vor zweihundert Jahren, ganz zu schweigen von den Zeiten Platons oder Benedikts oder des Comenius. Die Erziehung und das Nachdenken über Erziehung können nicht von den radikal veränderten Bedingungen unberührt bleiben, die sie zu berücksichtigen haben. Welche Folgen sich daraus für die Organisation des Erziehungswesens und des Erziehungswissens ergeben haben, wird an den Schlüsselwerken der Pädagogik des 19. und 20. Jahrhunderts zu erörtern sein. Dabei wird sich aber auch zeigen, dass sich die Erziehung gegenüber anderen Lebensbereichen in einer besonderen Lage findet, und zwar deshalb, weil sie es zuerst und vor allem mit einem Phänomen zu tun hat, das viel änderungsresistenter ist als die sozialen Einrichtungen, die Organisation von Wirtschaft und Politik, die Welten der Künste und der Wissenschaften, die Verkehrs- und öffentlichen Kommunikationsverhältnisse: nämlich primär mit Kindern, die nicht anders zur Welt kommen wie eh und je; unfertig und sprachlos (*infans*), hilfsdürftig und angewiesen darauf, dass ihnen, wie John Locke sagt, das Leben und die Welt gezeigt wird.

Es dürfte dieser Umstand sein, der dafür sorgt, dass auch die Aussagen und Gedanken über Erziehung aus der, wie man heute gern herablassend sagt, „alteuropäischen" Vorzeit wenig von ihrer Bedeutung für die Gegenwart verloren haben. Sie lassen sich nicht so einfach von der Tafel wischen wie das frühere Wissen und die zugehörigen ideologischen Konstrukte der Vergangenheit, so dass es sich lohnt, ihren Sinn nicht nur historisch zu verorten, sondern sie für das aktuelle Erziehungsdenken zu erschließen, auch gegenüber dem, was heute in dem breit gefächerten Betrieb der Erziehungswissenschaft erforscht, besprochen und der Praxis als Handlungsvorschläge angeboten wird. Möglich sogar, dass der Rückblick auf die Schlüsselwerke der Tradition dazu beiträgt, die Novitätsdramatik zu mildern und die Erwartungen an eine gänzlich neue Erziehung zu dämpfen, selbst wenn eine radikal veränderte Umwelt dies zu fordern scheint.

Lit.: J. W. v. Goethe: Goethes Werke (Hamburger Ausgabe), Bd. 13, Hamburg 1966; ders.: Briefe (Hamburger Ausgabe), Bd. 4, München 1976